Über den Autor:

Robert Jacobi ist Grenzgänger, er überwindet Grenzen, wo andere stehen bleiben. Mit dem Rucksack reist er alleine von Alaska bis Feuerland. Als preisgekrönter Nachwuchs-Star verlässt er über Nacht die Süddeutsche Zeitung. In den USA arbeitet er für den Fraktionschef der Demokraten. In Harvard lernt er Vordenker wie Amartya Sen oder Michael Porter kennen. Beim Klettern sucht er Schwierigkeitsgrade und das Gefühl, über dem Abgrund zu hängen. Als Gründungspartner von Nunatak springt er in die digitale Brandung und hilft Digitalfirmen bei deren Aufbau. Überraschende Schritte und wechselnde Perspektiven sind sein Lebenselixier. Er lebt mit seiner Familie in München.

Robert Jacobi

Der Code für eine widerstandsfähige Wirtschaft, Politik und Gesellschaft

MURMANN

Inhalt

**Für
Lucius**

Einleitung/ Reboot: Warum?

Das erste Computervirus der Geschichte zeigte sich auf den ersten Blick gut gelaunt und freundlich. Es tauchte in den späten 1980er-Jahren auf, erschien beim Hochfahren des Amiga-Computers als ein orange-roter Balken auf schwarzem Hintergrund mit dem Schriftzug: »Etwas Wunderbares ist passiert – dein Amiga lebt!« Danach wurde es bösartig: »Und noch besser, einige deiner Dateien sind befallen von einem Virus!« Tatsächlich entpuppte sich dieses als unschädlich, als eine Art scherzhafte Mahnung eines Teams, das man heute als White-Hat Hacker bezeichnen würde, also als gutwillige Hacker, die Systeme infiltrieren, nicht um sie zu beschädigen, sondern um auf Sicherheitslücken hinzuweisen.[1]

Anders als dieses Computervirus wirken die biologischen Corona-Viren nicht nur harmlos. Schon in den frühen 1930er-Jahren wurde im US-Bundesstaat North Dakota eine neuartige Infektion mit diesem Virustyp bei Hühnern beschrieben, die massenhafte Tierverluste verursachte. In den 1960er-Jahren konnten die schottische Virologin June Almeida und ihr Kollege David Tyrell Viren des Typs Corona erstmals beim Menschen nachweisen. Unter dem Elektronenmikroskop waren Dutzende Zacken auf der Hülle der nur wenige Nanometer großen Viren zu erkennen, die der Virusfamilie ihren umgangssprachlichen Namen verliehen.[2] Seit Ausbruch der Corona-Krise gibt es kaum eine TV-Nachrichtensendung, in der nicht eines der Zackenmonster auftaucht.

Auch wenn manche Verschwörungsmythen im Hinblick auf Corona das Gegenteil nahelegen: Der entscheidende Unterschied zwischen Computerviren und Corona-Viren ist, dass die biologischen Erreger nicht menschengemacht sind, aber Menschen befallen, und es sich bei Computerviren genau umgekehrt verhält. Was sie verbindet, ist, dass sie unverhofft kommen, sich ihre Ausbreitung nur schwer eindämmen und der durch sie erzeugte Schaden erst messen lässt, wenn die schlimmste Phase überstanden ist. Weil wir das wissen, treffen wir für beide Fälle Vorsorge. In dem einen installieren wir Virenscanner, im anderen stärken wir unsere Körperabwehr und/oder lassen uns impfen. Und bleiben doch anfällig für Gift und Schleim – was die ursprüngliche Bedeutung des lateinischen Wortes Virus ist: Schleim, der sich schneller verbreitet, als unsere Diagnosetools reagieren können, und der mutiert, um einen zur Vermehrung notwendigen Vorsprung zu behalten, und so größtmöglichen Schaden anrichtet.

Einen Rechner herunterzufahren, zu säubern und neu zu kalibrieren, kostet Zeit, Energie und Geld. Vor der Corona-Krise schienen Cyberattacken eine der größten Bedrohungen für unser Wirtschaftsleben zu sein. Versicherungen bauten spezielle Produkte für den Zusammenbruch von Datennetzen. Firmen, die Sicherheitslösungen anboten, erhielten Milliardenbewertungen. Riesige Stäbe in Parlamenten und Behörden in den Bundesländern, in Berlin und in Brüssel arbeiteten jahrelang an Verordnungen zum Datenschutz. Vorkehrungen gegen eine mögliche Pandemie dagegen wurden mit deutlich weniger Aufwand getroffen, das öffentliche Interesse war gering.

Heute wissen wir: Der Schaden, den Corona-Viren und derzeit die Variante SARS-CoV-2 anrichten, trifft nicht nur Tausende Einzelmitglieder der Gesellschaft, sondern deren gesamtes Betriebssystem samt der globalen Wirtschaft. Eine ganze Gesellschaft in Zeiten einer grassierenden Pandemie herunterzufahren verursacht Aufwand, der ohne Vergleich ist zu dem, was die Folgenbewältigung eines Hackerangriffs bedeutet. Das Weltwirtschaftsforum schätzte den direkten und indirekten Schaden durch das Virus weltweit auf rund 16 Billionen Dollar – das Vierfache der deutschen Wirtschaftsleistung in einem Jahr –, und das noch vor der zweiten Welle im Herbst. Das übertreffe die Kosten für umfassende Vorkehrungen gegen eine Pandemie um das 500-Fache.[3] Dazu kommen nicht messbare Schäden auf der emotionalen und psychologischen Ebene. Im Vergleich: Der Schaden, der durch Hacker, Datenlecks und Computerviren entstand, liegt bei rund einer Billion Dollar im Jahr.

Eine Gesellschaft hält einen Lockdown einmal aus, wenn es ihr davor halbwegs gut ging, aber nicht regelmäßig. Krisen verstärken sich gegenseitig, und Corona ist bei Weitem nicht die einzige, mit deren Folgen wir derzeit kämpfen. Es gibt Krisen, die sich langsamer ausbreiten, (noch) keine direkt spürbaren Bedrohungen verursachen und sich deshalb leichter ignorieren lassen – wie der Klimawandel beispielsweise, die zunehmende Wohlstandskluft und ihre Folgen. Trotz dieser Bedrohungen ist unsere Welt, statistisch gesehen, besser, als sie momentan gemacht wird. Jede neue Generation wächst in Summe wohlhabender und gesünder auf als die vorangegangene.[4] Also einfach zurücklehnen und warten, bis wir uns von den Folgen der Pandemie erholt haben, und dann weitermachen wie bisher?

Nein, denn es geht darum, unsere Energie jetzt zielgerichtet einzusetzen. Es ist an der Zeit für einen Reboot. Große Krisen, im privaten, im beruflichen, aber auch im sozialen Kontext bieten die Chance, zu reifen und widerstandsfähiger zu werden, bessere Vorkehrungen für die nächste Hürde zu treffen. Genau das ist jetzt unsere Aufgabe. Mit unseren Computersystemen tun wir das längst, zumindest wenn wir unsere Software immer dann updaten, wenn wir dazu aufgefordert werden, und die Geräte danach neu starten, damit sie wieder so laufen, wie wir es wünschen. Die Krise bietet die Chance, auch Veränderung anzugehen, deren

Bedarf in guten Zeiten schwieriger zu erkennen und erst recht umzusetzen ist. Die Energie dafür sollten wir bewahren, auch wenn der Impfstoff da ist und die Sorgen nicht mehr so groß sind.

Die Bundesregierung, die Europäische Union und andere Staaten haben in den Monaten der Krise ein Notfallprogramm gefahren. Kurzarbeit, Steuerstundung, Notkredite – Medizin aus dem Erste-Hilfe-Set, nicht aus dem Instrumentarium für Prävention und langfristige Stabilisierung. Was jetzt jedoch auf keinen Fall geschehen sollte, ist die Rückkehr zu einem Alltag aus Parteipolitik, Wahlkämpfen und Verwaltungsarbeit. Auch geht es nicht nur darum, die Vorsorge für weitere Pandemien zu treffen. In einer Zeit, in der sich tiefgehende Krisen – Finanzkrise, Flüchtlingskrise, Corona-Epidemie – in nahezu fünfjährigem Rhythmus ereignen, geht es um die Robustheit des gesamten Systems unseres Zusammenlebens. Es ist höchste Zeit für einen Reboot.

Wann fangen wir damit an? Am besten gleich jetzt. Nicht überstürzt, sondern planvoll. Nicht nach starren Konzepten, sondern flexibel. Nicht perfektionistisch, sondern mit Raum für Fehler. Realistischen Zielen folgend, kleine Erfolge feiernd. Gemeinsam, nicht von kleinen Gruppen mit Sonderinteressen gesteuert. Überzeugend, nicht erzwingend. Genau das ist es, was unsere Politik, Wirtschaft und Gesellschaft jetzt braucht.

Veränderung in komplexen Systemen kann dabei nur gelingen, wenn die Menschen verstehen, warum sie erforderlich ist und was sie für ihre individuelle Realität bedeutet. Das durfte ich selbst in den letzten zehn Jahren lernen. In dieser Zeit habe ich, gemeinsam mit meinen Kollegen bei The Nunatak Group, großen und kleineren Unternehmen und Institutionen dabei geholfen, die Herausforderung der Digitalisierung zu bewältigen. Tiefgehende Analyse, eine schlüssige Strategie und detaillierte Planung bringen nur dann etwas, wenn die Mitarbeiter auch überzeugt sind, sie umzusetzen.

Nunataks sind in der Glaziologie, der Wissenschaft von Schnee und Eis, Berge, die wachsen, weil sie durch den Permafrost zusammengeschoben werden. In einer Inuit-Sprache bedeutet das Wort »Wegweiser«: Die Felsformationen dienen als Orientierung auf dem Weg durch Gebiete, in denen sich die Vegetation schwertut. Der Name für unsere Firma, die als Strategieberatung firmiert, kam mir, als ich an die Nunataks dachte, die ich auf meinen Reisen durch Alaska und Patagonien gesehen hatte. Auch in den Alpen finden sich Nunataks, die aus den Eiszeiten übrig geblieben sind.

Dieses Buch soll, im besten Falle, eine Art Nunatak darstellen. Ich möchte einen Weg weisen, wie wir die Zeit nach der Pandemie nutzen könnten, unsere Wirtschaft, Politik und Gesellschaft widerstandsfähiger zu machen. Nicht nur gegen ein Virus, sondern gegen Bequemlichkeit, Ausbeutung, Vergangenheitsorientierung, Aktionismus, Verschwendung, Populismus, Prokrastination. Also gegen alles, was in uns zwar angelegt ist, weil wir Menschen sind und zu einfachen Lösungen neigen, was uns aber nicht weiterbringt – oder zumindest nur sehr kurz und in nur scheinbaren Erfolgen, die dann schnell wieder verblassen. Bedrohungen von außen sollten wir nicht aus dem Blick lassen. Ob uns unsere Zukunft gelingt, darüber entscheidet aber mehr der Umgang mit unseren eigenen Schwächen, die nicht die Oberhand bekommen sollten.

In den folgenden Kapiteln öffne ich ein weites Feld, von unserem Bildungssystem über das Arbeitsleben, von Energie zu Gesundheit, von Digitalisierung bis Grundeinkommen. Ich weiß, dass ich mich damit dem Vorwurf aussetze, oberflächlich zu bleiben und anmaßend zu sein. Wer nach einer akademischen Abhandlung sucht, ist hier tatsächlich falsch. Und wer nach einer Streitschrift sucht, auch. Es geht mir nicht darum, in den Krawall jener einzustimmen, die unsere Politik verdammen oder für eine schnelle Schlagzeile einen lockeren Spruch hinlegen, der

Menschen verletzt und der gemeinsamen Sache, die unsere Gesellschaft auch heute noch ist, schadet. Es geht mir um einen klaren Blick auf die Wirklichkeit und Lösungsvorschläge für unsere Probleme.

Als ich diese Zeilen schrieb, waren es nur noch zwei Tage bis zum trübsten November, den dieses Land seit Langem erlebt hat. Der zweite Lockdown stand bevor, danach sollte es keine Weihnachtsmärkte geben, kaum Winterurlaub, keinen Fasching. Wir werden von vielem weniger haben, Gastronomen, Künstler und Selbständige vor allem weniger Geld. Nur von einem, das uns sonst so sehr fehlt, vielleicht etwas mehr – Zeit, die wir sonst in Kneipen, Theatern oder auf Feiern verbringen. Wir sollten diese Zeit für unsere Liebsten nutzen, in unseren warmen Wohnungen. Warum aber nicht auch dazu, ausführlich nachzudenken – um dann, wenn die Gesellschaft wieder hochfährt, bewusst zu handeln, auch über den engen Wirkungskreis hinaus?

Dieses Buch ging mir recht schnell von der Hand. Dabei machte sich das Training aus meiner früheren Zeit als Tageszeitungsjournalist bemerkbar. Dazu kommt, dass ich das, was hier steht, in meinem Kopf schon lange formuliert habe. Es hatte sich aufgestaut wie Gebirgswasser an einer Talsperre. Als junger Erwachsener verfasste ich Berichte, Reportagen und Leitartikel für die *Süddeutsche Zeitung* über genau die Themen, um die es auch in diesem Buch geht. Das Privileg eines Berliner Korrespondenten war es damals, dass jeder Artikel von den Assistentinnen ausgeschnitten, aufgeklebt und in einen Leitz-Ordner in meinem komfortablen Einzelbüro abgeheftet wurde. Ich fand irgendwann, dass es genug Ordner waren, und ging zurück an die Universität. Seitdem war ich nicht mehr Journalist, sondern wurde erst Strategieberater, dann Unternehmer und dann, bei Nunatak, eine Mischung aus beidem.

Ich wollte etwas bewegen, aufbauen, Arbeitsplätze schaffen und nicht nur über jene schreiben, die das tun. In Wirklichkeit war es auch Eskapismus, eine Art Flucht vor dem hektischen Nachrichtenzyklus, hinein in eine Welt, in der nicht täglich die großen, gesellschaftlichen Probleme, sondern sehr spezifische, von Kunden oder Mitarbeitern, zu lösen sind. Ich kehrte aus Paris, Berlin und Washington zurück in meine Heimat, erst nach München, wo ich geboren bin, und dann sogar ins bayerische Oberland, in dem ich aufgewachsen bin. Morgens weckten mich Kuhglocken. Manchmal reiste ich in die Welt hinaus, aber als Rucksacktourist, und veröffentlichte die Tagebücher, die ich unterwegs schrieb. Die großen Debatten der Gegenwart nahm ich eher am Rande wahr, und wenn, dann passiv und ohne mich einzumischen.

Die ersten Zeilen dieses Buchs sind in meinem Kopf vermutlich schon an jenem Abend entstanden, an dem Donald Trump zum US-Präsidenten gewählt wurde. Für mich war das ein Schock. Nun, da die Mehrheit der amerikanischen Wähler und Wählerinnen sich für Joe Biden und Kamala Harris entschieden hat, dass die vier Jahre Trump-Regierung und ihre verheerende Politik zu Ende gehen, habe ich wieder mehr Hoffnung für einen Reboot, in den USA, bei uns und anderswo. Vieles, das in den letzten vier Jahren auch in unserer Öffentlichkeit geschehen ist, wäre ohne die Rohheit und den schamlosen Eigennutz des mächtigsten Mannes der Welt nicht denkbar gewesen. Es wäre einer der sehr wenigen positiven Effekte der Pandemie, dass dieser Präsident und seine Entourage ihre Ämter verlieren.

Politisch engagiert habe ich mich nie, auch nicht nach jenem Schock, und ich bin bis heute auch kein Mitglied in einer Partei. Als Journalist hätte eine Parteimitgliedschaft nicht gepasst, und später fand ich schlicht keine, in der ich mich inhaltlich wirklich wohlgefühlt hätte. Was ich betrieb, auch nach jener Wahlnacht, war dann doch wieder der Rückzug in meinen direkten Wirkungskreis, zumindest für eine Weile, wenn auch immerhin mit einem etwas mulmigen Gefühl. Dem Utilitaristen John Stuart Mill wird der Satz zugeschrieben, dass böse Menschen nicht mehr bräuchten, um ihre Ziele zu erreichen, als gute Menschen, die ihnen zuschauen und nichts unternehmen. Das gilt bis heute. Zu handeln, das ist Menschenpflicht, und erst recht, wenn man es gerne tut und deshalb auch gut.

Ich habe mich während des ersten Lockdowns dafür entschieden, wieder zu schreiben. Anders als früher werte ich es durchaus als Handeln. Genau deshalb gibt es dieses Buch. Gewidmet habe ich es unserem Sohn: Lucius, wenn du größer bist, wirst du viele Fragen haben, und die wenigsten werde ich beantworten können. Die Welt wird dann anders sein, unsere Lebensumstände auch – ob nur anders oder besser, das wissen wir nicht. Hoffen wir Letzteres und tun etwas dafür.

Aufzuschreiben, wie es gelingen könnte, lieber Lucius, das zumindest habe ich versucht.

1/ Das System steht still

Wir alle kennen solche Situationen: Gerade eine lange Mail zu Ende getippt, noch eine Grafik in eine Präsentation eingefügt, eine Überweisung ausgefüllt – und auf einmal geht nichts mehr. Der Bildschirm ist eingefroren, die Tastatur reagiert nicht mehr, der Ventilator des Notebooks fängt an zu surren. Das System ist abgestürzt. Stillstand. Hoffentlich nur eine momentane Überlastung, der Speicher hat noch alles rechtzeitig gesichert. Harter Reset.

So ähnlich fühlt es sich an, als ich Mitte März mit meiner Frau Leonie und unserem drei Monate alten Sohn in der Küche unserer Wohnung sitze. Bundeskanzlerin Angela Merkel hält zum ersten Mal in ihrer Amtszeit, seit immerhin fast 15 Jahren, aus aktuellem Anlass eine Fernsehansprache an die Bürger. Wir schauen auf dem Tablet zu. Die Kanzlerin braucht 13 Minuten, und die haben es in sich: Solange es keinen Impfstoff und keine Therapie gegen Corona gebe, sei »die Richtschnur all unseres Handelns: die Ausbreitung des Virus zu verlangsamen, sie über die Monate zu strecken und so Zeit zu gewinnen«.[5] Die Situation sei ernst, und sie sei offen. »Passen Sie auf sich und Ihre Liebsten auf!«, lauten ihre Schlussworte.

Schon zwei Tage zuvor kursierten erste Gerüchte, dass Bayern als erstes Bundesland die freie Bewegung der Bürger einschränken werde. Zu hoch sind die Ansteckungsraten, einerseits bei älteren Menschen, andererseits bei Rückkehrern aus dem Skiurlaub. Zum Zeitpunkt ihrer Rede weiß Merkel noch nicht, dass sie selbst in Quarantäne muss, weil ihr behandelnder Arzt sich infiziert hat. BMW stoppt die Produktion komplett, Bundesbankpräsident Jens Weidmann nennt eine Rezession unvermeidbar. Schulen und Kitas sind geschlossen. In Italien sterben 800 Menschen an einem einzigen Tag an den Folgen der Viruserkrankung. Finanzminister Olaf Scholz meldet, dass der Regierungsetat um 150 Milliarden Euro aufgestockt wird, um Soforthilfen zu ermöglichen. Das sind knapp 2000 Euro pro Bundesbürger.

Früher als die meisten anderen Unternehmen haben wir bei Nunatak unsere Mitarbeiter ins Homeoffice geschickt. Eine kurze abendliche Diskussion im Management, ein Telefonat mit meinem Schwiegervater, einem Arzt, und es war so weit. Wenige Wochen zuvor hatten wir noch neue Büroräume angeschaut, da unsere Altbauetage für unser mehr als 30-köpfiges Team zu eng geworden war. Nun bleiben die Räume erst einmal leer. Zum Glück sind wir im Homeoffice sofort wieder arbeitsfähig, weil alle Daten in der Cloud liegen – anders als bei manchen unserer Kunden, die jetzt Tipps brauchen, wie sie möglichst schnell eine digitale Infrastruktur aufsetzen. Also das, was technisch längst möglich ist, aber selten auf Platz eins der Prioritätenliste stand.

Innerhalb weniger Tage friert die bewegte Welt ein. Jede nicht zwingend notwendige persönliche Interaktion wird ins Digitale verlegt. In den Innenstädten sind die Straßen wie leer gefegt, dafür werden die Datennetze hoffnungslos überlastet. Lehrer sollen plötzlich auf digitalen Unterricht umsteigen, auch jene, die im Internet eher eine für ihre Zwecke schädliche Technologie sehen und nicht wissen, wie man neue Software installiert. Gemeinsam mit dem Verein Digitale Stadt München entwickelten wir von

Nunatak eine Reihe von Webinaren als Soforthilfe für Lehrer, Eltern und Schüler – der Zuspruch war groß, die Rückmeldungen klangen allesamt positiv und erleichtert. Die *Süddeutsche Zeitung* berichtete darüber und klagte: »Im europaweiten Vergleich bildet Deutschland auf Platz 27 das Schlusslicht bei der Digitalisierung der Schulen.«[6]

Es ist ein Paradox: In der Krise bietet also genau jene Technologie den Ausweg, die bis dahin mit größten Risiken verbunden schien. Die Sorge davor, durch Digitalisierung angreifbar zu werden, ließ viele Firmen und noch mehr Institutionen zögern, den externen Zugriff auf interne Systeme zu ermöglichen. Die Krise macht es nun erforderlich, diese Begrenzung so schnell wie möglich aufzuheben, um produktiv weiterarbeiten zu können – ob vom Küchentisch, vom Sofa oder auch vom heimischen Arbeitszimmer aus. Noch im Jahr 2019 wurden Fachkonferenzen zu Cybersecurity weltweit zu Tausenden,[7] zum Thema Pandemie und Biosecurity nur vereinzelt abgehalten.[8] Sicherheit bleibt sehr wichtig, langsam aber rückt das Machbare in den Vordergrund.

Zum gleichen Zeitpunkt im Vorjahr war ich mit zwei Kollegen nach New York geflogen, um für unseren ersten Kunden dort einen Workshop zu moderieren und Gespräche mit dem Management zu führen. Parallel begleitete ich ein Team eines deutschen Medienunternehmens durch Newsrooms in Manhattan, um dort Anregungen für digitale Abläufe zu finden und Kontakte zu knüpfen. Meine letzte Dienstreise zu einer Verlagsgruppe in Düsseldorf ist im März 2020 schon einige Wochen her. Wann ich wieder eine unternehmen werde, ist unklar, ebenso die Frage, wann es Geschäfte über den Atlantik hinweg wieder geben wird. Ist nicht räumliche Nähe – auch oder erst recht im digitalen Zeitalter – ein wichtiger Faktor? Werden Aufträge vergeben an persönlich unbekannte Dienstleister, die Tausende Kilometer entfernt leben?

Dieser erste Stillstand bedeutet für die Menschen den größten Einschnitt in persönliche Freiheiten seit dem Zweiten Weltkrieg.

Leere Straßen, geschlossene Flughäfen, verrammelte Geschäfte, und das über Wochen hinweg. Noch kurze Zeit zuvor hätte es niemand für möglich gehalten, unsere Gesellschaft so weitgehend stilllegen zu können. Erste Proteste und Verweigerer melden sich bereits lautstark, insbesondere auf den Social-Media-Plattformen. Rückblickend wissen wir, dass die deutsche Wirtschaftsleistung im zweiten Quartal des Jahres 2020 um knapp zehn Prozent schrumpfte, ein Einbruch so stark wie nie zuvor in der Geschichte der Bundesrepublik,[9] und das direkt nach der längsten Phase des Aufschwungs. In unseren Nachbarländern und bei unseren Handelspartnern in Übersee sieht es ähnlich aus. Eine Katastrophe?

Mein erstes Wochenende im Lockdown verbringe ich damit, das System der Kurzarbeit im Detail zu verstehen und die Bestimmungen für Förderkredite zu lesen. Noch laufen unsere Verträge für die größeren Projekte, doch es zeichnet sich ab, dass Anfragen weniger und Gespräche aufgeschoben werden. In zwei Jahren hatten wir bei Nunatak unseren Umsatz verdoppelt und gerade im Januar einen Wachstumsplan für die nächsten Jahre besprochen. In weiteren Städten wollten wir Büros aufmachen. Jetzt geht es darum, die Firma stabil zu halten und Szenarien zu entwickeln, wie wir reagieren, wenn das Geschäft komplett wegbricht. »Ihr macht doch Digitalisierung«, höre ich aus meinem Umfeld, »das ist doch jetzt erst recht gefragt.« Das stimmt, nur wenn ein Konzern einen Ausgabestopp verhängt, trifft das auch Dienstleister, die bei der Digitalisierung helfen.

In einem Marketing-Newsletter, den ich regelmäßig lese, erwähnt der Verfasser das gerade von ihm wiederentdeckte Buch *Wenn alles zusammenbricht: Hilfestellung für schwierige Zeiten* von Pema Chödrön, einer buddhistischen Nonne aus New York. Später lade ich es auf meinen Kindle, darin zu lesen hilft mir in den nächsten Monaten sehr – auch wenn ich kein Buddhist und in Sachen Meditation eher ein Anfänger bin. Chödrön betrachtet Krisensituationen aus dem Blickwinkel ihrer philosophisch-religiösen Lehre, und das ist aufschlussreich. Ich versuche, den Fokus zu halten, indem ich jeden Morgen nicht nur eine Meditations-App nutze, sondern eine Seite in dem Buch lese: »Vielleicht ist unser einziger Feind die Tatsache, dass wir die Wirklichkeit, wie sie jetzt ist, nicht mögen und daher den dringenden Wunsch haben, sie solle schnellstmöglich verschwinden.«[10] Ja, ich mochte diese neue Wirklichkeit nicht, hatte und habe den Wunsch, dass dieses Virus so schnell wie möglich verschwinden möge. Pema Chödrön sagt dazu: »Ob wir das, was uns begegnet, als Hindernis und Feind oder als Lehrer und Freund erfahren, hängt voll und ganz von unserer Sicht der Wirklichkeit ab – abhängig von unserer Beziehung zu uns selbst.«

Wie groß könnten die Verluste sein, die durch die Krise entstehen? Welches Szenario ist für unsere Firma realistisch, für das ganze Land, für die Welt? Expertenrunden in Talkshows überschlagen sich mit Prognosen, suchen nach Erklärungen, widersprechen sich in ihren Empfehlungen. Die Börsenkurse brechen schneller ein, als der Ticker es melden kann. »Wir haben nichts zu verlieren«, schreibt Chödrön, »als die bis in unsere Zellkerne reichende Programmierung, dass wir viel zu verlieren haben.« Sich anzufreunden »mit dem gegenwärtigen Moment, mit der Hoffnungslosigkeit, mit dem Tod, mit der Tatsache, dass Dinge enden, dass sie vorbeigehen, dass sie keine dauerhafte Substanz besitzen, dass sich alles ständig wandelt – das ist die grundlegende Botschaft.« Auch und erst recht in Zeiten von Corona.

Leichter gesagt als getan. Vor allem, wenn die Krise so plötzlich zuschlägt. Geschah es wirklich so unerwartet?

Gehen wir zurück in das Jahr vor Corona. Die Angst vor einer Rezession greift um sich. Nicht jeder Studienabgänger findet sofort einen Job. Ein Handelsstreit, angezettelt vom populistischen US-Präsidenten, gefährdet die Ausfuhren in andere Länder. Unternehmen beginnen, ihre Ausgaben für Forschung und Innovationen zu senken. Die Modernisierung von Strukturen und Technik, längst überfällig, steht auf einmal unter Kostenvorbehalt. Die Regierung in Berlin wirkt teils orientierungslos, immer mehr Wähler unterstützen Alternativen, die unsere gesellschaftliche Ordnung infrage stellen.

Das zunehmende Gefälle zwischen Arm und Reich zeigt, dass die Globalisierung zwar viel Fortschritt, aber nicht mehr Gerechtigkeit gebracht hat.[11] Tausende junge Menschen gehen aus Klassenzimmern und Hörsälen auf die Straße, um vor dem Klimawandel zu warnen und die Politik aufzufordern, endlich zu handeln. Die Zahl an Flugpassagieren steigt auf neue Rekorde, die der Sport Utility Vehicles (SUVs) auf städtischen Straßen auch. In China werden dreimal so viele Porsches verkauft wie in Deutschland.[12] Die Ingenieure entwickeln für den Weltmarkt, weniger für das von Käuferzurückhaltung geprägte Inland.

Der Modernisierungsdruck im Land ist enorm. Nach wie vor vermögen Behörden es nicht, ihre Dienstleistung weitgehend digital anzubieten. Persönliches Bürgererscheinen ist immer noch die Regel und nicht die Ausnahme. Gleiches gilt zum Beispiel für die Universitäten: Hörsäle platzen zwar aus fast allen Nähten, dennoch schien – vor Corona – ein Studium ohne Präsenzpflicht undenkbar. Und wer auf dem Land lebt und einen Onlineshop aufsetzen will, der muss möglicherweise umziehen, weil die Datenverbindung nicht ausreicht.

Und doch, auch im Jahr 2019 verzeichnet die Statistik ein leichtes Wirtschaftswachstum in Deutschland, zum zehnten Mal in Folge, genauso wie in den meisten anderen Industrieländern auch. Nach etwas mehr Skepsis in der Jahresmitte steigt das Geschäftsklima bei den Unternehmen zum Jahresende sogar an.[13] Hoffnung keimt auf, dass das Leben doch so weiterlaufen könnte wie gewohnt: ein sicherer Job und ausreichend Wohnraum für die meisten; Shoppingtrips, Partynächte, Luxusleben für die Wohlhabenden. Das Leben im Ganzen fühlt sich gut an. Das längst vorhandene und durch steigende Aktienkurse und Immobilienpreise immer größer werdende Wohlstandsgefälle lässt sich ignorieren, wenn man nicht zur ärmsten Schicht gehört. Genauso die Tatsache, dass wir systematisch auf Kosten unserer Zukunft leben. Die Terrorangst aus den Jahren zuvor hat sich beruhigt. Die autoritären Herrscher in den großen Ländern der Welt bereiten zwar ein gewisses Unbehagen, ferne Kriege auch. An den bevorstehenden Brexit, einen der größten politischen Unfälle der letzten Jahrzehnte, haben wir uns notgedrungen gewöhnt. Persönlich betroffen von alldem sind die wenigsten, und selbst wenn, ändern lässt es sich doch nicht.

Aber lassen sich die Risiken wirklich auf Dauer und systematisch übersehen? Geht es wirklich – wie Höchststände bei den Börsenkursen suggerierten – unaufhaltsam nach oben? Oder überdeckte der forcierte Optimismus nur die dunkle Ahnung, dass der längste, wirtschaftliche Aufschwung seit dem Wirtschaftswunder der Nachkriegsjahre seinem Ende entgegengeht? »Wildwasserfahrer gesucht« setzte die Redaktion als Überschrift über meine Kolumne für das *manager magazin*. Die Frage, die ich stellte: Wer kommt am besten durch die Stromschnellen, die sich plötzlich auftun? »Ausrüstung und Technik sind entscheidend, denn doppelte Kräfte wirken: Der Digitalisierungsdruck hört nicht auf, nur weil das wirtschaftliche Umfeld unsicherer wird. Die Mischung aus beidem bedeutet: Wildwasserfahren wird in vielen Branchen und Industrien zum Normalfall – und dafür sind Mut, schnelle Reaktionen, neues Wissen gefragt.«[14]

Tagesschau, im November 2019: im Bildhintergrund wieder einmal das Motiv eines voll beladenen Containerschiffs – vermeldet wird das neue Gutachten der fünf Wirtschaftsweisen: Von »gedämpfteren Tönen« im Bericht spricht der Reporter, und von der enthaltenen Botschaft, dass der Aufschwung langsam zu Ende gehe. Der dicke Bericht in blauem Einband trägt den Titel »Strukturwandel meistern«. Klingt gut. Die Infrastruktur des Landes, das ein dringender Hinweis, müsse digitalisiert werden. Wachstum sei im neuen Jahr möglich, aber maximal um ein knappes Prozent, und auch das nur wegen des »Kalendereffekts«, durch den es überdurchschnittlich viele Arbeitstage gibt. Keine rote Karte, aber eine klare Warnung. Der Sachverständigenrat kritisiert, dass die Regierung alte Strukturen bewahrt und Innovationen in der Industrie nicht stärker gefördert habe. »Ich darf Ihnen sagen, dass wir vielleicht nicht immer alles genau so machen, wie Sie es uns vorschlagen, aber dass Sie uns doch sehr inspirieren, und Sie finden viele Gedanken auch in dem, was wir getan haben, wieder«, lautet die humorvolle Reaktion der Bundeskanzlerin. Die Experten schränken auch gleich ein: Von einer tiefgreifenden Rezession sei nicht auszugehen, ein Konjunkturprogramm nicht nötig.

Grund zur Sorge? Ein wenig, nicht zu viel. Und doch, in kurzen Momenten des Nachdenkens zwischen hektischen Talkshows, kurzlebigen Kommentaren und übereilten Social-Media-Posts spüren wir, dass vieles nicht mehr so läuft, wie es sollte. Im *Global Competitiveness Index* rutscht Deutschland innerhalb eines Jahres um vier Plätze zurück auf den siebten Rang. Die Werte für Innovationsfähigkeit sind stabil und hoch, die für Einsatz und Verfügbarkeit moderner, digitaler Kommunikationsnetze jedoch im Vergleich zu gering. Deutschland liegt auf Platz 38, hinter Bulgarien, Malaysia oder auch Uruguay.[15]

Am Abend jenes Tages, an dem die Wirtschaftsweisen ihren Bericht vorlegen, sitze ich in einem der wenigen Restaurants in München, die ein postmodern-urbanes Gefühl vermitteln, wie sonst in Soho oder Berlin-Mitte. Kahle Wände, dicke Rohre an der Decke, Lampen im Industrieschick, eine offene Küche, Biowein. Die Betreiber haben ein Umspannwerk umgebaut. Mir gegenüber sitzt ein guter Bekannter, der in der Digitalabteilung eines Münchner DAX-Unternehmens arbeitet. »Die guten Zeiten sind bei uns definitiv vorbei«, sagt er.

»Die Leute fühlen sich noch sicher. Auch meine Kollegen. Jeder denkt, er hat einen Job für die Ewigkeit. Aber wenn ich unsere Zahlen genau anschaue, bin ich mir da nicht sicher«, führt er aus. Das Problem seien die Auslandsmärkte, die zwar den meisten Umsatz beisteuern, aber immer unberechenbarer werden. Dazu der eigene Unwille, sich zu verändern. Schon vor Jahren habe sein Team intern vorhergesagt, was jetzt geschieht: Die Bedürfnisse der Kunden ändern sich, die Produkte seien nicht mehr innovativ, der Stolz auf das eigene Schaffen sei gesunken, die Motivation auch, und das genau in einer Phase, in der Ideen dringend gebraucht würden.

Digitalisierung ist fast schon Unwort auf manchen Konzernetagen. Transformation erst recht. Es werde schon so lange darüber geredet, ohne dass sich etwas getan hätte. Die Versprechungen waren groß, doch der Umsatz kommt zum größten Teil immer noch aus dem klassischen Geschäft. Die Maßzahl, deren Veränderung die Aktionäre interessiert, sind der Gewinn pro Aktie und die Dividende. Der Indikator für langfristiges Denken und Handeln ist noch nicht erfunden.

Auf dem Heimweg durch die nächtliche Stadt frage ich mich: Was genau läuft schief? Zu wenig Wachstum? Veraltete Strukturen? Oder geht es längst um ganz andere Krisen? Die Krise der Demokratie? Die Krise des Sozialstaats? Die Krise der Globalisierung? Die Krise der Umwelt? Ist es eine Kombination dieser Faktoren, die sich in der Stimmung bemerkbar macht, die zu kippen droht? Das System hat sich verlangsamt, nicht weil die Festplatte schon komplett überlastet ist, sondern weil schadhafte Stellen entstanden sind. Es wäre an der Zeit für einen gründlichen Scan, um zu sehen, was noch gut läuft, was gar nicht mehr funktioniert, was repariert werden kann. Nur so lässt sich vermeiden, dass wir auf Kosten einer Zukunft leben, die wir alle noch erleben werden. Höchste Zeit also für einen Reboot?!

Zwei Monate vor jenem Abend in München steht Greta Thunberg vor der UN-Vollversammlung. »Wie können Sie es wagen«, schimpft sie die Regierenden. »Sie haben meine Träume und meine Kindheit mit Ihren leeren Worten gestohlen. ... Menschen sterben. Ganze Ökosysteme kollabieren. ... Wir stehen am Beginn eines Massenaussterbens. Und alles, worüber Sie reden können, sind Geld und Märchen vom ewigen Wirtschaftswachstum. ... Wie können Sie es wagen, weiterhin wegzuschauen.«

Applaus kommt auf, auf den Straßen New Yorks jubeln ihr Fans zu, zugleich gehen gehässige Kommentare auf YouTube und anderen Social-Media-Plattformen ein, auf denen das Video abrufbar ist. Von einer Pandemie ist damals noch keine Rede. Aber es ist klar, unser Verhältnis zur Natur, die, wie uns das Virus zeigen sollte, doch viel mächtiger ist, als wir gedacht haben, ist noch immer nicht geklärt. Wäre das anders, dann würde die Diskussion zwischen Mahnern und Leugnern des Klimawandels nicht so emotional verlaufen. Machen wir uns weiter die Erde untertan oder machen wir es zu unserer Aufgabe, sie zu schützen? Sichere Jobs und Wohlstand wollen beide Seiten, aber wie nachhaltig sind die Wachstumsrekorde? Ist es überhaupt richtig, nach mehr Wachstum zu streben, und wenn nicht, warum kommen wir nicht davon los? Steckt dieses Streben wirklich tief in unserer Natur?

Vor knapp 50 Jahre hat der Club of Rome seine berühmte Studie *Grenzen des Wachstums* vorgelegt. In spätestens 100 Jahren erreiche die Weltwirtschaft eine absolute Wachstumsgrenze, wenn die Umwelt verschmutzt, die Rohstoffe aufgebraucht, die Weltbevölkerung weiter angewachsen sei. Die Hälfte der Zeit ist abgelaufen. »Ganz neue Vorgehensweisen sind erforderlich, um die Menschheit auf Ziele auszurichten, die anstelle weiteren Wachstums auf Gleichgewichtszustände führen.«[16] Die einen begeistert der Bericht, die anderen beschimpfen ihn als Unfug. Die Kraft des technischen Fortschritts, der die Wachstumsgrenzen sprengt, wird unterschätzt, sagen die Kritiker. Auch Technik könnte irgendwann nicht mehr verhindern, dass das System zusammenbricht, steht im Bericht – wenn auch erst in 50 Jahren.

Auch wenn einige der Annahmen des Berichts – Ressourcen, die heute schon verbraucht sein würden – sich als falsch erwiesen haben, es bleibt der Grundgedanke der Grenzen für unser Wachstum, der uns bis heute beschäftigt. In jedem Fall lohnt es sich, die Prognosen der Wissenschaftler nachzulesen, sowohl die ersten als auch die aus späteren Versionen. Im Jahr 2017 veröffentlichten Ernst Ulrich von Weizsäcker und sein Kollege Anders Wijkman, die damals den Club of Rome leiteten, einen neuen Bericht unter dem Titel *Wir sind dran: Was wir ändern müssen, wenn wir bleiben wollen*. Lange vor dem Corona-Ausbruch schreiben sie darin, dass eine Pandemie die Welt genauso massiv bedrohen könne wie die Umweltzerstörung: »Wir sind weit davon entfernt, darauf vorbereitet zu sein«, warnen die Autoren.[17]

Außer Wissenschaftlern und Virologen denken nur wenige Menschen zu diesem Zeitpunkt über das Risiko und die Folgen einer Pandemie nach. Knapp eine Million Menschen sterben jährlich in Deutschland, das sind rund 3000 am Tag. Ein Drittel davon an einer Herz-Kreislauf-Erkrankung, ein Viertel an Krebs, nur sieben Prozent an einer Erkrankung des Atemsystems – und davon auch nur ein Teil von Viren ausgelöst. Das Thema Pandemievorsorge spielt sich in einem Segment der Festplatte ab, das nur selten genutzt wird. Für den Ernstfall ist das Gesundheitssystem kaum gewappnet.

Wenig Energie fließt in das Thema. Eine der wenigen Ausnahmen: Das Bundesamt für Bevölkerungsschutz und Katastrophenhilfe hat 2012 einen Notfallplan entwickelt. Dieser Plan beschrieb die Reaktion auf einen hypothetischen Erreger namens Modi-SARS mit »neuartigen Eigenschaften, die ein schwerwiegendes Seuchenereignis auslösen« und der »plötzlich auftreten« könne. Die Beamten diskutieren mögliche Auswirkungen auf alle Bereiche der Gesellschaft, auch auf das »Schutzgut Volkswirtschaft«, die nicht konkret abschätzbar, aber immens sein könnten. Die Pandemie bekommt die Stufe C im Bedrohungsraster, »bedingt wahrscheinlich«. Dieser Wert bedeutet, dass ein solches Ereignis einmal in einem Zeitraum von 100 bis 1000 Jahren geschehen könnte.[18] Noch davor kommt im Bericht die Risikoanalyse »Extremes Schmelzhochwasser aus den Mittelgebirgen«.

Am Tag nach dem Abendessen mit dem Konzernmitarbeiter in München sitze ich bei einer Konferenz in einem Hotel auf dem Podium. »Disruption« lautet der Titel. Niemand ahnt etwas von der großen Disruption, die für ein ganzes Jahr lang verhindern wird, dass wir Konferenzen besuchen, die sich in der physischen Welt abspielen. Ebenfalls auf dem Podium sitzt die Digitalchefin des Lastwagenherstellers MAN, Sandra Reich. »Die Budgets für Innovation dürfen nicht geringer werden«, sagt sie. Zwischen uns Martin Unger, langer Bart, Foo-Fighters-T-Shirt, schwere Lederstiefel. Er leitete damals WattX, Digitallabor und Company Builder des Heiztechnikkonzerns Viessmann. »Der Druck, nachzuweisen, dass unsere Arbeit etwas bringt, ist gestiegen.« Werden die Zeiten gefühlt schlechter, zählt vor allem das Kerngeschäft.

Nach der Mittagspause am Stehbuffet moderiere ich mit meinen Kollegen einen Workshop. Das Ziel: Wir entwickeln eine Innovation, ein neues Produkt oder einen Service, am besten mit einem funktionierenden Geschäftsmodell. Hemd und Sakko habe ich in der Zwischenzeit gegen einen Kapuzenpulli getauscht. Das Publikum wählt unter mehreren Vorschlägen mit Handzeichen aus.

Der Gewinner ist ein digitaler Service, über den sich die Pflege der Gräber von Freunden und Verwandten weltweit steuern lässt.

2/
Der
Shortcut
fehlt

»Es war ein Fehler«, sagte Microsoft-Gründer Bill Gates, als er im September 2013 eine Fundraising-Kampagne für die Harvard University im Sanders Theatre eröffnete.

Erst klang es so, als ob er seine Entscheidung in den 1970er-Jahren meinte, die Universität ohne Abschluss zu verlassen. Das Publikum lachte. Es ging ihm aber um ein anderes Eingeständnis: nämlich die Entscheidung für eine nicht ganz unkomplizierte Tastenkombination, die wohl jeder Windows-Nutzer schon benutzt hat, wenn der Rechner eingefroren ist. Für den sogenannten Klammergriff müssen die Steuerungs-, die Alt- und die Löschtaste gleichzeitig gedrückt werden. Gebraucht wird die Kombination auch heute noch, um Programme zu beenden und sich an einem Rechner in einem Netzwerksystem neu einzuloggen.

Das Problem bei der Tastenkombination: Abhängig vom Tastaturdesign und besonders bei Laptops kann der Griff zu Fingerverrenkungen führen. »Wir hätten einen einzelnen Knopf haben können«, rechtfertigte sich Gates, »aber der Typ, der das IBM-Keyboard-Design gemacht hat, wollte uns den nicht geben.« Diesen Typ gibt es tatsächlich: David Bradley, einer von zwölf Ingenieuren, die bei IBM das erste Computersystem zusammenbauten. »Ich habe ihn vielleicht erfunden, aber Bill hat ihn berühmt gemacht«, rechtfertigte sich Bradley später. Ursprünglich sei der Klammergriff nur für Profinutzer gedacht gewesen und habe eher unbeabsichtigt den Weg zum PC gefunden.

Sogar auf Apple-Rechnern gibt es eine ähnlich komplizierte Tastenkombination: Sie öffnet ein Fenster, das alle laufenden Programme anzeigt, auch jene, die nicht reagieren. Diese können dann hart beendet werden, mit der Gefahr, dass Daten verloren gehen. So unpraktisch der Klammergriff auch sein mag, immerhin verhindert er, dass ein Rechner komplett heruntergefahren und neu gestartet werden muss, wenn ein Problem aufgetreten ist.

Als das neuartige Corona-Virus sich ausbreitete, fehlte ein solcher Shortcut. Nach einigen Wochen des Zögerns, in denen die Ansteckungszahlen bereits nach oben gingen, entschied sich die Politik – nach dem Vorbild Italiens – bei uns und in anderen Ländern dazu, das öffentliche Leben komplett herunterzufahren. Die Kurven der Ansteckungszahlen zeigten zu steil nach oben.

Konzepte, ein Virus einzudämmen, ohne Schulen, Kindertagesstätten, Geschäfte und Restaurants zu schließen, gab es entweder nicht oder das Risiko erschien zu groß. Nur eine Unterscheidung wurde noch gemacht: Wer ist systemrelevant und wer nicht? Eine feste Definition und damit Liste dazu gab es lange nicht.

Was jetzt noch funktionierte, waren die Unternehmen und Organisationen, die zuvor schon vieles ins Digitale verlagert und sich von einem stationären Arbeitsort unabhängig gemacht hatten. Alle anderen – und das war mit Abstand die Mehrzahl – standen jetzt vor einem Dilemma: Wie weiter dem Geschäft nachgehen, wenn der Betrieb oder das Büro geschlossen ist? Und wird es überhaupt noch eine Nachfrage geben oder bricht alles zusammen, sodass es auch im Homeoffice irgendwann nichts mehr zu tun gibt?

Je häufiger ich auf die Seite der Johns-Hopkins-Universität in Baltimore mit ihren roten Zahlen und Kugeln klickte, desto unwahrscheinlicher erschien mir, dass das normale Leben bald wieder beginnen würde. Warum eigentlich, fragte ich mich, wusste eine Universität aus Baltimore so genau, wie viele Menschen sich im letzten Winkel der Welt ansteckten? Tatsächlich sammelte das Team des Centers for Systems Science and Engineering dort letztlich nur allgemein verfügbare Statistiken aus den einzelnen Ländern und bereitete sie übersichtlich auf.

Das Dashboard hat die Professorin Lauren Gardner zusammen mit ihrer Doktorandin Ensheng Dong entwickelt.[19] Das *Time Magazine* sollte Gardner dafür im Herbst 2020 als einen der 100 einflussreichsten Menschen der Welt auswählen. Ihre Universität hatte sich allerdings bereits einen Namen in Sachen Pandemieforschung gemacht. Im Oktober 2019 hielt sie ein Pandemieplanspiel ab, gemeinsam mit dem World Economic Forum und der Bill-und-Melinda-Gates-Stiftung. Anlass dafür gab es: Statistiken zeigten, dass es zuletzt rund 200 Epidemien pro Jahr weltweit gab, und einige standen kurz davor, eine Pandemie zu werden – nach der Definition der Weltgesundheitsorganisation (WHO) eine »Epidemie, die weltweit oder in einem sehr großen Gebiet auftritt, internationale Grenzen überschreitet und typischerweise eine große Zahl an Menschen betrifft«.

Daher der Titel des Planspiels, dessen Aktualität sich wenige Monate später zeigen sollte: »Event 201« – also genau jenes Ereignis, das den Rahmen der anderen 200 sprengt. Die Aufgabenstellung für die Teilnehmer: Sie sollten eine Pandemie bewältigen, die von einem neuartigen Corona-Virus ausgelöst wird und bis zu 65 Millionen Tote weltweit fordern könnte. Die fiktive Geschichte dahinter: Die Krankheit bricht auf einer Schweinefarm in Brasilien aus und geht von den Tieren auf Menschen über. Erst geschieht die Verbreitung still und langsam, dann immer schneller, vor allem über Arztpraxen und Krankenhäuser. Als das Virus es in die Slums der südamerikanischen Großstädte schafft und dort einen Menschen nach dem anderen befällt, explodiert die Epidemie, und die Infektionsraten steigen exponentiell.

Durch Flugreisen gelangt das neuartige Corona-Virus anschließend nach Europa, in die USA und nach China. Kein Land bekommt es unter Kontrolle. Im Planspiel endet die Pandemie erst, wenn ein Impfstoff entwickelt ist – was nach eineinhalb Jahren noch nicht der Fall ist – oder mindestens acht von zehn Menschen infiziert sind. Die Geschichte wirkt bekannt, bis zum Konzept der Herdenimmunität.

Als dann das echte Virus um sich griff, sah die Johns-Hopkins-Universität sich genötigt, auf ihrer Website klarzustellen, dass »Event 201« eine rein fiktionale Übung war. »In letzter Zeit haben wir viele Anfragen bekommen, ob unser Planspiel den Ausbruch des neuartigen Corona-Virus in China vorausgesagt habe.« Das sei nicht der Fall. Die Inputs, die für die Modellierung der erfundenen Pandemie benutzt wurden, seien nicht vergleichbar mit dem tatsächlichen Ereignis. Das war vermutlich der Versuch, aufkommende Panik angesichts der im Planspiel genannten möglichen Opferzahl zu vermeiden – und auch den zur Ursache der Pandemie und insbesondere zu Bill Gates aufblühenden Verschwörungserzählungen Einhalt zu gebieten.

Auch wenn ein Planspiel Ideen und Anregungen dazu liefern kann, wie mit einer vergleichbaren Situation umzugehen ist: Den Shortcut, nach dem wir spätestens im März 2020 suchten, lieferte »Event 201« nicht. Keine der handelnden Personen in Deutschland, Europa und der Welt hatte zuvor die Erfahrung gemacht, Wirtschaft und Gesellschaft herunterzufahren – und dann nach einem verlässlichen Code neu zu starten.

Aber war die Pandemie wirklich ein schwarzer Schwan, also eines jener Ereignisse, die statistisch sehr unwahrscheinlich sind, aber eine starke Wirkung haben und unsere Annahmen von der Welt auf den Kopf stellen? Diese Metapher prägte Nassim Taleb, Autor und Aktienhändler, in seinen Bestsellern. Er bezog sich dabei auf ein aus der Antike stammendes und bis ins 17. Jahrhundert hinein gültiges Bild für extrem seltene Geschehnisse. Bis dahin hatte tatsächlich niemand in der westlichen Welt einen schwarzen Schwan gesehen, dann aber tauchten in Australien welche auf und wurden in die Niederlande und Deutschland eingeschleppt.

Im Gegensatz zur Einschätzung vieler Kommentatoren ist die Corona-Pandemie kein schwarzer Schwan, erst recht nicht nach Talebs Kriterien. Er setzt unter anderem voraus, dass nichts in der Vergangenheit darauf hinweist, dass ein entsprechendes Ereignis möglich sein könnte. Genau dieses Kriterium ist bezogen auf Corona nicht erfüllt. Taleb selbst hat die Pandemie als weißen Schwan bezeichnet – also als ein Ereignis, das mit sehr hoher Wahrscheinlichkeit zu einem bestimmten Zeitpunkt eintreten werde. Schon im Jahr 2010 war er Berater für die Regierung von Singapur in Fragen des Umgangs mit einer möglicherweise eintretenden Pandemie.[20]

Auch der frühere Arzt und weltweit anerkannte Gesundheitsstatistiker Hans Rosling, der in seinem Buch *Factfulness* ein insgesamt optimistisches Bild der Welt von heute zeichnet, beschäftigt sich mit einem hochwahrscheinlichen Bedrohungspotenzial: Zwar warnt er vor Dramatisierung von Entwicklungen wie beispielsweise den Folgen des Bevölkerungswachstums, das sich seinen Berechnungen nach abflachen werde, nennt dann aber fünf erhebliche Risiken, die aus seiner Sicht das Potenzial haben, massenhaftes Leid in der Menschheit zu verursachen – entweder auf direkte Weise oder vermittelt dadurch, dass menschlicher Fortschritt für lange Zeit unterbrochen wird. An erster Stelle nennt der inzwischen verstorbene Autor eine »global pandemic«. Er erinnert an die Spanische Grippe, an der von 1918 bis 1920 mindestens 20 Millionen Menschen gestorben sind, und warnt, dass eine durch die Luft übertragene, hoch ansteckende Krankheit eine größere Bedrohung für die Menschheit darstelle als Ebola oder Aids. Die weiteren vier großen Risiken sieht er in finanziellem Zusammenbruch, einem dritten Weltkrieg, dem Klimawandel und extremer Armut.[21]

Auch an der Harvard Kennedy School, an der ich studiert habe, gab es Planspiele und Studien zu Pandemien; ebenso an eher konservativen Einrichtungen wie der Texas A&M University. Das dort angesiedelte Scowcroft Institute of International Affairs der Bush School of Government and Public Service hält jedes Jahr einen Pandemic Policy Summit ab. Vormittags Vorträge, nachmittags eine Simulation, bei der die Studierenden einer virtuellen Pandemie ausgesetzt sind und in Teams Antworten finden müssen.[22]

»Wir werden eine Pandemie erleben«, sagte Andrew Natsios, der Direktor des Instituts, zwei Jahre vor Corona. »Die Frage ist nur, wann.« Der letzte Pandemic Policy Summit fand im November 2019 statt – also wenige Wochen bevor sich SARS-CoV-2 von Wuhan aus in der Welt verbreitete und mehrere Hunderttausend Menschen an der Infektion starben. Die Fakultät und ihre Konferenzen werden von der Bush-Familie unterstützt, und tatsächlich war es George W. Bush – in der regelmäßigen Bewertung aller US-Präsidenten durch Historiker im untersten Drittel zu finden[23] –, der als einer der wenigen globalen Spitzenpolitiker das Pandemierisiko sehr weit oben auf seiner Agenda hatte.

Während eines Urlaubs auf seiner Ranch im Sommer 2005 hat er nach eigener Aussage in einem Vorabexemplar des Buchs *The Great Influenza* von John M. Barry gelesen. Es behandelt die Geschichte von der Spanischen Grippe. »Wenn wir darauf warten, dass eine Pandemie eintritt, wird es zu spät sein, sich darauf vorzubereiten«, sagte Bush nach dieser Lektüre. Also setzte er ein umfangreiches Pandemievorsorgeprogramm auf und stattete es mit sieben Milliarden Dollar Budget für drei Jahre aus. Zu dem Programm zählten Skizzen und Diagramme für ein globales Frühwarnsystem, Geldreserven für die schnelle Entwicklung eines Impfstoffs, der Aufbau von Lagern mit lebenswichtigen Waren für die gesamte Bevölkerung, darunter auch Gesichtsmasken und Beatmungsgeräte, und eine Website mit einem Notfallplan. Bush war, erinnerten sich seine Berater in der Corona-Krise, nicht nur besorgt, sondern vollkommen überzeugt davon, dass so ein Ereignis wirklich eintreten würde. Im November 2005 hielt er eine Rede vor Wissenschaftlern: »Eine Pandemie ist einem Waldbrand sehr ähnlich. Wenn sie früh erkannt wird, kann sie gestoppt werden, ohne allzu großen Schaden anzurichten. Wenn man sie schwelen lässt, unentdeckt, kann sie sich in ein Inferno auswachsen, das schnell unsere Kapazitäten übersteigt, es unter Kontrolle zu bringen.« Bald herrsche Mangel an allem – von medizinischen Fachkräften über Spritzen, Krankenhausbetten, Gesichtsmasken und Schutzkleidung.[24]

Heute klingt das geradezu hellseherisch; der übernächste Präsident nach Bush sollte massive Waldbrände und eine Pandemie zugleich erleben. Im Publikum saß bei Bushs Rede auch Anthony Fauci, Immunologe und bereits Leiter des National Institute of Allergy and Infectious Diseases – jener Fauci, den Donald Trump erst vor die Kameras zerrte und dann öffentlich diskreditierte. Fauci und andere Behörden entwickelten die Pläne unter Präsident Barack Obama weiter. Das Weiße Haus verfasste ein Playbook, in dem Folgendes zu lesen ist: »Ein neu aufkommender, ansteckender Krankheitserreger könnte eine folgenschwere, anfangs unklare Bedrohung der menschlichen Gesundheit darstellen. Jederzeit könnte sich beispielsweise eine Grippe zu einer Epidemie oder Pandemie entwickeln (…) In der ersten Stufe einer Krisenreaktion ist es entscheidend, herauszufinden, wie die Krankheit genau übertragen wird. Allerdings fehlen dazu anfangs möglicherweise Informationen.«[25]

Mitarbeiter von Barack Obama veranstalteten mit dem Stab von Donald Trump kurz vor dessen Amtsübernahme ein Planspiel zu einer Pandemie. Noch im Jahr 2019 ließ die Trump-Regierung eine eigene Version unter dem Titel »Crimson Contagion« durchführen, unter Beteiligung aller relevanten staatlichen Behörden. Ein Dokument mit den wichtigsten Ergebnissen gelangte an die Öffentlichkeit, in dem der Satz zu lesen ist:»Gegenwärtig stehen unzureichende Mittel bereit, die im Fall einer Grippepandemie von der Bundesregierung eingesetzt werden könnten.«

Trump kürzte Budgets und Stäbe noch weiter, mit dem Argument, er sei ein Unternehmer, und als solcher möge er es nicht, wenn Leute herumsitzen, die nichts zu tun haben. Wenn sie gebraucht würden, könne man sie jederzeit zurückholen. Das Dokument listet viele weitere Probleme auf, unter anderem unklare Zuständigkeiten und Kommunikationswege zwischen den Behörden. Der allerletzte Satz lautet:»Diese Themen anzugehen, würde unsere Fähigkeit, eine gemeinsame Reaktion aufzusetzen, deutlich erhöhen und die Folgen einer Grippepandemie begrenzen, um amerikanische Leben zu retten.«[26]

Ein umfangreiches Regierungsdokument ist zwar kein Shortcut, aber doch immerhin eine Art Gebrauchsanweisung für einen Reboot in einer absehbaren Gefahrenlage. Wie sah es in Deutschland aus? Hätten wir frühzeitiger reagieren können auf der Basis von Notfallplänen?

Tatsächlich ist das im vorherigen Kapitel erwähnte Dokument des Bundesamts für Bevölkerungsschutz und Katastrophenhilfe nicht das einzige seiner Art; es gibt einen seit 2005 mehrfach überarbeiteten Nationalen Pandemieplan. Das Problem: Auch auf Landesebene gibt es Pandemiepläne. Als Corona sich ausbreitete, war also zunächst unklar, welche Behörde auf welcher Ebene welche Aufgabe übernehmen muss. Auf der Website des Robert Koch-Instituts sind Links zu 16 Pandemieplänen aufgeführt, für jedes Bundesland einer – ganz so, als hätten Grippeviren sich in der Vergangenheit bei ihrer Ausbreitung an solchen Ländergrenzen orientiert. Das Land Hessen hat unter diesem Link sogar einen eigenen Pandemieplan für seine Justizvollzugsanstalten hinterlegt; als könne man ein Virus einsperren. Bei Mecklenburg-Vorpommern führt der Link ins Leere, das Saarland dankt für den »Besuch unserer Saarlandseiten« und empfiehlt die Nutzung der neuen Navigationsmöglichkeiten, um den gesuchten Inhalt zu finden.

Allein schon die Wortkombination »Nationaler Pandemieplan« ist ein Widerspruch in sich, steht »pan« doch für »umfassend«, »total«, ganz zu schweigen von Pandemieplänen auf Landesebene.

Ein Ergebnis der fehlenden Aufgabenzuordnung zwischen Bund und Land und einer Vielzahl von Behörden auf allen Ebenen bis hinunter zu Städten und Gemeinden: Gesichtsmasken waren schon Anfang März 2020 ausverkauft – wie auch verlässliche Informationen Mangelware waren. Als ich mir damals in einer Apotheke in München eine Schutzmaske für eine Flugreise besorgen wollte, wurde mir dort erklärt, dass keine Masken mehr verfügbar seien, sie aber die Ausbreitung des Virus ohnehin nicht aufhalten würden. Als ich dann einige Wochen später zum ersten Mal eine Maske trug, war ich als Erstes besorgt, mein kleiner Sohn könnte durch diese »Vermummung« verängstigt werden. Er fand die neue Optik aber eher interessant.

Natürlich war auch bei der Weltgesundheitsorganisation ein Pandemieszenario längst Thema – die Schweinegrippe, Ebola und SARS waren gut sichtbare Warnsignale. Das Wissen, dass eine Pandemie jederzeit auftreten könnte, war also, wenn auch nicht in der breiten Öffentlichkeit, so doch bei entsprechenden Experten, vorhanden. Und obwohl das Risiko einer Pandemie lange vor Corona als hoch einzuschätzen war, blieben andere Themen auf der politischen und gesellschaftlichen Agenda wichtiger. Der Klammergriff war irgendwo in bürokratischen Dokumenten versteckt und in dem Moment, als er gebraucht wurde, nicht einsetzbar – und selbst wenn, hätte sich erst noch die Frage gestellt: Wer ist befugt, ihn zu nutzen?

Der einzige Ausweg war, das System abzuschalten mit der Folge eines globalen Wirtschaftseinbruchs, der trotz überraschend schneller Erholung in den Industrieländern die Armut weltweit deutlich erhöhen wird; des Versuchs von Rechtsextremen und Verschwörungsideologen, die Gesellschaft zu spalten, die nicht solidarischer, sondern polarisierter wirkt als zuvor; von Billionen an Staatsgeldern, die den Schuldenstand für Generationen nach uns erhöhen.

Bedrohungen wie die einer Pandemie zu ignorieren, solange sonst alles irgendwie gut läuft oder andere Probleme dringender erscheinen, ist – zumal im Individuellen – psychologisch nachvollziehbar. Wenn mich jemand im Herbst 2019 gefragt hätte, wovor ich Sorgen habe, dann wäre mir das Wort Pandemie sicher nicht eingefallen. Die andere Seite aber ist die der Institutionen und staatlichen Strukturen, die genau dafür da sind, die Gesellschaft vor möglichen negativen Folgen des kurzfristig geprägten Denkens ihrer Einzelmitglieder zu schützen. Die Verantwortung für die chaotische Reaktion in den ersten Wochen der Pandemie – und fast fühlen sich der Herbst und die zweite Welle so an, als hätten wir nur sehr wenig gelernt – liegt aber nicht bei der Politik oder Verwaltung allein. Wir alle haben uns nicht ausreichend mit dem Risiko einer Pandemie und ihren wirtschaftlichen Folgen beschäftigt.

Das Problem mit den Krisen der Moderne, seien ihre Auslöser sichtbar oder unsichtbar, liegt nicht nur in ihrer Häufigkeit, sondern in der Komplexität der Systeme, in denen sie sich abspielen. Wir haben uns selbst in unserer Aufnahmefähigkeit überholt und in einer zu großen Teilen grenzenlosen, arbeitsteiligen Wirtschaft und Gesellschaft eine Vernetzung geschaffen, deren Risiken wir ohne datengetriebene, analytische Warnsysteme nicht überblicken können. Denn wie beim Computervirus gilt: Wenn der schädliche Code erkannt wird, ist er bereits einmal um die Welt gereist und hat genug Schaden angerichtet, um unsere Heilkräfte stark zu strapazieren. Ein Software-Update hilft, dass ein Virus ähnlicher Art sich nicht wieder ausbreiten kann. Längst wird aber irgendwo an einem neuartigen Schädling gebastelt.

Und nicht nur im Gesundheitswesen verlieren wir im Krisenfall die Kontrolle. Wie anfällig unsere Institutionen sind und wie leicht sie überlistet werden können, zeigt der Fall Wirecard. Eine einzelne Behörde, die nur in einem Land Autorität besitzt, ist hoffnungslos überfordert damit, ein weltumspannendes Betrugssystem zu erkennen. Die Folgen sind schmerzhaft, lassen sich volkswirtschaftlich aber noch verkraften. Anders die wirtschaftlichen Folgen der Corona-Pandemie, die tiefer gehen, auch wenn es so aussieht, als könnten wir sie innerhalb von zwei oder drei Jahren bewältigen. Was sie mit uns Menschen dauerhaft macht, ist von heute aus nicht abzusehen.

Was aber abzusehen ist: Wir werden immer einen Schritt zu spät sein, solange wir nicht Systeme schaffen, die Muster erkennen, nach denen die Angreifer der Zukunft vorgehen werden. Künstliche Intelligenz kann uns hier eine Unterstützung sein, wir müssen allerdings die damit verbundenen Chancen sehen und nutzen, statt nur den Kontrollverlust fürchten.

Der leistungsfähigste Supercomputer der Welt heißt Fugaku und wird betreut vom RIKEN Center for Computational Science, einem privaten Forschungsinstitut in der japanischen Stadt Kobe, das sich seit mehr als 100 Jahren den Naturwissenschaften widmet.[27] Fugaku ist ein anderer Name für den Fuji, den höchsten Berg Japans, den im Sommer mehrere Tausend Menschen am Tag besteigen, und der im Shinto, der japanischen Hauptreligion, heilig ist.

Fugaku leistet nicht nur Übermenschliches; im Kosmos der Maschinen kommt er einer Gottheit gleich: Seine Rechnerkapazität ist so hoch, als würde man eine knapp sechsstellige Zahl von marktüblichen Laptops miteinander verbinden – aufeinandergestapelt wäre das ein eineinhalb Kilometer hoher Turm, also doppelt so hoch wie der höchste Wolkenkratzer der Welt, der Burj Khalifa in Dubai. Technikblogs beschreiben den Supercomputer wie einen teuren Wein: »Diese Fugaku-Maschine hat eine sehr gut ausbalancierte Architektur aus Bandweite zum Rechnen, Verbinden und Speichern, auch wenn die Speicherkapazität pro Netzknoten etwas auf der leichteren Seite liegt, wenn auch nicht schlechter als ein typischer GPU-Accelerator, der HBM2-Speicher benutzt.«

Noch Fragen?

Das Modellieren chemischer Zusammensetzungen und biologischer Systeme ist einer der Hauptzwecke solcher Supercomputer. Die Herstellerfirma Fujitsu hat Fugaku früher hochgefahren als geplant, damit er bei der Bewältigung des Corona-Virus und der Suche nach einem Arzneimittel helfen kann. Der Direktor des RIKEN-Zentrums für Informatik kündigte an, dass Fugaku zu einer frühzeitigen Beendigung der Pandemie beitragen soll.

Im Alltag haben wir keinen Zugriff auf Fugaku und ähnliche Maschinen, sondern kämpfen mit unseren handelsüblichen Geräten. Tausende Male gelingt es uns, einen Rechner hochzufahren, der eingefroren ist. Je länger das Gerät läuft und je voller die Festplatte ist, desto mühseliger wird die Sache. Die Zahl der Fehlermeldungen häuft sich. Der Lüfter rauscht bedenklich, Software-Updates helfen nur kurzfristig, die tägliche Nutzung wird zur nervigen Achterbahnfahrt. Die Zeit für einen Hardwarewechsel ist gekommen. Jeder, der viel mit Computern arbeitet, wechselt im Schnitt alle zwei Jahre das Gerät, Smartphones sogar noch häufiger.

Diese Möglichkeit haben wir bei der eigenen Hardware, unseren Gehirnen, die wir für die Herausforderungen auf der gesellschaftlichen, kulturellen oder wirtschaftlichen Ebene verwenden, nicht. In dieser Hinsicht ist sie ungleich schwächer als Fugaku. Sie vermag sich zwar stets weiterzuentwickeln, was im Vergleich zu Rechnerkapazitäten allerdings im Schneckentempo geschieht. Das menschliche Gehirn samt allen Emotionen und angeborenen Reflexen arbeitet für die Problemlösung entsprechend mit einem für seine Kapazität bewältigbaren Code. In Zeiten von Finanzkrisen, Klimawandel, Terroranschlägen und Pandemien, einer insgesamt bis dato nicht gekannten Komplexität der Welt, läuft der Prozess der sprachlichen Codierung von Information und der anschließenden Verarbeitung durch unser Gehirn zu langsam, um zu adäquatem Handeln zu kommen. Hier setzt die Digitalisierung ein, die unter diesem Gesichtspunkt mehr Chancen als Risiken bietet. Wir haben eine Technologie geschaffen, die uns helfen könnte, Krisen besser zu bewältigen, setzen sie aber nur unzureichend ein.

Als die Spanische Grippe vor einhundert Jahren grassierte, mussten Telefonate noch von Menschen in einer Vermittlungsstelle verbunden werden. Menschen, die heute 80 Jahre alt sind, haben ihren ersten PC-Bildschirm gesehen, als sie bereits die erste Lebenshälfte hinter sich hatten. Heute versuchen wir, Kleinkinder von Smartphones, Tablets oder anderen Bildschirmen fernzuhalten, die ihre Neugier wecken. Wir haben die Welt um uns herum stark verändert, und auch die Artefakte, mit denen wir auf sie zugreifen. Aber – es ist die gleiche Welt, nicht nur wie vor 80, sondern wie vor Tausenden Jahren. Auf einen anderen Planeten auszuwandern, erscheint selbst Elon Musk, dem Tesla-Gründer und Raketenbauer, als vorerst unrealistisch. Unsere einzige Chance also ist ein neues Betriebssystem oder, noch besser, gleich ein ganz neuer Code.

Warum brauchen wir diesen neuen Code? Es ist naheliegend, dass wir nur mit modernster Technologie unseren Energiebedarf so sichern und steuern können, dass der Klimawandel aufzuhalten ist. Kriege werden zunehmend im digitalen Raum geführt, unsichtbar und doch ebenso bedrohlich. Terroristen planen ihre Vorhaben auf digitalen Kanälen. Die Ausbreitung von Krankheitserregern lässt sich schneller entdecken, und die Entwicklung von Impfstoffen beschleunigen Superrechner ebenfalls.

Krisenprävention erscheint als logischer Anwendungsfall für einen neuen Code. Aber der Bedarf ist umfassender. Wir brauchen ihn in mehr als technischer Hinsicht, nämlich, um unsere demokratische Gesellschaft zu bewahren, die den meisten von uns große Freiheiten und Vorteile gibt. Wir haben uns so an sie gewöhnt wie an die mal bessere, mal schlechtere Luft zum Atmen. Und doch sehen wir, wie schnell sie bedroht sein kann: Fast jeder zweite Mensch der Erde lebt heute in einem autokratischen Regime.[28] Die Zahl ist in den letzten Jahren deutlich gestiegen. Wir selbst erleben gerade, wie eine Krise Populisten und Extremisten eine Chance gibt, sich hörbar zu machen und Anhänger zu gewinnen.

Irgendwann läuft auch eine gefestigte, demokratische Gesellschaft Gefahr, zu kippen, erst recht, wenn ihr Betriebssystem fehleranfällig geworden ist oder die Menschen es nicht mehr verstehen. Auch ein schleichender Verlust von Meinungsfreiheit und Lebensqualität macht sich erst dann schmerzhaft bemerkbar, wenn es fast schon zu spät ist, wie die Menschen in der Türkei, Ungarn oder Brasilien bestätigen können.

Wir haben uns daran gewöhnt, bei jedem Einkauf eine Gesichtsmaske zu tragen, auch ist zu verschmerzen, eine Saison lang auf Fernreisen, Stadionbesuche und Partynächte zu verzichten. So manche Hetzerei von rechten Politikern oder Verschwörungstheoretikern schockiert uns schon nicht mehr so wie noch vor einigen Jahren. Aber die Anpassungsfähigkeit birgt Risiken. Wenn ein Drittel aller Deutschen daran glaubt, dass geheime Mächte die Welt steuern, dann ist das mehr als beunruhigend. Verschwörungsnarrative werden zur Ersatzreligion für Menschen, die sich einsam oder nicht gehört fühlen – und andocken an antidemokratische Weltanschauungssysteme.[29]

Statt fassungslos darauf zu schauen, wie eine Schar Radikaler versucht, den Reichstag zu stürmen, sollten wir daran arbeiten, unser Parlament zu erneuern. Die beiden Polizisten, die den Eingang verteidigten, haben symbolisch die Arbeit von uns allen verrichtet. Nur zwei sind zu wenig. Der Bundestag ist ein Beispiel dafür, wie dringend wir unsere Institutionen modernisieren sollten: Das Wahlrecht ist zu einer Wissenschaft geworden, und wieder haben es die Abgeordneten in der laufenden Legislaturperiode nicht geschafft, das enorme Wachstum ihres Hauses zu begrenzen. Warum brauchen wir 700 Abgeordnete oder mehr, im nächsten Bundestag vielleicht 800, und jeder von ihnen mit eigenen Stäben?

Nach China haben wir inzwischen das zweitgrößte Parlament der Welt. Ein Kuriosum, das denen, die unser System beschädigen oder missbrauchen wollen, leichtes Spiel macht. Nichts ist leichter als Zustimmung für die Forderung nach einer Verkleinerung des Parlaments zu finden und daran gleich eine ganze Serie anderer Forderungen zu knüpfen, die nur dem Zweck dienen, zu destabilisieren und Wähler in populistische Randgruppierungen zu treiben. Und doch verpassen es die Abgeordneten ein ums andere Mal, sich selbst zu reformieren und so das Parlament zu stärken.

Wir brauchen einen neuen Code, und die gute Nachricht ist, dass wir ihn mit vorhandenen Mitteln erstellen könnten. Dieser Code würde Probleme in Lösungen übersetzen, mithilfe menschlicher Vernunft, aber auch mithilfe digitaler Technologie. Es muss eine Ausnahme bleiben, dass Entscheidungen darüber, ob Schulen geschlossen und Ausgangsbeschränkungen verhängt werden, in Kabinettsrunden oder Telefonkonferenzen der Kanzlerin mit den Ministerpräsidenten getroffen werden, ohne dass die Datengrundlage dafür transparent einsehbar ist.

Es war Politik zum Zuschauen, aus dem Moment geboren, und gestützt auf Wissenschaftler, die zwar ihr Feld, aber nicht die ganze Gesellschaft analytisch betrachten. Die Wahrscheinlichkeit ist hoch, dass die Einschränkungen geringer oder zeitlich kürzer hätten ausfallen können, wenn die Regierungen in Bund und Ländern und auch in anderen Staaten deutlich früher reagiert hätten. Das galt im Herbst immer noch.

Die Reaktion auf die Krise wirkte nicht nur deshalb chaotisch, weil jedes Bundesland seinen eigenen Weg gehen wollte. Nein, die Aussagen lesen sich rückwirkend so, als habe es all die oben genannten Warnungen, Planspiele und Notfallmechanismen nie gegeben. Das Virus war kein unbekannter Feind. Dass Gesundheitsminister Jens Spahn noch im Januar den SARS-CoV-2-Erreger als »nicht schlimmer als eine gewöhnliche Grippe« bezeichnet hatte, würde er aus heutiger Sicht wohl gerne vergessen machen.

Waren das aber nicht einfach nur Anfangsfehler? Sind wir in Deutschland nicht sogar vergleichsweise gut durch die erste Welle der Pandemie gekommen? Im internationalen Vergleich ja, aber dennoch mit Schaden nicht nur an unserer Gesundheit, sondern auch an unserem Gemeinwesen. Genau weil viele Maßnahmen verspätet kamen und willkürlich wirkten, manchmal überzogen schienen, manchmal zu lasch, konnte sich neben dem Corona-Virus auch das lange schon schwelende Lügen- und Verzerrungsvirus rasant verbreiten.

Der neue Code sollte eine Antwort auf die Kurzfristigkeit sein, mit der wir immer wieder versuchen, langfristige Probleme zu lösen. Es geht darum, vorzubeugen gegen den dumpfen Populismus jener, die gerne mehr Macht hätten, gegen die Behäbigkeit unserer Zivilgesellschaft im Umgang mit moderner Technologie, die sie im Gegenteil geschickter einzusetzen lernen muss, um mit ihren Gegnern mithalten zu können.

Der neue Code sollte Wirtschaft und Gesellschaft insgesamt widerstandsfähiger machen, vor allem aber auch, ins Positive gerichtet, das Leben möglichst vieler Menschen so lebenswert wie möglich machen, und das dauerhaft. Wie könnte das gelingen? Wie sieht dieser neue Code aus? Dazu wird in den folgenden Kapiteln ein Vorschlag entwickelt und zur Diskussion gestellt.

3/ Warum wir uns digitalisieren

Digitalisierung kann weder eine Pandemie, einen Krieg, Terror noch den Klimawandel verhindern. Sie alleine kann weder Unternehmen noch ganze Branchen retten, Volkswirtschaften wettbewerbsfähig machen und die Demokratie sichern. Denn sie ist nur Mittel zum Zweck. Wir brauchen sie, um den neuen Code schnell einsetzbar, verständlich und übertragbar zu machen. Damit ist sie eine Voraussetzung und ein Teil der Lösung für eine widerstandsfähige Gesellschaft. Wie weit sind wir gekommen, sie zu verankern?

Nicht sehr weit. Erfolgreiche Digitalisierung bedeutet nicht, eine Corona-Warn-App zu programmieren, die 20 Millionen Menschen herunterladen und zugleich jene ausgrenzt, die ältere Smartphones besitzen. Die App an sich ist ein guter Schritt und weckt das Verständnis dafür, dass digitale Tools gesellschaftlich positiv und verbindend wirken können. Mehr aber nicht. Genauso wenig bedeutet erfolgreiche Digitalisierung, möglichst viele Unterrichtsstunden in Schulen über Videosoftware abhalten zu können. Und auch nicht, einen hohen Anteil der Kundschaft auf den digitalen Shop umgeleitet zu haben.

Bei Nunatak haben wir die Erfahrung gemacht, dass fast jeder Kunde, der sich zu dem Thema Digitalisierung bei uns meldet oder ein Projekt ausschreibt, etwas anderes darunter versteht. Behörden oder Personalabteilungen verbinden damit das Scannen von Aktenordnern. Manche Unternehmen wollen ihren Vertrieb komplett auf digitale Kanäle umstellen. Anderen wiederum geht es darum, die internen Abläufe mit moderner Software zu beschleunigen. Und in der Pandemie wollten viele Firmen ganz plötzlich, dass möglichst viele Arbeitsplätze digitalisiert werden und die dazugehörigen Aufgaben von zu Hause erledigt werden können.

Ein einheitliches Verständnis von Sinn und Zweck der Digitalisierung ist wichtig, denn der neue Code wird nur funktionieren, wenn er digital unterfüttert ist. Die erste Frage lautet also: Wozu digitalisieren wir uns und wie? Eine erfolgreiche Gestaltung unseres Zusammenlebens ist nur möglich, wenn wir die Algorithmen verstehen und zugleich einen Vorsprung vor ihnen behalten. Nicht um zu verhindern, dass die Maschinen die Macht über uns gewinnen. Davon, dass Computer ein kollektives Bewusstsein entwickeln, sind wir weit entfernt, und es steht in unserer Macht, es zu verhindern, wenn wir es nicht wollen. Nein, es geht darum, dass wir mehr aus den maschinengenerierten Daten machen als diese Maschinen selbst.

Für einen Reboot reicht es nicht, dass sich Unternehmen digitalisieren. Das versuchen sie schon seit einigen Jahren; mal gelingt es ihnen besser, mal schlechter. Wir brauchen Fortschritt sowohl in der Wirtschaft als auch im öffentlichen Sektor, und nicht zuletzt bei jedem Einzelnen. Auf allen drei Ebenen war, zumindest vor Corona, eine gewisse Trägheit und Skepsis feststellbar. So falsch es wäre, in fehlerproduzierende Euphorie zu verfallen angesichts einer entscheidenden Entwicklungsstufe für die Menschheit, so sehr verhindert Zukunftsangst, dass wir uns überhaupt ausprobieren und neue Technologien neugierig integrieren. Was wir brauchen, ist ein Mittelweg.

Beginnen wir mit der Wirtschaft.

Nunatak arbeitet seit zehn Jahren daran, Digitalisierung für unsere Kunden greifbar und nutzbar zu machen. Vor der Pandemie wurde ich oft gefragt, ob das mit der Digitalisierung nicht so langsam erledigt sei und wir uns um die Zukunft unseres Geschäfts sorgen würden. Nach der Pandemie fragt das keiner mehr, nachdem jeder zu Hause miterlebt hatte, dass nur digitale Tools wichtige Teile unseres Zusammenlebens sichern konnten.

Mal geht es bei unseren Projekten mehr um die technische, mal um die kommerzielle Seite. Wir versuchen zu vermitteln, dass Digitalisierung an sich wichtig ist, aber sinnvoll nur dann, wenn sie einem übergeordneten Ziel folgt, und nicht als Selbstzweck verstanden wird.

Die erste, triviale Antwort auf die Frage, wozu Digitalisierung im kommerziellen Umfeld dienen sollte, wäre beispielsweise die, mehr Umsatz zu erzielen. Nehmen wir eine Versicherung, die über digitale Kanäle mehr Verträge verkaufen will. Das wäre ein messbares Ziel, an dem sich pragmatisch arbeiten ließe. Und doch ist diese Perspektive nicht ausreichend.

Kurz nach der kritischen Pandemiephase im Frühjahr haben wir 150 Topmanager in einer Studie gefragt, ob und inwiefern die Digitalisierung durch die Corona-Pandemie einen Schub bekommen würde. In der Reihenfolge der Handlungsfelder, die dringend Aufmerksamkeit benötigten, lag das Thema Datenstrategie ganz vorne; zwei Drittel der Befragten gaben es an. Auf den nachfolgenden Plätzen rangierten die Entwicklung digitaler Geschäftsmodelle, digitale Produkte sowie die Digitalisierung von Prozessen in Unternehmen, insbesondere in den Bereichen Marketing, Personalwesen und Finanzen.[30] Etwas mehr als die Hälfte der Befragten stuften den Digitalisierungsgrad ihres eigenen Unternehmens als gering ein.

Auf die Frage, wo Veränderungen seit Beginn der Krise und des Lockdowns schon spürbar seien, wählten neun von zehn Befragten das Thema Kundenkommunikation. Das ist nicht überraschend in einer Phase, in der kein physischer Kontakt mehr möglich ist und Videotelefonie zum Standard wird. Die hat lange genug auf sich warten lassen: Als vielleicht zehnjähriger Junge hat mich im Siemens-Museum in der Münchner Prannerstraße, das es lange nicht mehr gibt, der Prototyp eines Telefons mit Bildschirm beeindruckt. Das ist mehr als 30 Jahre her.

Zurück zum Beispiel der Versicherung: Das Ziel, mehr Verträge online zu verkaufen, ist nachvollziehbar, aber zu kurz gegriffen. Mit Digitalisierung hat es nicht viel zu tun, denn die Website ist letztlich nur ein weiterer Vertriebskanal, der aber weder hilft, den Kunden besser zu verstehen, noch garantiert, dass die Gesamtsumme abgeschlossener Verträge wirklich steigt. Worum es eigentlich geht, und in dieser Hinsicht schaffen digitale Tools wirklich einen großen Fortschritt, ist, die Bedürfnisse des Kunden besser zu verstehen, ihm ein personalisiertes Produkt anzubieten und das Gefühl zu geben, für ihn da zu sein.

Digitalisierung ist hier Mittel zum Zweck, den Kunden einen Schritt voraus zu sein. Für Workshops mit Vorständen deutscher Unternehmen entwickelten wir unsere Empfehlungen weiter.

Wie könnte es gelingen, auch in den nächsten zehn Jahren, und weit darüber hinaus, erfolgreich am Markt unterwegs zu sein? Nicht nur, um mehr Umsatz und Gewinn zu machen, sondern auch in Zukunft innovativ und dadurch wettbewerbsfähig zu sein und attraktive Arbeitsplätze anbieten zu können? Insbesondere nach einer Pandemie, die große Trends wie Automatisierung verstärkt hat?

Der technologische Vorsprung entscheidet – und verwischt die Branchengrenzen.

In den ersten Wochen der Corona-Pandemie durfte sich Eric Yuan, der Gründer des Videokonferenz-Service Zoom, zwar über einen schnell steigenden Aktienkurs freuen. Zugleich war er aber der *bad guy* des Internets. Seine Software ließ sich komfortabler anwenden als die der meisten Wettbewerber – an einem einzelnen Tag im März 2020 nutzten sie rund 200 Millionen Menschen –, doch die Sicherheit ließ zu wünschen übrig. Zoombombing entstand als Wortneuschöpfung und beschreibt das unerwünschte Auftauchen Fremder in einem Videochat.

Das Beispiel von Malissa, einer 17-jährigen Highschool-Absolventin, ist noch harmlos: Sie rief via Instagram dazu auf, ihr Einwahlcodes zu schicken, und wählte sich dann in Dutzende Videocalls, vor allem von Schulstunden, ein. Sie brachte die Teilnehmer dazu, gemeinsam zu rappen oder Musik aus dem Film *Ratatouille* zu spielen. Einmal landete sie in einer Soziologievorlesung. Die Sessions schnitt sie mit und veröffentlichte eine Auswahl auf ihrem Account auf der Social-Media-Plattform TikTok, auf dem sie bald eine sechsstellige Zahl von Likes einsammelte, bis er deaktiviert wurde. Malissas Begründung für ihr Aktivitäten: »Mir war im Lockdown einfach zu langweilig.«

In deutlich ernsthafteren Vorfällen posteten Störer Pornobilder, riefen zu Gewalt auf oder beleidigten einzelne Teilnehmer. Das FBI begann, zu ermitteln, und Eric Yuan sah sich schon Anfang April 2020 zu einer Entschuldigung genötigt:

»Wir müssen anerkennen, dass wir die Erwartungen der Community – und unsere eigenen – im Hinblick auf Datenschutz und Sicherheit nicht erfüllt haben. Das tut mir zutiefst leid, und ich möchte teilen, was wir dagegen tun. Wir haben das Produkt nicht unter der Perspektive entwickelt, dass innerhalb weniger Wochen jeder Mensch der Welt plötzlich von zu Hause arbeiten, studieren und sich austauschen würde. Wir haben jetzt viel mehr Nutzer, die das Produkt auf unterschiedlichste Art verwenden, womit wir nicht gerechnet haben, und uns damit vor Herausforderungen stellen, die wir nicht vorausgesehen haben, als die Plattform konzipiert wurde.«[31]

Also ein Opfer des eigenen Erfolgs? Nicht wirklich. Von einem kurzen Rückschlag erholte sich die Zoom-Aktie ziemlich schnell, im November 2020 lag sie zwar nicht mehr bei ihrem Hoch von mehr als 500 US-Dollar, aber hatte sich seit Jahresanfang immer noch versechsfacht. Auf dem Papier verschaffte das Yuan ein Vermögen von mehr als 20 Milliarden Dollar. Im zweiten Quartal 2020 vervierfachte sich der Umsatz im Vergleich zum Vorjahr, der Gewinn stieg um das Zehnfache.

Jedes Update verbesserte das Produkt und verschärfte die Sicherheitsmechanismen, sodass sogar Schulen und Universitäten wieder auf die Plattform zurückkehrten.

Das Erfolgsrezept von Zoom – ein hochmoderner Code, ohne Rücksicht auf bestehende Systeme geschrieben, und binnen Sekunden für jede nur erdenkliche Nutzungsform anpassbar. Auch wenn Großkonzerne in Deutschland die Microsoft-Variante Teams oder Webex von Cisco bevorzugen, hat Zoom trotz der Negativschlagzeilen auch hierzulande Hunderttausende regelmäßige Nutzer. Der technologische Vorsprung entscheidet. Aber wo verschwimmen an dieser Stelle Branchengrenzen?

Zoom und andere Anbieter von Videokonferenzen sind heute die größten Wettbewerber von Lufthansa und Deutscher Bahn. Es geht nicht mehr darum, Geschäftsreisende davon zu überzeugen, von Düsseldorf nach München mit dem Zug zu fahren statt zu fliegen oder umgekehrt. Nein, es geht darum, sie überhaupt zum Reisen zu bewegen und zu verhindern, dass die Aufsichtsratssitzung, das Kundengespräch, der Workshop oder sogar die Fachmesse nur noch virtuell stattfinden.

In diesem Fall sind diejenigen, die über eine Technologie verfügen, die Menschen virtuell in einem Raum zusammenbringt, jenen überlegen, die es schaffen, Menschen in einer bestimmten Zeit von einem zum anderen Ort zu bewegen. Die Lufthansa ist vom stolzen Luxusflieger zum teilweise verstaatlichten Sanierungsfall geworden und, gemessen am Börsenkurs, 4,5 Milliarden Euro wert. Zoom kommt auf das 30-Fache und war damit höher bewertet als alle großen Airlines der Welt zusammengenommen.

Die Deutsche Bahn hat allein im ersten Halbjahr 2020 mehrere Milliarden Euro Verlust gemacht, teils brachen die Passagierzahlen um mehr als 90 Prozent ein. Nach einer steigenden Nachfrage im Sommer lag die Auslastung im Fernverkehr zum zweiten Lockdown wieder deutlich unter der Hälfte des Normalwerts. Die Schulden der Deutschen Bahn lagen bei rund 30 Milliarden Euro und damit mehr als eineinhalbmal so hoch wie der Umsatz. Zugleich freuten sich Bahnmanager immerhin über Fortschritte bei der Digitalisierung: Alle Datenvorgänge, meldete die Bahn im Oktober, seien nun in die Cloud migriert, sogar zwei Jahre früher als geplant. Die eigenen Server werden abgebaut. Nutznießer sind die US-Konzerne Amazon und Microsoft, über deren Datennetze jede Buchung künftig läuft. Angeblich war zum Zeitpunkt der Ausschreibung keines der europäischen Angebote wettbewerbsfähig.

Transport ist nicht die einzige Branche, die von Zoom und vergleichbaren Anbietern überrollt wird: Auch die Anbieter von Büroimmobilien oder Coworking Spaces kämpfen auf einmal gegen Wettbewerber aus der Softwarebranche.

Technologie entscheidet, und der Nutzer akzeptiert sie selbst dann, wenn sie an Kinderkrankheiten leidet, die in anderen Sektoren längst lebensbedrohlich wären: Entschuldigung des Gründers angenommen, Sorgen beruhigt und ab in den nächsten Zoom-Call. Hat ein Flugzeug einen Softwaredefekt, bleiben dagegen alle gleichartigen Typen auf dem Boden, und das im Zweifelsfall jahrelang. Die Lufthansa kann sich keine Sicherheitspannen leisten, Zoom schon.

Was ist die Antwort darauf? Software zu programmieren, dazu ist nicht nur Zoom in der Lage. Jedes Unternehmen, das dauerhaft erfolgreich sein will, sollte darüber nachdenken, ob es nicht in anderen Bereichen als dort, wo das Geld über viele Jahre herkam, besser verdienen und mehr Nutzen stiften kann. Das mit mehr Fabrikhallen zu erreichen, ist heutzutage schwierig.

Amazon ist längst nicht mehr nur Händler, die Marge im Handel ist bekanntlich schlecht, sondern Hersteller, Logistikdienstleister, Datenbankanbieter. Zwar nur ein geringer Anteil des Umsatzes, aber die Hälfte des Gewinns kommt aus dem Geschäft mit der Cloud, der Datenwolke, für die Amazon seine Server bereitstellt.

Technologie kann teuer sein, ist aber leicht verfügbar. Es lohnt sich vielleicht, in einer Krise kurzfristig mehr Effizienzprogramme aufzusetzen, Kosten herunterzufahren und Jobs abzubauen. Der Druck von außen lässt Managern oft keine Wahl. Technologie darf es jedoch nicht treffen. Gerade in Deutschland, das von seinen großen, alten Unternehmen so lange gut gelebt hat, ist ein Umdenken erforderlich.

Warum nicht ein Marktsegment an der Börse aufsetzen, das die Unternehmen bündelt, die ihre Gewinne zu einem festgelegten Mindestanteil wieder in Technologie, Entwicklung und Forschung investieren? An der New York Stock Exchange gibt es einen entsprechenden Index, der den Rest des Marktes um Längen schlägt. Oder gleich ein Bewertungskriterium aus diesem Prozentsatz machen, das in Nachrichten und Bekanntmachungen von Unternehmen so weit oben steht wie Umsatz und Gewinn? Warum nicht Staatshilfen in einer Krise davon abhängig machen, dass ein Teil des Geldes und auch künftige Überschüsse in Forschung und Entwicklung investiert werden?

Gerne wird der Druck des Shareholder-Value beklagt. Dass die Eigentümer einer Firma wollen, dass deren Wert steigt, ist verständlich. Die Frage ist eher: Was treibt diese Wertsteigerung? Sind es die Gewinne der Vergangenheit und die Prognosen für deren kurzfristige Zukunft, oder sollte es nicht vielmehr die Aussicht sein, langfristig zu überleben ohne Staatsbeteiligung oder gleich komplettem Verkauf?

Wenn die Corona-Krise und die Welle von Firmenpleiten einen positiven Effekt liefern könnten, dann an dieser Stelle. Es würde die Wirtschaft widerstandsfähiger machen, wenn die nächste

Krise kommt – und Manager motivieren, sich mit neuen, aus Technologie entwickelten Geschäftsmodellen, selbst aufgesetzt oder auch durch Zukäufe erworben und gut integriert, in neue Branchen zu bewegen, statt auf den nächsten Angriff eines Newcomers zu warten.

Stellen wir uns einen Bäcker in einer Kleinstadt vor. Täglich steht er um drei Uhr morgens auf, um drei Sorten Brot zu backen – aus Weizen, Roggen und Hafer. Seit vielen Jahren kaufen seine Kunden dieses Brot, sie kommen ab sieben Uhr morgens in das Geschäft, und um zwölf Uhr mittags ist alles verkauft. An einem Mittwoch im Frühjahr kommen fünf Kunden weniger, am Donnerstag noch einmal zehn. Auch um 14 Uhr liegt noch Brot im Regal. Am Samstag sind es schon zwei Dutzend Kunden weniger, und es bleibt Brot liegen, von allen drei Sorten. Die nächste Woche läuft etwas besser, dann wird es wieder schlechter.

Nach einem Monat stellt der Bäcker fest, dass er an keinem einzigen Tag mehr so viel Brot verkauft hat wie zuvor, aber der Rückgang ist nicht so dramatisch, dass er es mit der Angst zu tun bekommt. Er versucht, das Getreide günstiger einzukaufen, und verschiebt eine Gehaltserhöhung für seine Verkäuferin.

Die nächsten beiden Monate geht es so weiter. Durch den rückläufigen Brotverkauf bleibt weniger in der Kasse, aber immer noch genug, um die Kinder zu ernähren, die Ladenmiete zu zahlen und den Kredit für die neue Theke zu tilgen. Seine Backrezepte ändert er nicht, und Werbung für sein Brot hat er noch nie gemacht. Mit den Kunden redet er über das Wetter und die Politik.

Auf einmal, es ist ein Dienstag, kommen in der Früh drei Stammkunden, von jeder Sorte Brot wird eines gekauft. Danach bleibt der Laden leer. So geht es mehrere Tage in Folge. Ab Freitag reduziert er in einer Sonderaktion den Preis um ein Drittel, das spricht sich in der kleinen Stadt schnell herum. Am Samstag werden seine Regale leer gekauft. Beim Sonntagsspaziergang mit der Familie sieht der Bäcker zufällig, dass am Ortsrand ein

Bioladen aufgemacht hat. Im Schaufenster wird ein Dinkelbrot beworben, das etwas mehr kostet als seine Brote und aus einer Großbäckerei kommt.

»Hast du das schon mal gegessen?«, fragt er seine Frau. »Nein, aber in meiner Zeitschrift schreiben sie seit Monaten darüber, dass Dinkel viel gesünder ist als anderes Getreide. Zwei Bekannte haben mir verraten, dass sie schon länger umgestiegen sind, aber wollten es mir erst nicht sagen.« Der Bäcker stutzt und setzt den Spaziergang fort.

Am Montag ist Ruhetag. Er fragt seine Frau noch mal nach der Dinkelsache und stöbert im Keller in den Aktenordnern aus seiner Ausbildungszeit nach Rezepten, aber von Dinkel war damals nirgendwo die Rede. Am Dienstag bleibt der Laden leer, am Mittwoch auch. Bald ist der Monat zu Ende, und diesmal ist das Konto nicht mehr voll genug, um den Kredit zu bedienen.

In den letzten Jahren habe ich viele solcher Bäcker getroffen, die sich in verschiedenen Phasen dieser Geschichte befanden: ganz am Anfang, als alles noch rund zu laufen schien, und ganz am Ende, als die Kunden schon woanders ihren täglichen Bedarf sicherstellten. Was sie gemeinsam hatten: Sie kannten sich bestens untereinander, ihre Firmen waren vorbildlich aufgestellt, ihre Produkte erhielten Auszeichnungen. Nur hatten sie vergessen, ihre Kunden zu fragen, was sie gerne möchten und ob sie vielleicht sogar Ideen für neue Produkte hätten.

Das Problem dahinter ist nicht nur das vom Business-Vordenker Clayton Christensen beschriebene »Innovator's Dilemma«. Demnach haben bei einem technischen Umbruch neue Anbieter in einem neuen Markt einen Vorteil gegenüber den bestehenden Anbietern, die sich in diesem Markt bewegen und dafür altes Geschäft aufgeben müssen. Selbst wer das schafft, hat nicht gewonnen. Eine solche Umstellung hinzubekommen, schreibt Christensen, reiche nicht: Disruptive Geschäfte sind für ihn genauso eine Marketing- wie eine technologische Herausforderung.[32]

Was meint er damit? Wenn eine Firma verstanden hat, dass sie eine neue Produktlinie – beispielsweise vollelektrische Sportwagen – braucht, und dann beginnt, sie herzustellen, hat sie nur den ersten Schritt getan. Ich muss sowohl meinen Mitarbeitern als auch den Kunden vermitteln, dass ich ein kompetenter Anbieter bin, das Produkt wirklich gut ist und sogar besser als das des Newcomers, der die meiste Aufmerksamkeit bekommt. Selbst wenn unser Bäcker kurz vor dem Niedergang angefangen hätte, Dinkelbrot anzubieten – es hätte ihm nicht geholfen, Kunden zurückzuholen oder sogar neue Kunden zu gewinnen.

Nun, was hat das alles mit Digitalisierung und Corona zu tun? Beginnen wir mit der Digitalisierung. Wie beschrieben, Digitalisierung ist kein Selbstzweck, sondern allenfalls ein Mittel zum Zweck. In unserer Geschichte aber ein sehr wichtiges, denn es ermöglicht, die Kunden und deren Bedürfnisse besser und früher zu kennen als jemals zuvor. Marktforschung, das beliebte Mittel zur Erforschung von Absatzchancen, hilft nur begrenzt weiter, denn sie erfragt nur, was Kunden ohnehin schon wissen, und das meist mit großer Ungenauigkeit. Immerhin funktioniert auch sie digital besser.

In einem Workshop mit Vorständen eines großen, mittelständischen Konzerns definierten wir es im Corona-Herbst so: »Wir sollten wissen, was der Kunde will, bevor er es selbst weiß.« Hört sich unheimlich an und irgendwie auch bedenklich, gilt aber für ein modernes Technologieunternehmen genauso wie für den Kleinstadtbäcker.

Es gibt einen berühmten Spruch von Henry Ford, den der frühere Digitalchef eines unserer Kunden an die Glaswand geklebt hatte, die sein Büro vom grauen Konzernflur trennte: »Hätte ich die Menschen gefragt, was sie wollen, hätten sie gesagt: ›Schnellere Pferde‹.« Das Model T und die Massenfertigung hätte er auf diese Weise nicht erfunden. Ford war ansonsten recht unsympathisch, ein offener Antisemit und, zumindest anfänglich, ein großer Nazi-Freund, weshalb wir ihn an dieser Stelle nicht weiter würdigen wollen.

Angenehmer erscheint uns da Enrico Panattoni aus Bergamo, jener norditalienischen Stadt, aus der uns im März 2020 Bilder aus überfüllten Intensivstationen und mit Lastwagen voller Särge erreichten. In keiner anderen Stadt der Welt sind im Verhältnis zur Einwohnerzahl mehr Menschen an der vom Corona-Virus ausgelösten Krankheit Covid-19 gestorben.[33] Panattonis Beitrag zur Wirtschaftsgeschichte Bergamos: Er hat die Eissorte Stracciatella erfunden und in seiner Eisdiele Marianna zum ersten Mal verkauft. Ich habe es dort probiert, lange vor Corona. Angeblich wird es noch heute genauso hergestellt wie im Jahr 1961, als es den Eiskunden zum ersten Mal angeboten wurde.

Der Bergamasker hat genau richtig und rechtzeitig reagiert: Seine Gäste schienen von den üblichen Eissorten zunehmend gelangweilt, zugleich öffneten immer mehr Eisdielen in der Stadt. Wie konnte er also seinen Vorsprung halten?

Stracciatella war bis dahin bekannt als eine Fleischbrühe, in die Ei eingerührt wird, sodass sich daraus Fetzen bilden (stracciato bedeutet »zerrissen«). Die Suppe stand auch auf der Speisekarte von Panattonis Restaurant, zu dem seine Eisdiele gehörte. Das aufwendige Einrühren der Eier in die Suppe nervte ihn, brachte ihn zugleich aber auf die Idee zu seiner Erfindung. Das Eis war sofort ein Hit und ist, nach Schätzungen von Experten, die bis heute dritterfolgreichste Eissorte weltweit – nach Vanille und Schokolade.

Der Eisdielenbesitzer spürte, dass die Eiskonsumenten etwas anderes wollten. Was genau sie gerne hätten, das hätten sie ihm nicht sagen können. Die Antwort gab er selbst: hochwertige Zutaten mischen, einen eleganten Namen dazu, und fertig war das Erfolgsprodukt. Produziert in patentierten italienischen Eismaschinen, mit deren Erzeugnissen bis heute kein Fabrikprodukt mithalten kann.

Panattoni kannte seine Kunden gut, und auch sich selbst, denn er wusste, worin seine Stärke liegt, ohne sich auf den Erfolg zu verlassen, den ihm der Verkauf von Suppe und Standard-Eissorten brachte. Touristen in Bergamo, einer wunderschönen Stadt, können an vielen Stellen das Schild »La Stracciatella – Il gelato di Bergamo« als Qualitätssiegel entdecken. Panattoni war kein Marketingprofi und hat sich die Marke nicht schützen lassen. Das versuchen die Stadtvermarkter jetzt wiedergutzumachen.

Die Manager in unserem Workshop sprachen nicht über Eiscreme, sondern über datengetriebene Software, die ermitteln soll, wonach die Kunden suchen und wofür sie bereit wären, Geld auszugeben. Genau hier kommt Digitalisierung ins Spiel. Weil wir einerseits Spuren im digitalen Netz hinterlassen, andererseits heute über Rechnerkapazitäten verfügen, die aus diesen Spuren Muster ablesen können. Diese Muster zeigen rechtzeitig, wann ein Produkt aus der Mode gerät oder dass Dinkelbrot der Renner wird, sodass der Bäcker schnell reagieren kann.

Über welche Wege kommt man da hin, das nächste Stracciatella-Eis rechtzeitig zu entwickeln? Zunächst geht es darum, in entsprechende Tools zu investieren. Nur wer eine auf Knopfdruck einsehbare Übersicht hat, wer was kauft oder anfragt, ist geschützt davor, von Wettbewerbern abgehängt zu werden. Der Anspruch an den Datenschutz ist dabei insbesondere in Deutschland und Europa hoch, wird oft aber auch als Vorwand von ängstlichen Managern genutzt, um nicht von ihrem Kurs abweichen und die gewohnten Produkte und Services umstellen zu müssen.

Wichtig ist außerdem, dem Kunden zu vermitteln, dass man sich um ihn kümmert. Das geht beispielsweise mit Newslettern, die personalisiert und den Themen nach für den Empfänger relevant sind. Oder mit dem Angebot von Videotelefonaten in regelmäßigen Abständen. Oder mit Nachfragen zur Zufriedenheit des Kunden, mit dem man eine Versicherung abgeschlossen oder dem man ein teures Fahrrad verkauft hat. Hier den Überblick zu behalten, geht ab einer bestimmten Größenordnung nur mit entsprechender Technologie.

Und was hat Corona damit zu tun? Nehmen wir eine Bank. Lange vor der Pandemie schon war die Zahl der Menschen, die Bankfilialen persönlich aufsuchten, rückläufig. Noch vor zehn Jahren war es vollkommen normal, dass man für einen Kredit – auch in geringer Höhe – erst einmal bei seiner Filialbank anrief und einen Gesprächstermin vereinbarte. Mit dem Bankberater wurde dann über den Kredit gesprochen, aber auch darüber, wie es der Familie geht, ob nicht ein Fondssparplan interessant wäre oder vielleicht sogar eine weitere Lebensversicherung. Während des Lockdowns mussten sich dann aber auch die treuesten Filialbesucher umstellen. Die Commerzbank hat etliche Filialen anschließend gar nicht wieder geöffnet. Der zuständige Vorstand, der sich gegen massenhafte Schließungen wehrte, war nach dem Sommer seinen Job los.

Das passt zum allgemeinen Sterben von Bankfilialen, das sich vor Corona bereits immer mehr beschleunigt hatte. In Deutschland kommt auf im Schnitt 3000 Einwohner noch eine Filiale, etwas dichter ist das Filialnetz noch in Spanien, Frankreich oder auch Österreich. Ganz anders sieht es in Großbritannien oder den Niederlanden aus, und in Estland, dem vermutlich digitalsten Land Europas, gibt es nur noch eine Filiale pro 16 000 Einwohner. In wenigen Jahren wird es in Deutschland auch so sein.[34]

Mit dem Vorstand einer Bank, die ebenfalls ihr Filialnetz stark reduzierte, sprach ich während der Pandemie. »Es ist klar, dass wir auch dauerhaft weniger Menschen persönlich sehen werden«, meinte er. »Die Herausforderung ist jetzt, unseren Kunden über digitale Kanäle ebenfalls das Gefühl von Betreuung und damit Sicherheit zu geben. Das Telefon reicht da nicht. Wir müssen das Erlebnis in der Filiale ersetzen, und das geht nur mit modernster Technik.« Wenn das gelingt, dann wird die Situation sogar besser, denn in der Schlange zu warten und am Schalter zu stehen, dürften nur die wenigsten wirklich vermissen. Dazu ist nicht nur Videotelefonie erforderlich, es braucht auch personalisierte Chats und wirklich gute mobile Apps, die keine Gebrauchsanleitung benötigen, um nutzbar zu sein. Leichter gesagt als getan – aber wichtig. Eine Privatkundenbank, die das nicht schafft, verliert nicht nur ihre Filialen.

Der Umsatz mit Speiseeis war im Jahr 2020 übrigens geringer als in den Jahren zuvor, nicht wegen Corona, sondern wegen des kühleren Sommers. Das Angebot dagegen war breiter: Insbesondere in den Großstädten gab es in den Eisdielen mehr vegane Sorten, und abgepacktes Eis war immer häufiger mit dem Hinweis versehen, dass kein Palmöl verarbeitet sei. Die Industrie versucht, die veränderten Wünsche der Kunden abzubilden, und das ist richtig so. Der Bundesverband der Deutschen Süßwarenindustrie hält unverändert den Genuss beim Eis für den wichtigsten Faktor – die Trendsorten, so teilte der Verband mit, seien Lemon-Cheesecake mit Zitronensauce und Gebäckstückchen, Waldmeister-Himbeer-Eis mit Zitronentopping und Brauseperlen sowie Salted Caramell mit Karamellsauce und -stückchen.

An einem Herbsttag mit sommerlichen Temperaturen sitze ich mittags mit einem Digitalmanager eines Finanzkonzerns an einem Tisch eines vietnamesischen Restaurants, das wie fast alle in der Stadt nach dem Lockdown seinen Außenbereich auf den Bordstein hinaus erweitern durfte. Deutschland verliert seine oft fantasielose Geradlinigkeit, und wir lernen, dass man auch mal einen kleinen Umweg (um Tische herum) in Kauf nehmen kann, wenn dafür lebenswerte, neue Dinge entstehen – und nicht immer nur Parkplätze. Auch das ist Fortschritt, und wenn sich etwas ins Positive ändert, regt das immer die Fantasie und Kreativität an – die unverzichtbar sind für eine gemeinsame Gestaltung eines neuen Codes.

Der Arbeitgeber des Digitalmanagers, den wir Matthias nennen wollen, ist sehr konservativ. Bei Matthias selbst durfte zwar öfter die Krawatte, nie aber der Anzug fehlen. Am heutigen Mittwoch nun sitzt er mir im schwarzen Poloshirt und einer ockerfarbenen Chino-Hose gegenüber: »Auch im Homeoffice?«, frage ich. »Nein, aber wir haben seit Corona eine ›dress as you like‹-Policy.«

Ich lade mich gleich mal zu einem Besuch ein, das möchte ich sehen. In einem Finanzinstitut, jahrzehntealt, männlich dominiert, sehr hierarchisch, sind auf einmal alle so gekleidet, wie sie es möchten – und das nicht nur freitags, sondern die ganze Woche über. Und noch eine Veränderung gibt es: Flure, die immer nur für Vorstände zugänglich waren, dürfen nun von allen betreten werden. »Vor Corona gab es bei uns ein Stockwerk, da hat man sich nicht reingetraut und war auch nicht gerne gesehen.«

Ich kenne solche Flure, es herrscht dort eine fast beängstigende Stille, so als trage man dicke Kopfhörer mit Geräuschausblendung. Die Luft ist künstlich frisch und unbelebt zugleich, es ist eine Stille, die nach Stillstand riecht. Nur eine Plastikkarte mit der Aufschrift »Besucher« – eine Anmeldung dauert bisweilen eine Viertelstunde – verhindert, dass man vom Sicherheitsdienst aus dem Haus eskortiert wird. Dabei gibt es in solchen Fluren gar nichts, was man stehlen könnte, außer vielleicht einer Ausgabe der monatlich erscheinenden Mitarbeiterzeitschrift mit Vorwort vom CEO beziehungsweise seinem Pressesprecher. Alles festgeschraubt und die abstrakte Kunst an der Wand mehrfach alarmgesichert.

Es sind solche Flure, die Veränderung verhindern, und irgendwo tickt dort unhörbar eine Uhr, die auf ein Verfallsdatum eingestellt ist, an dem der Chef die letzte Tür schließt.

»In der Corona-Zeit waren auf einmal Dinge möglich, die sonst jahrelang gedauert hätten«, berichtet Matthias. Noch vor wenigen Monaten sind Chauffeure des Vorstands durch die Stadt und in die vornehmen Vororte gefahren, mit Stapeln von Unterschriftenmappen, um Unterschriften von den Vorständen abzuholen. »Jetzt haben wir innerhalb von drei Wochen die digitale Unterschrift für alle Geschäftsvorgänge eingeführt«, erzählt Matthias. »Früher war nie Geld dafür da, immer waren andere Dinge wichtiger, und aus Sicherheitsgründen ging es angeblich sowieso nicht. Jetzt freuen sich alle und sind begeistert, wie viel einfacher der Alltag geworden ist.«

Diese Veränderung im Kleinen gilt in der Firma jetzt als Symbol dafür, dass Wände aufbrechen, Abteilungsgrenzen fallen und die Zufriedenheit der Mitarbeiter steigt. Es werden auch ein paar Hundert Jobs abgebaut, »aber alle im Investmentbanking, da hat eh niemand verstanden, warum die dreimal so viel verdienen wie wir, obwohl sie noch in keinem Jahr ihre Ziele erreicht haben.«

Matthias arbeitet mit einem abteilungsübergreifenden Team daran, das Kundenportal der Bank komfortabler zu gestalten. Dafür haben sie eine Gruppe aus Geschäftskunden gesucht und gefunden, die jedes neue Feature ausprobiert und bewertet, sobald es fertig programmiert ist. Kommt es nicht gut an, wird es angepasst oder gestrichen, egal, wie viel Programmierstunden hineingeflossen sind.

Der Jungmanager selbst wirkte auf mich immer, als seien auf seinen beiden Schultern sämtliche Aktenordner gestapelt, die sein Vorstand in den letzten zehn Jahren freigezeichnet hat. Er lachte kaum, und ich konnte sehen, wie sorgfältig er hinter seiner Stirn seine Sätze formulierte, bevor er sie sprach, insbesondere, wenn Kollegen dabei waren.

Jetzt wirkt er so, als sei er im Urlaub, dabei ist der schon seit einigen Wochen vorbei. In einem halben Jahr bekommen seine Frau und er Nachwuchs. »Mich hat letzte Woche ein Headhunter angerufen, das hörte sich spannend an und war gut bezahlt. Als er mir gesagt hat, dass ich drei bis vier Tage die Woche reisen müsste, habe ich sofort abgesagt«, berichtet er mit einem Lächeln. Wer solche Vorgaben auch nach Corona an einen Job ansetzt, hat ganz offensichtlich noch immer nicht verstanden, worum es geht.

Matthias wirkt zum ersten Mal, seit ich ihn kenne, sogar ein wenig stolz auf seine Aufgabe in einem klassischen Konzern. »Vorher hatte ich das Gefühl, als sei ich auf einem sinkenden Schiff unterwegs. Immer mehr Leute sind weggegangen. Das hat sich geändert, und heute gehe ich gerne hin.«

Noch wichtiger als Themen wie das Kundenportal sei es für sein Team jetzt, Veränderungen in der Struktur, im Denken und in der Führung anzustoßen. »Wir können nicht mehr so arbeiten wie früher, das will keiner mehr. Unterm Strich hat es ja auch nichts mehr gebracht.« Seine Chefs, erzählt er, überlegen gerade sogar, ein größeres Investment in eine Fintech-Firma vorzunehmen, ein Start-up aus der Finanzbranche.

Ich lächele innerlich. Als wir für Matthias' Arbeitgeber vor zwei Jahren eine Liste an attraktiven Fintechs aufgesetzt hatten, fanden seine Kollegen das interessant, aber auch nicht mehr. Keiner der Vorstände würde das unterstützen, das Risiko sei zu hoch und man wolle die künftige Konkurrenz ja nicht noch stärker machen.

Die Rechnung, dass in den vergangenen Jahren ein Vielfaches mehr an faulen Krediten geplatzt ist, als ein Investment in eine junge Firma kostet – die heute das Zehnfache wert ist –, machte damals niemand auf. In der Finanzkrise, viele Jahre vor Corona, sind einige Banken an solchem Denken zugrunde gegangen. Nicht alle haben gelernt, und bei manchen kommt die Einsicht jetzt, durch die Pandemie, was aber womöglich zu spät ist.

Es gibt einen menschlichen Reflex, den ich selbst sehr gut kenne: Läuft etwas schief, sucht man nach Gründen, die außerhalb der eigenen Verantwortung liegen – der Partner, die Verwandte, der Nachbar, die Kollegin –, irgendwen davon trifft die Schuld, und wenn nicht, bleibt noch das Schicksal, ein besonders geeigneter Blitzableiter, der nicht widersprechen und zurückschimpfen kann. Diese Ausflucht ist einer der Gründe, warum Menschen gläubig sind, auch wenn die Vernunft nicht dafür spricht.

Psychologen kennen dieses Problem, nicht zuletzt aus eigener Erfahrung, und müssen sich und ihren Klienten den zugrunde liegenden Mechanismus klarmachen: Jeder gesunde Mensch hat sein Leben selbst in der Hand. Weder das Positive und schon gar nicht das Negative ist vordefiniert, sondern entsteht allein im Auge des Betrachters, der seine Perspektive jederzeit ändern kann. Wer das zu verstehen lernt, der kann einen mühsamen und aussichtslosen Kampf endlich beenden.

Übertragen auf Unternehmen heißt das: Der Glaube an die eigene Stärke und das Bewusstsein der eigenen Schwäche müssen in den neuen Code als Grundlage unbedingt einfließen.

Was also können Vorstände, Manager und Angestellte tun in Unternehmen – und übrigens auch in jeder anderen Einrichtung, sei sie gewinnorientiert oder nicht –, um nach dem Reboot nicht nur erfolgreich zu sein, sondern auch die Menschen von dem erforderlichen Veränderungsprozess zu überzeugen? Um aus der festen Kenntnis dessen, was man kann und was nicht, neue Produkte und Dienstleistungen zu entwickeln?

Allein das Wissen, dass es nicht weitergehen kann wie vor der Pandemie, reicht keinesfalls aus. Was hilft, sind orientierende und rahmengebende Parameter für die Arbeit, die für Unternehmen dieselbe Gültigkeit haben wie für Behörden oder Verbände, für Mittelständler und Großkonzerne – sogar auch für die Bäckerei um die Ecke:

Die Ziele klar definieren
Soll es darum gehen, zufriedenere Kunden oder Mitarbeiter zu haben? Einen Wettbewerber abzuhängen? Stärker zu wachsen? Was genau die Ziele des Reboots sind, muss als Vision eindeutig formuliert und mit messbaren Kriterien hinterlegt werden. Wichtig: Auch kurzfristige Erfolge sollten möglich sein, um die Motivation zu erhalten.

Alle Ebenen mitnehmen

Für jeden Neustart ist Voraussetzung, dass er an der Spitze verstanden und vertreten wird. Doch das allein reicht nicht: Wie schon Clayton Christensen schrieb, finden sich die Bremser vor allem auf der nächsten oder, in großen Strukturen, auf der übernächsten Ebene. Dort sitzen die Leute, die letztlich darüber entscheiden, welche Ideen überleben und wer welches Budget erhält. Es lohnt sich, diese Schicht in Bewegung zu bringen, denn oft genug wandelt sich der größte Skeptiker später zum entscheidenden Treiber der Veränderung.

Veränderung belohnen

Wer vor allem Umsatz- und Renditeziele setzt, die sich auf ein Jahr beziehen, wenn überhaupt, darf sich nicht wundern, wenn Wandel nur an der Oberfläche gelingt. Die inhaltlichen Ziele des Reboots – in Technologie investieren, den Kunden besser verstehen, sich selbst verändern – sollten festgeschrieben und ihr Erreichen sollte belohnt werden; am besten nicht auf individueller Basis, sondern über Teams hinweg. Auch wer sich freiwillig fortbildet, sollte dafür einen Bonus erhalten.

Ausreichend Raum geben

Wenn die Chefs auf der Bühne stehen und Veränderung predigen, niemand aber Zeit hat, sie umzusetzen, wird nicht viel passieren. Im Optimalfall sollte jeder wichtige Mitarbeiter eine gewisse Zeit fürs Umdenken oder für neue Konzepte nutzen dürfen. Google und andere Internetriesen leben dieses Konzept seit Jahren erfolgreich vor. Viele der erfolgreichsten Google-Produkte sind aus den Ideen einzelner Mitarbeiter entstanden.[35]

Transparenz herstellen

Jeder in der Organisation sollte wissen, woran gerade wo gearbeitet wird. Wenn eine Innovationseinheit monatelang abgeschirmt und vertraulich vor sich hin bastelt, erhöht das vielleicht kurzfristig deren Produktivität – aber noch lange nicht die Chancen des langfristigen Erfolgs. Der Rest der Organisation fühlt sich zurückgesetzt und geht in eine kritische Beobachterrolle. Das Problem: Wenn gute Ergebnisse des Wandels umgesetzt werden sollen, fehlt die Unterstützung derer, die nichts davon wussten.

Die Organisation nach außen öffnen
Spätestens im digitalen Zeitalter, in dem Technologie dominiert, kann keine Organisation mehr alles selbst machen. Partnerschaften für Forschung und Entwicklung, Joint Ventures, gemeinsame Nutzung technischer Plattformen – Arbeitsteilung ist das Gebot der Stunde. Wer es ganz alleine versucht, ist schnell überfordert und liefert an den Bedürfnissen seiner Nutzer vorbei. Dazu gehört es auch, regelmäßig Kunden zu fragen – und das nicht in anonymisierter Marktforschung, sondern in direkten, gut vorbereiteten, persönlichen Gesprächen.

Interne Mauern niederreißen
Ein Reboot kann sich nicht nur auf einzelne Teile der Festplatte beziehen, sondern wirkt sich auf das ganze System aus. Wer versucht, das zu vermeiden, sabotiert sich selbst und verhindert auch einen dauerhaften Umbruch der Strukturen. Das Tempo des Wandels sollte in der ganzen Organisation ähnlich hoch und niemand ausgenommen sein. Übergreifende Teams aus verschiedenen Bereichen oder Abteilungen mit gemeinsamen Zielen sollten der Normalfall sein.

»Die größte Gefahr in Zeiten des Umbruchs ist nicht der Umbruch selbst, sondern ihm mit veralteter Logik zu begegnen«, hat Peter Drucker gesagt. Heute oft als Berater für rein profitorientierte Manager missverstanden, hat der in die USA emigrierte Österreicher genau das Gegenteil propagiert – nämlich auf Innovation, gute Ideen und deren Verbreitung zu setzen, um Mitarbeiter zu motivieren und langfristig erfolgreich zu sein.[36]

Kein Baustein darf auf dem anderen bleiben, nur weil es so in der Vergangenheit einmal zusammengepasst hat; insbesondere nicht, wenn sich das Umfeld so tiefgreifend und dauerhaft verändert, wie es in der Pandemie der Fall ist. Die für den Reboot einer Organisation erforderliche Energieleistung ist enorm, doch sie lohnt sich. Stetiger Wandel ist das einzige Prinzip, das heute Erfolg gewährleistet, auch in der nächsten Krise.

Wechseln wir die Perspektive, auf die Seite der Kunden und Verbraucher.

Die allermeisten von uns werden wohl Kunde einer Versicherung sein, sei es bei einer vertrauten Agentur in einer Kleinstadt oder mit günstigerem Tarif bei einem Onlineanbieter. Die vielen Seiten klein gedruckter Vertragsbestimmungen dürften für alle ein eher zweifelhaftes Lesevergnügen sein, auf das man gerne verzichtet. Wir wissen nicht wirklich, welche Schäden bis zu welcher Summe beispielsweise unsere Hausratversicherung abdeckt. Das müssten wir mühselig herauslesen oder über eine Hotline herausfinden. Und auch wenn wir jeden Monat oder jedes Jahr brav unseren Beitrag zahlen, fürchten wir doch, im Schadensfall leer auszugehen.

Wäre eine Welt nicht schöner, in der die Versicherung genau die Schäden abdecken würde, die in unserem Leben wirklich eine Rolle spielen? Am besten sich automatisch anpassend, wenn wir beispielsweise aus der Innenstadt in ein Häuschen an einem Fluss ziehen, der immer mal wieder Hochwasser führt? Oder wir Nachwuchs erwarten und deshalb unsere Altersvorsorge erweitern wollen? Auch im digitalen Zeitalter erzeugen solche Anpassungen großen Aufwand. So viel Kommunikationsvorgänge erforderlich sind, so wenig positive Gefühle verbinden wir mit dem Ergebnis. Irgendwie wird es schon passen, abheften, fertig.

In der Pandemie sind die Wünsche und Bedürfnisse noch präziser geworden. Wenn ich vom Computer aus einkaufe, dann will ich auch dort das Gefühl haben, persönlich betreut zu werden, sodass mir dieses eine dunkelblaue Hemd wie für mich gemacht erscheint. Wenn mir ein Hersteller oder ein Shop-Anbieter dieses Gefühl nicht gibt, dann schaue ich noch schnell auf die Preisvergleichsmaschine, ob es nicht woanders das gleiche Stück noch um einiges billiger gibt.

Im Beispiel der Versicherung wäre ein besserer Service möglich, wenn sie eine bessere Technologie, aber vor allem auch mehr Daten von uns hätte. Das gilt nicht nur für kommerzielle Vorgänge, sondern auch für jene, die sich im öffentlichen Bereich abspielen: Die Corona-Warn-App ist so aufgesetzt, dass sie fast keine Nutzerdaten speichert; nicht nur aus freiwilligem Verzicht, sondern auch, weil Apple und Google als Plattformbetreiber sehr zurückhaltend beim Datenaustausch geworden sind. Die Folge davon ist, dass sie zwar auf Risikobegegnungen hinweist, aber selbst nur wenige Daten aggregiert, die helfen könnten, frühzeitig die richtigen Maßnahmen zu ergreifen, wenn eine Region einen Grenzwert erreicht.

Wir selbst müssen unser Denken verändern. Fast jeder von uns hat den Impuls, seine Daten besser für sich zu behalten. Das ist grundsätzlich richtig und angesichts zahlreicher Datenskadale erst recht nachvollziehbar. In jeder Umfrage, in der es darum geht, ob man seine Daten zur Optimierung von Services mit Unternehmen teilen würde, ist gerade in Deutschland die Ablehnung hoch. In Bezug auf öffentliche Einrichtungen ist die Ablehnung nicht ganz so groß, aber doch noch erheblich. Datenschützer sind bei uns Popstars.

Hier besteht ein klassischer Zielkonflikt.

In China ist, insbesondere durch die Aggregation und Analyse persönlicher Daten in leistungsstarken Computersystemen, zumindest in den Großstädten ein fast lückenloser Überwachungsstaat entstanden – nicht weit entfernt von George Orwells *1984*. Ein Studienfreund von mir, der 20 Jahre in Schanghai lebte und dort als Journalist und Unternehmer arbeitete, ist kurz vor der Pandemie mit einem der letzten Flüge zurückgekehrt, da ihm die Lebensfreude vergangen war. Seine chinesische Freundin folgte, sobald die Grenzen wieder geöffnet waren.

»Du weißt, dass du an jeder roten Ampel von einer Kamera erfasst wirst«, erzählt er. »Diese Kamera ist mit einem Computersystem vernetzt, das weiß, wo du wohnst, wo du arbeitest, wie viel du verdienst und welche Krankheiten du im letzten Jahr hattest.«

Die Aufbruchsstimmung, die ich mit ihm kurz nach der Jahrtausendwende erlebte, als Schanghai eine gastfreundliche, internationale Stadt war, in der es noch Inseln des persönlichen Rückzugs und jahrzehntelang gewachsene Viertel mit ihrer eigenen Kultur gab, ist einer gleichförmigen, zielgerichteten Wirtschaftskultur gewichen. Und über allem wacht der Staat, der die heimliche Hoffnung auf die große Freiheit längst vernichtet hat.[37]

Vor mehr als zehn Jahren las ich den Roman *Toggle* von Florian Felix Weyh, der in mir ein klammes Gefühl auslöste, an das ich mich bis heute erinnere: Darin entwickelt eine Firma, mit starken Ähnlichkeiten zu Google, ein System, in dem Menschen mithilfe eines Algorithmus nach ihrem Wertbeitrag zur Gesellschaft eingeordnet und Wählerstimmen nach Alter, Bildung, Gesundheit und Wohlverhalten gewichtet werden. Ein Horrorszenario vom Totalitarismus eines Staates, der Zugang zu allen Daten über den Bürger hat.[38]

Zum Glück sieht die Wirklichkeit in Deutschland anders aus.

Der Staat besitzt nicht wenige Daten der Bürger, nur sind diese nicht miteinander vernetzt. Die Digitalisierung der öffentlichen Verwaltung steht noch immer am Anfang. Der Nationale Normenkontrollrat, ein eher wenig bekanntes Beratergremium der Bundesregierung, soll die Kosten ermitteln, die sich aus neuen Gesetzen ergeben und zum Abbau von Bürokratie beitragen. Seine Vertreter mahnen regelmäßig zu mehr Tempo. Im aktuellsten Jahresbericht mit dem Titel »Krise als Weckruf« nennen sie für Deutschland 214 verschiedene Register, denen die Bürger Daten geben müssen, von Anträgen auf Elterngeld bis hin zur Wahlberechtigung. Nur zehn dieser Register sind miteinander vernetzt, was die Verwaltung aufbläht, ineffizient macht und intransparent zugleich. Der Staat ist schon jetzt eine Datenkrake, aber nur zulasten der Bürger, nicht zu ihrem Nutzen.[39]

Die Zuständigkeit für die Digitalisierung, so schreiben die Mitglieder des Rates, ist in Deutschland so zersplittert, dass sie nicht wirklich funktionieren kann. Sie stellen diese These in einem beeindruckenden Schaubild unter Beweis, begleitet von der vermutlich rhetorisch gemeinten Frage »Funktioniert das?«. 25 Boxen auf dem Schaubild stehen für Behörden, Projekte und Ansprechpartner, Pfeile ziehen sich quer durchs Bild.

Dort, wo es um den Umgang mit Corona geht, ist die Lektüre des Berichts besonders ernüchternd: »Angesichts der schnellen Verbreitung des Virus kann es dabei auf jeden Tag ankommen. Es muss daher verwundern, dass in der Meldekette zwischen kommunalen Gesundheitsämtern und Robert Koch-Institut in vielen Fällen nach wie vor Faxgeräte zum Einsatz kommen. Daten der Gesundheitsämter können damit weder medienbruchfrei noch maschinenlesbar übermittelt werden. Im Ergebnis kommt es zu Verzögerungen und Übertragungsfehlern. Außerdem wird Personal gebunden, das an anderer Stelle viel dringender gebraucht wird. Schon längst sollte ein flächendeckend digitales Meldeverfahren zur Verfügung stehen. Notwendige Modernisierungsmaßnahmen wurden zwar schon vor Jahren angestoßen, haben sich aber – nicht zuletzt durch föderale Abstimmungsschwierigkeiten – immer wieder verzögert.«[40]

Ähnliches gelingt auch auf EU-Ebene: Hunderte Politiker und Beamte in Brüssel und den einzelnen Mitgliedsstaaten beschäftigten sich jahrelang mit einer Regelung namens Datenschutz-Grundverordnung (DSGVO). Inzwischen hat jeder von uns die Folgen zu spüren bekommen: Formulare überall dort, wo Daten übertragen werden, auch wenn sie nur an den eigenen Steuerberater gehen, der allein aus seinem Geschäftsinteresse heraus unsere Daten ausreichend schützen wird.

Dabei ist nichts einzuwenden gegen die ursprüngliche Motivation, den einzelnen Bürger, die einzelne Bürgerin zu schützen vor Geschäftsmodellen, die sich auf Datenmissbrauch stützen, und am besten auch vor datengestütztem Totalitarismus. Es drohen hohe Strafen, wenn Unternehmen oder andere Organisationen sich nicht an die Verordnung halten. British Airways beispielsweise wurde wegen eines Datenlecks, das 2018 durch einen Hackerangriff ausgelöst, aber erst zwei Monate später gemeldet wurde, eine Strafzahlung von 200 Millionen Dollar auferlegt. Infolge der Corona-Pandemie haben die nationalen Behörden sie gnadenhalber auf ein Zehntel der Summe reduziert. In der Zwischenzeit waren die Datensätze von einer halben Million Kunden und Mitarbeitern, bis hin zum CVC-Code auf den Kreditkarten, in falsche Hände geraten.

In Deutschland waren bisher das Immobilienunternehmen Deutsche Wohnen und der Internetdienstleister 1&1 von Millionenstrafen betroffen, die durchaus eine erzieherische Wirkung haben können. So erstaunlich es ist, dass Unternehmen bis heute mit ihrem wertvollsten Besitz, den Kundendaten, überhaupt so nachlässig umgehen, scheint eine Drohkulisse doch etwas zu helfen.

Woran aber offenbar niemand bei der Erarbeitung der dann auch in nationales Recht umgesetzten DSGVO gedacht hat oder denken wollte, sind die durch sie ausgelösten Folgen. Konzerne wie Facebook oder Google, deren Produkte nur richtig funktionieren, wenn die Menschen ihnen umfassende Datensätze übertragen, profitieren. Sie haben die Daten bereits und müssen sie nicht erst sammeln. Alle anderen, die Daten bräuchten, sie aber eben nicht frei Haus geliefert bekommen – wie Ärzte, Versicherungen, Behörden usw. –, dürfen diese nur höchst eingeschränkt und auch nur nach einem komplizierten Freigabeprozess nutzen. Das gilt selbst dann, wenn eine unkomplizierte Nutzungsmöglichkeit einen Schutz für Patienten und für eine gesundheitlich bedrohte Gesellschaft bieten könnte.

Wenn wir gefragt werden, ob wir gerne eine schnellere Verwaltung hätten oder eine Versicherung, die uns weniger Papier und klarere Tarife zumutet, sind wir dafür. Werden wir gefragt, ob wir freiwillig Daten teilen wollen, lehnen wir das ab. Wir misstrauen jedem, der Daten von uns will, selbst wenn es unser eigenes, demokratisch verfasstes Gemeinwesen ist. Und vergessen dabei, dass der Staat in einer funktionierenden Demokratie die Bürger sind, und wir Daten mit uns selbst teilen, wenn sie in öffentlichen Datenbanken gespeichert werden.

Die Internetwirtschaft hat mit ihrer teils ungefragten Datensammlung zu Werbezwecken eine Erbsünde begangen, die bis heute nachhallt und auch in andere Branchen hineinwirkt. Daraus ist Misstrauen entstanden, und das holt uns jetzt ein, weil bessere Daten helfen würden, unsere Gesellschaften vor Risiken zu schützen.

Der entscheidende Punkt dabei ist, dass jeder darüber entscheiden möchte, welche Daten er wann und wem gibt. Wir brauchen eine Art Datenautonomie und als Grundlage dafür eine Aufklärungskampagne, wozu Daten im positiven Sinne dienen können – sowie eine klare Selbstverpflichtung aller Behörden, sie nur zu diesem Zweck zu verwenden. Wir sollten einen Datenpass in einer App speichern können und nachverfolgen können, was er wann mit wem geteilt hat, und auch jederzeit die Einwilligung zurückziehen. Modelle wie Payback sind fair: Wer seine Einkäufe auf der Karte bucht, erlaubt das Sammeln von Daten, und erhält im Gegenzug dafür einen Rabatt.

Teil des Reboots sollte darüber hinaus eine aufklärerische, nicht bedrohlich wirkende Rolle des Staates in diesem Bereich sein, was voraussetzt, dass ausreichend Kompetenz in den Behörden vorhanden ist. Wir sollten wieder einen Vorsprung gewinnen vor jenen, die »den Staat« als ein sich selbst abschottendes System diskreditieren, dem es um nichts anderes geht als seine eigenen Interessen, sprich Macht, Geld und Einfluss.

Während rechte Politiker und Stimmungsmacher Tausende Facebook-Gruppen aufgesetzt und mit ihren kruden Theorien gefüllt haben, mit direkten Folgen auf Wahlergebnisse, diskutiert die liberale und progressive Elite darüber, ob eine zeitlich klar begrenzte Vorratsdatenspeicherung der Untergang der Zivilisation ist oder nicht.

Der Staat darf keinen Freibrief für die Beobachtung seiner Bürger bekommen. Sich aber freiwillig auszuschließen aus technischen Möglichkeiten, die andere längst einsetzen, um Straftaten zu begehen, kann auch nicht der Weg sein. Wir sollten eine offene Diskussion führen, wie wir dauerhaft einen Zustand wie in China verhindern.

Einen Freibrief zur wochenlangen Speicherung von Mobilfunkdaten bei den Anbietern, auch dann, wenn kein Verdacht besteht, darf es nicht geben. Es ist problematisch, dass das Polizeigesetz in Sachsen teils schon jetzt ermöglicht, was bundesweit nicht geht – nämlich die Observierung des öffentlichen Raums durch hochintelligente Kamerasysteme, die sehr effizient Gesichter erkennen können. In Görlitz beispielsweise sind solche Systeme bereits im Einsatz, sodass der Weg in eine Situation wie in China, technisch gesehen, nicht weit ist.

Solche Daten überhaupt nicht zu speichern, wie es aktuell der Stand in Deutschland ist, gibt jenen einen zeitlichen Vorsprung, die kriminelle oder zersetzende Aktivitäten über digitale Netze planen und sogar ausführen. Wir brauchen auch hierzu einen öffentlichen Diskurs und eine Willensbildung und vielleicht auch eine andere Begrifflichkeit als »Vorratsdatenspeicherung«, ein Wortungetüm, das verständlicherweise Misstrauen weckt. Die Politik fasst das Thema ungern an, sollte es aber dringend aus der Hand der deutschen und europäischen Gerichte zurückholen, dieses Mal mit schlüssigeren Argumenten als in der letzten Runde.

Datenschutz ist wertvoll, aber er darf nicht rückwärts gedacht sein und damit denen einen Vorsprung geben, die Daten missbräuchlich sammeln. Dies gilt auch für die Corona-App: Sicher ist es sinnvoll, eine Warnung zu erhalten, wenn ich mit einer Person mit hohem Corona-Risiko einen Kaffee getrunken habe. Noch sinnvoller wäre es, wenn die App mir mitteilen würde, an welche Orte ich gar nicht erst gehen sollte, weil dort eine Ansammlung von Risikofällen verzeichnet wird. Das aber kann die App nicht.

»Inzwischen bereut selbst der eine oder andere Datenschützer, dass er einst so vehement für die totale Anonymität der Corona-Daten gekämpft hat«, schrieb die *Frankfurter Allgemeine Zeitung* im Sommer. Zugleich nennt der Artikel Beispiele, in denen die Polizei unerlaubterweise die Namenslisten von Restaurants einsehen wollte, um sie zweckentfremdend für ihre Ermittlungen einzusetzen. Der Staat sei selbst schuld, wenn er berechtigtes Misstrauen gegen Datensammlungen schürt, die eigentlich nützlich wären.[41]

Längst treffen sich beim Thema Technikfeindlichkeit ernsthaft besorgte Demokraten mit jenen, die sich im irrationalen Bereich sogenannter Verschwörungstheorien bewegen. Das gilt auch beim Ausbau unseres Mobilfunknetzes, der gerade in die nächste Stufe geht. Auf den Demonstrationen gegen die Corona-Maßnahmen waren Protestschilder zu sehen wie: »Bill Gates tötet durch das Impfen, 5 G tötet durch harte, technische Mikrowellen-Strahlung«, »5 G Nee« hieß es dagegen fast schon humorvoll in Den Haag.

3/ Warum wir uns digitalisieren   **71**

Gesund bleiben zu wollen, ist ein Anliegen, das diejenige, die beim Einkaufen eine Gesichtsmaske trägt, mit demjenigen verbindet, der sich vor den Strahlen von Mobilfunkmasten fürchtet. Es ist die Verantwortung von Politik und Wirtschaft, darüber aufzuklären, was 5 G bringt, um zu verhindern, dass es nach reinem Gewinnstreben aussieht.

Insbesondere anfangs waren die Gegner der Corona-Beschränkungen ja angeblich für die durch den Lockdown bedrohte Wirtschaft im Einsatz – und letztlich ist für genau diese Wirtschaft eine möglichst hohe Netzgeschwindigkeit einer der wichtigsten Standortfaktoren. Daten sind heutzutage Gold, Datenübertragung ist mindestens Silber. In der Schweiz, wo es ebenfalls starken Protest gegen den 5-G-Standard gibt, ergab eine Umfrage, dass sechs von zehn Gegnern ihre Gesundheit gefährdet sehen; jeder Dritte begründet seine Haltung mit dem Umweltschutz.

Wer sich die Mühe macht, nachzulesen, erfährt, dass es keinen Nachweis für Gesundheitsschäden durch elektromagnetische Wellen gibt, wie Funkmasten sie aussenden. Die wenigen Studien, die bei intensiv bestrahlten Ratten eine höhere Tumorwahrscheinlichkeit zeigen, lassen sich nicht auf den Menschen übertragen. Ein Smartphone in der Hand zu halten, verursacht eine deutlich größere Strahlung, als an einem Mobilfunkmast vorbeizufahren. Es ist also recht widersinnig, eine Demo gegen den Ausbau über Handys zu organisieren. Die Fortentwicklung unserer Kommunikation zu bremsen, ohne dass es Indikatoren für Schädlichkeit dafür gibt, wäre fahrlässig. Wissen und dessen Verbreitung sind heute die wichtigste Grundlage für Wohlstand und helfen dabei, Pandemien und andere Katastrophen zu verhindern.

Nicht nur beim Thema Daten und Datennetze, sondern ganz generell hat die Digitalisierung insbesondere in der öffentlichen Diskussion in Deutschland einen negativen Beiklang erhalten. Ja, es ist nicht sinnvoll, bereits Grundschüler mit Smartphones auszustatten. Und ja, wer mehrere Stunden am Tag auf Social-

Media-Plattformen verbringt, geht mit der begrenzten Lebenszeit vermutlich nicht besonders produktiv um.

Wir brauchen digitale Technik und Tools, von einfacher Datenauswertung bis hin zu künstlicher Intelligenz, um unsere Welt besser zu verstehen und sie in einen Code übertragen zu können, allein schon, um die großen Fehler der Menschheit auszubügeln und Lösungen für die neuen Probleme zu entwerfen. In dem Moment, als unsere Vorfahren ihre Schollen verließen, um in wachsenden Städten arbeitsteilig zusammenzuleben und zu wirtschaften, haben wir die Technik in unser Leben gelassen – ein Sündenfall der Moderne? Das jetzt zu bremsen oder zurückzudrehen, ginge nur durch einen globalen Pakt für weniger Lebensqualität, mehr Armut, weniger Sicherheit – und ein höheres Risiko für Epidemien und Pandemien sowie ungleich mehr Aufwand für die Suche nach einem Medikament oder Impfstoff.

Die drei Grundprinzipien des digitalen Reboots – Technologie einsetzen, das Gegenüber besser verstehen und sich selbst verändern – gelten im öffentlichen Bereich genauso wie im Privatsektor. Da in Behörden, Verbänden oder Sozialeinrichtungen kein Profitstreben herrscht, sollten sie sich dort sogar leichter umsetzen lassen. Der Weg für die Führungsspitze, den Veränderungsbedarf selbst zu erkennen und dann auch in die Organisation hineinzusteuern, sodass sie ihn mitträgt, ist dennoch weit, weil er eigenes Verständnis voraussetzt. Und noch weiter, ihn so nach außen zu kommunizieren, dass er verstanden wird.

Wichtig aber ist es, die Technologie nicht nur einzusetzen, weil sie da ist, sondern dem Einsatz einen Zweck zu geben und diesen zu erklären. Immer wieder wird ein Digitalministerium gefordert, doch eine weitere Behörde, mit weniger Macht und Geld als ihre Nachbarministerien, wird wenig helfen. Digitalisierung ist ein Querschnittsthema, das Chefsache in jedem Ministerium sein sollte, in jedem Rathaus und jeder Landesregierung, und nicht zuletzt auch im Bundeskanzleramt.

Nicht jeder Beamte muss ein Digitalexperte sein, aber genauso hilfreich wie größere Schankflächen für Restaurants oder kurzfristige, finanzielle Zuschüsse für Unternehmen könnten öffentliche Angebote für mehr Digitalisierung sein. Warum nicht in Städten und Gemeinden Digital-Scouts einrichten, die in Schulen gehen, Betrieben dabei helfen, Onlineshops zu eröffnen, oder selbständigen Physiotherapeuten, eine Planungssoftware für Hausbesuche zu installieren.

Nicht jeder Handwerker oder mittelständische Betrieb wird seine Maschinen künftig mit Sensoren vernetzen, aber immer mehr werden es tun. Verschleiß lässt sich früher erkennen, die Auslastung besser planen und ein Sonderwunsch präziser umsetzen. Das könnte Arbeitsplätze sichern und mehr Offenheit für die Möglichkeiten der Technologie schaffen.

Digitalisierung ist kein Elitethema, sondern geht alle Menschen an. Diejenigen, die durch ihren Beruf Zugang zu modernster Technologie haben und diese einsetzen, sollten für ihre Vorteile werben. Längst verbreitet sich auch Angst, dass unsere Jobs von Maschinen abgelöst werden. Auf dieses Thema kommen wir später zurück. Hier nur so viel: Jeder technische Umbruch hat bisher mehr und oft auch bessere Arbeit geschaffen, nicht weniger.

Aus heutiger Sicht ist die Frage berechtigt, warum die Digitalisierung der erste Umbruch sein sollte, der uns langfristig mehr kostet, als er uns bringt. Je mehr wir über sie wissen, desto zielgerichteter können wir Technologie in unseren Alltag integrieren – nicht zum Schaden, sondern zum Nutzen unserer Gesellschaft. Wir sollten endlich anfangen, ohne Vorbehalte über sie und mit ihr zu lernen, und dabei hat die Pandemie einen entscheidenden Schub ausgelöst. Dazu mehr im folgenden Kapitel.

4/
Wie
wir
lernen

Während der Arbeit an diesem Buch legte ich mir einen Account in der Lern-App »Anton« für Schüler an. Ich nannte mich Johnny und bekam per Zufallsgenerator einen Avatar zugeteilt, der aussieht wie eine Kreuzung aus einem Mammut und einem Hausschwein. Die Wahl zwischen den Angeboten in Deutsch, Mathematik, Chemie usw. überforderte mich anfangs. Nachdem ich mir einen Überblick verschafft hatte, wählte ich eine Lektion aus dem Fach Physik aus, um meine Wissenslücken hier zu füllen. »Licht und Schatten« schien mir als Thema interessant, Stoff für die fünfte Klasse.

In einer nüchtern übersichtlich gehaltenen Benutzeroberfläche klickte ich mich durch einen animierten Versuch: Eine Glühlampe leuchtete auf ein Buch, und ich konnte eine zweite anschalten. Eine Stimme und dann auch der Text darunter fragten mich, was nun zu sehen sei. Ich wählte die Option: »Das Licht der zweiten Glühlampe wirft einen zweiten Schatten an die Wand.« Richtig.

Dann kam die nächste Stufe: Anhand einer Skizze zeigte mir »Anton«, was passiert, wenn man die beiden Lichtquellen zusammenschiebt. Wieder eine Auswahloption, die Schatten überlagern sich. Wieder richtig. Jetzt wurden die Begriffe komplizierter – der dunkle Kernschatten in der Mitte, der hellere Halbschatten an der Wand hinter dem Buch. Bei weiteren Lichtquellen entstehen Übergangsschatten. Das Buch war inzwischen nur noch ein Hilfsobjekt, das Abstraktionslevel stieg.

In einem neuen Versuch musste ich vier Lichtquellen anschalten und dann die jeweiligen Schattenarten auswählen. Einmal verrutschte ich mit dem Mauszeiger, und der grüne Balken oben, der den Lernfortschritt anzeigt, erhielt einen kleinen, aber ärgerlichen roten Abschnitt. Und doch grüßte mich einen Klick weiter eine weibliche Figur mit Sonnenbrille und einem Blitz auf ihrem lila Kleid: »Fast perfekt. Das bekommt nicht jeder hin.«

Physikunterricht auf dem Tablet. Ich erhielt eine virtuelle Münze, für mein gutes Lernen, mit dem Versprechen, dass ich sie später bei einem Spiel einsetzen dürfe.

Die »Anton«-App hatte in der Corona-Zeit schon ihren zweiten Geburtstag. Auf die Welt gebracht haben sie die Entwickler der Berliner Firma solocode, Geburtshilfe kam von der Investitionsbank Berlin, die Europäische Union übernahm die Patenschaft. Wirklich beliebt bei Kindern und Jugendlichen machte sich »Anton« aber erst in der Pandemie, als die wohl umfassendste Lern-App in deutscher Sprache. Lehrer können in der App ganze Klassen anlegen, mit echten Namen oder verdeckt, und Aufgaben verteilen.

Auch im Herbst, als in allen Bundesländern wieder Präsenzunterricht herrschte, stand »Anton« in Deutschland auf Platz drei bei den App-Downloads in der Kategorie Bildung. Bei Apple hatte die App rund 70 000 Bewertungen erhalten, fast alle mit dem Maximalwert von fünf Sternen. Davor lagen in der Kategorie nur noch die in vielen Schulen ebenfalls Standard gewordene Stundenplan-App Untis und die Moodle-App, das mobile Pendant zu der vor allem an Universitäten intensiv genutzten Kurssoftware.

Im Android-Appstore von Google sah es ähnlich aus: viele Downloads für »Anton«, sehr gute Bewertungen, dankbare Rezensionen von Eltern und Lehrern, denen sogar die Spiele gefielen, die sie im Design an ihre eigene Computerjugend erinnerten.

Auch wenn Umstellungsprobleme die Schlagzeilen beherrschten: Was mit Deutschlands Schulen in der Corona-Zeit passiert ist, gleicht einer Zeitraffersequenz in einem Video, aufgenommen mit einem überdimensionierten Smartphone, das über lange Zeit die gesamte deutsche Bildungslandschaft aus der Vogelperspektive dokumentierte.

Demnach lässt sich nicht behaupten, dass Schule und Digitalisierung bis zum Ausbruch von Corona nichts miteinander zu tun hatten. Die Technik war aus staubigen Computerräumen in die Klassenzimmer gewandert, je nach finanziellen Mitteln mal in größerem, mal in geringerem Umfang. Die Arbeit mit Tablets oder Smartboards erwies sich als gern genutzte Option, allerdings vorwiegend für die jüngeren oder technikaffinen Lehrerinnen und Lehrer. Viele andere schreckten eher davor zurück. Das galt insbesondere für die Kollegien am vermeintlich für höchsten inhaltlichen Anspruch stehenden Gymnasium. In ihrer Ablehnung von Software und Smartphones im Unterricht beriefen sie sich gerne auf ein humanistisches Bildungsideal oder, weniger ambitioniert, auf den Datenschutz.

Für Schulen gilt das Gleiche wie für Wirtschaft und Verwaltung: Digitalisierung darf kein Selbstzweck sein, sondern braucht ein Ziel. Wenn sie Kindern aber nachweislich hilft, besser zu lernen, dürfen wir sie nicht aufhalten. Dass die gängigen Ausreden in der Corona-Zeit nicht mehr zählten, war die eine Veränderung. Dass über Nacht kein Präsenzunterricht mehr möglich war, zum ersten Mal seit dem Ende des Zweiten Weltkriegs, die zweite, sehr substanzielle Veränderung.

Und genau dort setzt der Zeitraffer im Video ein. Viele Pannen gab es. Netzwerke waren überlastet. Tools wurden gehackt. Eltern waren überfordert, weil sie, selbst im Homeoffice arbeitend, ihre Kinder betreuen mussten. Es war diese Frage, die das Land im

Lockdown, neben Ansteckungszahlen und Corona-Regeln, am meisten beschäftigte: Was ist an den deutschen Schulen los? Sind sie komplett von gestern, hat das Land der Dichter und Denker den Anschluss verloren?

In einer Sonderauswertung der PISA-Studie erreichte Deutschland bei den Kriterien Ausstattung der Schulen und Ausbildung der Lehrer im europäischen Vergleich den letzten Platz.[42] Die Forscher wiesen bei der Auswertung darauf hin, dass nicht die Frage der finanziellen Mittel als solche entscheidend sei, sondern vor allem die, wie und ob diese gezielt eingesetzt werden. Dass in Deutschland zwar vergleichsweise viel Geld bereitsteht, die soziale Herkunft aber einen unverändert großen Einfluss auf die Bildungschancen von Kindern hat, diente als klarer Beleg dafür, dass unser föderales Bildungssystem an einer Stelle versagt, die für eine funktionierende Gesellschaft mit guten Startvoraussetzungen für alle zentral ist.

Als Präsenzunterricht weitestgehend wieder möglich war, sprach ich mit meiner Schwester, die in Rheinland-Pfalz an einer Grundschule unterrichtet, über ihre aktuelle Situation. Sie zeichnete ein positives Bild, die Ausstattung der Schule mit digitaler Technik hat funktioniert: »Wir haben in dieser kurzen Zeit so viel erreicht, was sonst jahrelang gedauert hätte.« Insbesondere Kinder, die sich sonst eher schwertun, dem analogen Unterricht zu folgen und Inhalte zu verarbeiten, machen, so die Beobachtungen meiner Schwester, mit einem Tablet auf einmal große Fortschritte: »Das direkte Feedback bestätigt und ermuntert sie.«

Apps wie »Anton« wurden ursprünglich sogar eigens für Kinder entwickelt, die mit Lernschwierigkeiten oder gesundheitlichen Einschränkungen zu kämpfen haben. Jetzt kommt sie allen Schülern zugute. Ein Schüler meiner Schwester konnte in der zweiten Klasse kaum lesen, mit dem iPad hat er es in wenigen Wochen gelernt. »Es wäre verantwortungslos, wenn wir die Kinder nicht rechtzeitig auf ein Leben einstellen, in dem Computer eine wichtige Rolle spielen«, sagt sie. Ihre eigenen Kinder gehen aufs Gymnasium, dort hat seit der dritten Schulwoche jeder ein eigenes Tablet. Die Schulbox, eine Anwendung in der Cloud, funktioniert als virtuelles Klassenzimmer. Und auch wenn Unterricht in der Schule stattfinden kann, wird weiter mit Microsoft Teams gearbeitet, es werden Hausaufgaben dort gestellt und Ergebnisse hochgeladen. »Da ist ein Druck entstanden, der für manche Lehrer ganz heilsam ist.«

Belastend für meine Schwester und ihre Kolleginnen war im Herbst noch der Unterricht mit Maske. Wenig Mimik und davon losgelöste Gestik machen es den Kindern schwerer, die Kommunikation mühelos zu interpretieren. Eine Schülerin mit Hörschwäche brauchte mehrere Wochen, bis sie sich auf die neue Akustik eingestellt hatte. Gruppenarbeit wird für die Klassen durch Abstand und Masken auch nicht einfacher. In den Pausen spielen die Kinder getrennt nach Jahrgangsstufen, sodass Austausch eingeschränkt ist beziehungsweise ganz fehlt. Mitten in der Stunde wird der laufende Unterricht unterbrochen, um durchzulüften, in Absprache mit der Lehrerin im Klassenzimmer gegenüber. Luftreiniger wurden viel diskutiert, aber nur wenige davon bestellt.[43]

Schrittweise ist eine Routine des Anormalen entstanden, das in Teilen zur neuen Normalität an unseren Schulen wird. Alles ist besser, so die weit überwiegende Haltung der Lehrerschaft, die ich dazu befragte, als die Schulen wieder zu schließen. Im Oktober waren mehr als 50 000 Schülerinnen und Schüler in Quarantäne, und damit eine/r von 200. Die Tendenz war steigend, und die Furcht vor einer Komplettschließung stieg auch dann noch an, als im zweiten Lockdown die Schulen offen blieben.

Die Welt ist mit Corona gefährlicher und anstrengender geworden. Aber halten wir fest: Die Pandemie hat die Modernisierung und Digitalisierung der Schulen beschleunigt. Auch wenn die Schule meiner Schwester ein Glücksfall sein mag, es in vielen

Gegenden noch anders aussieht: Wir sind inzwischen auf einem Weg in eine Richtung, die allen Beteiligten, der Lehrer- und Schülerschaft sowie den Eltern, dauerhaft Vorteile bringen könnte. Der Veränderungsprozess wird auf Hürden stoßen, aber auch wenn auf zwei Schritte nach vorne einer zurück folgt, wir bleiben in Bewegung. Der Lockdown war ein Ausnahmezustand, und wird es hoffentlich auch bleiben.

Erst durch den Schulgipfel[44] im September 2020 im Bundeskanzleramt wurde einer breiteren Öffentlichkeit eine überraschende Tatsache bewusst: Dem Unterrichtspersonal an deutschen Schulen werden zwar moderner, digitaler Unterricht, schnelles Korrigieren und kurze Reaktionszeiten auf Mails abverlangt, es wird aber keinerlei technische Ausstattung dafür am Arbeitsplatz zur Verfügung gestellt. Die Lehrerinnen und Lehrer haben also unfreiwillig in einer *Bring your own device*-Welt gelebt, wie sie manche Start-ups aus Überzeugung pflegen, die aber sehr technikaffine Mitarbeiter haben. Und, ganz nebenbei, der Datenschutz oder die Absicherung der privaten Rechner hat an dieser Stelle ganz offensichtlich keine Rolle gespielt.

In der Notwendigkeit der technischen Ausstattung liegt zugleich die größte Gefahr für den Reboot: Corona verstärkt die Ungleichheiten. Ein durchschnittlicher deutscher Haushalt verfügte im Jahr 2019 über drei Telefone, davon zwei Handys, und über zweieinhalb Computer (zum überwiegenden Anteil Laptops). Ab dem Mittelstand aufwärts steigen diese Zahlen überproportional, und damit ist rechnerisch klar, dass Familien an der unteren Einkommensgrenze kaum Geräte besitzen.

Hausaufgaben oder der Zoom-Unterricht müssen dann auf einem Smartphone erledigt werden, wenn die Anschaffungsprämie von 150 Euro nicht ausreicht oder das Gerät anderweitig im Einsatz ist. Dazu kommt die räumliche Situation: Eine enge Innenstadtwohnung macht das Lernen deutlich schwerer als ein Haus in der Vorstadt oder auf dem Land, erst recht im Winter. Über

Generationen hinweg verstärkte unser Ausbildungssystem die sozialen Unterschiede, die daraus resultierende Benachteiligung verschlimmerte sich in der Pandemie noch. Der einzige Ausweg führt hier über die Ausstattung der Schulen.

So wie es in Wirtschaft und Verwaltung, wie oben gesehen, notwendig ist, vom Nutzer oder der Betroffenen her zu denken, so ist es auch in Schulen. Wozu Digitalisierung hier beiträgt – übrigens über alle Schulformen hinweg –, lässt sich so zusammenfassen:

Mehr Lernfortschritt
Lernschwache Kinder und Jugendliche kommen besser mit dem Stoff zurecht und fühlen sich durch die Technologie motiviert, sich mit den Inhalten auseinanderzusetzen. Sie sind motivierter und kommen lieber in die Schule.

Besserer Unterricht
Lehrkräfte können im Unterricht besser auf die unterschiedlichen Bedürfnisse und Interessen und auch das individuelle Lerntempo ihrer Schüler eingehen – deren Lernwilligkeit vorausgesetzt.

Mehr Gerechtigkeit
Wenn alle Schüler und Schülerinnen technische Geräte und Apps nutzen können, auch zu Hause, machen wir unser Schulsystem – und unsere Gesellschaft – gerechter. Durch unseren bestehenden Lernbetrieb werden soziale Ungleichheiten eher verstärkt. Technikausstattung kann helfen, die Ausgangsbedingungen auszugleichen.

Bessere Startvoraussetzungen
Die Pandemie hat gezeigt, wie sehr nicht nur in komplexen Großorganisationen, sondern auch im Handwerk oder in der Gastronomie digitale Anwendungen die Organisation erleichtern. Alle

Berufseinsteiger profitieren heute davon, wenn sie möglichst früh gelernt haben, mit Software und technischen Geräten umzugehen.

Stärkere Krisenresistenz
Sollte uns die Pandemie nicht nur ein zweites, sondern auch ein drittes Mal einholen oder es zu vergleichbaren Krisen kommen, verhindert digitale Technologie, dass der Unterricht wieder ausgesetzt werden muss.

Die Bundesregierung und der Bundestag hatten im Rahmen von »DigitalPakt Schule« schon 2018 entschieden, fünf Milliarden Euro bereitzustellen, was 120 000 Euro pro Schule entspricht. Es dauerte ein knappes Jahr, bis endlich eine Lösung gefunden war, das Geld auch auszugeben – Bildung ist schließlich Ländersache, und die Umsetzung liegt bei den Kommunen. Sogar eine Grundgesetzänderung war dafür erforderlich. Laut dieser kann der Bund den Ländern »Finanzhilfen für gesamtstaatlich bedeutsame Investitionen sowie besondere, mit diesen unmittelbar verbundene, befristete Ausgaben der Länder und Gemeinden (Gemeindeverbände) zur Steigerung der Leistungsfähigkeit der kommunalen Bildungsinfrastruktur gewähren«.[45] Der Bund kann nicht nur, er wollte auch.

Nach einigem politischen Aufwand geschah über ein ganzes Jahr hinweg, bis Ende Juni 2020, wenig. Von den DigitalPakt-Fördermitteln waren zu diesem Zeitpunkt gerade einmal 15 Millionen Euro bei den Schulen angekommen. Immerhin waren weitere 242 Millionen Euro von der zwischenzeitlich auf sieben Milliarden erhöhten Gesamtsumme bewilligt, nur noch nicht überwiesen.[46] Im Herbst meldeten die Kultusminister, dass sich das Tempo endlich erhöht habe. Nur – bewilligt heißt noch lange nicht, dass das Geld durch die vielen feinen Verästelungen des föderalen Systems wirklich auch an die Schulen und damit an Lehrer und Schüler geflossen ist.[47]

Um das hinter solchen merkwürdigen Prozessen stehende Problem wirklich zu verstehen, habe ich meinen Schwager Matthias nach Gründen gefragt. Er unterrichtet Wirtschaft, Informatik und Werken an Mittelschulen in München und Umgebung. Informatik sogar schon ab der fünften Klasse, ein positives Beispiel dafür, dass die Technik in den Schulen angekommen ist. »Es ist sehr aufwendig für die Schulen, die Anträge zu stellen«, antwortete er. »Es muss ein Medienkonzept aufgesetzt werden, das dann wiederum an höhere Stellen weitergegeben werden muss, dann kommen Rückfragen, die Sache zieht sich enorm.«

Auch kann jede Schule das Geld nur einmal abrufen, nicht in mehreren Tranchen, was den Anspruch an das Konzept erhöht und zugleich auch die Angst, etwas falsch zu machen. »Wenn die Sache dann durch ist und die Geräte bestellt sind, ist das Konzept im Zweifelsfall schon wieder veraltet«, befürchtet Matthias. In einer seiner Schulen wurde mit großer Freude dieses Jahr ein Kurzdistanz-Beamer installiert. Das Problem: »Diese Technik gibt es schon seit zehn oder 15 Jahren, große Bildschirme funktionieren deutlich besser.«

Matthias hat Klassen in Neuperlach, einem der wenigen ärmeren Stadtteile Münchens mit der höchsten Jungendarbeitslosigkeit in der Stadt, unterrichtet. Später dann wechselte er zwischen Schulen in einer wohlhabenderen Gegend im Umland. Vom Geld des Schulpakts war im Herbst 2020 an keiner etwas angekommen, und welche Technik verfügbar ist, entscheidet sich sogar zwischen den Schulen in einzelnen Gegenden enorm. »Manchmal habe ich Whiteboard, Laptop und WLAN verfügbar, und dann bin ich wenige Kilometer weiter an einer Schule, da gibt es im Klassenzimmer nichts außer einer Schiefertafel wie vor 100 Jahren.«

Auf eigene Initiative hin hat sich Matthias einen Beamer gekauft, den er via HDMI-Kabel mit seinem eigenen Surface-Tablet, über das er mit dem persönlichen Internettarif eine Datenverbindung herstellen kann, verbindet. »Es ist schon ein Problem, dass es von Schule zu Schule so unterschiedlich ist, das ist auch für die Schüler ungerecht. Ich versuche, mich davon unabhängig zu machen.« Vor diesem Hintergrund erscheine es fast sinnvoller, wenn ein Landkreis gesammelt die aktuellsten Geräte bestellt oder least und nicht jede Schule sich selbst darum kümmert.

Wichtig sei es, nicht nur einen Laptop oder ein Tablet, sondern eine breite Mischung an technischen Geräten zu haben, die sich für spezielle Inhalte eignen. »Wenn ich beispielsweise technisches Zeichnen unterrichte, helfen Erklärvideos enorm. Damit kann ich die Schüler selbständig arbeiten lassen, das vergrößert meinen Medienpool. Nicht jedes Medium passt gleich gut für jeden Inhalt.«

Matthias bestätigt, dass Schülerinnen und Schüler umso motivierter sind, je breiter die technische Ausstattung ist: »Natürlich muss man aufpassen, niemanden zu überfordern, aber das lässt sich ja im Einzelfall steuern.« Neben seinem eigenen, digitalen Werkzeugkoffer versucht er, aus den Budgets der einzelnen Schulen Geld für Anschaffungen zu bekommen, was ihm manchmal auch gelingt – beispielsweise für einen 3-D-Drucker, der 5000 Euro kostet. Die Schüler können darauf ihre eigenen Entwürfe produzieren – beispielsweise einen am Computer gezeichneten Plastikverschluss für ein selbst gebautes Sparschwein – was die Motivation weiter erhöht.

Corona hat die Aufmerksamkeit auf die Schulen gelenkt. Deren grundlegende Probleme wurden plötzlich sichtbar, und das sind weder technikfeindliche Lehrer noch desinteressierte Eltern und schon gar nicht zu wenig Geldmittel. Das eigentliche Problem liegt in dem komplexen bürokratischen Steuerungssystem, das aus dem letzten Jahrhundert stammt, und das Veränderungsprozesse und Geldvergabe hierarchisch von »oben nach unten« dirigiert. Wer fragt eigentlich die Schülerinnen und Schüler, was sie wollen?

Eine unselige Verquickung unseres komplexen Föderalismus mit einer Schulbürokratie in den einzelnen Ländern, die um sich selbst kreist statt um die Schülerinnen und Schüler, erschwert Fortschritt in jeglicher Hinsicht, sei es bei pädagogischen Konzepten oder der technischen Ausstattung. Sehr viel hängt von Eigeninitiative ab, was zwangsläufig zu Ungleichheit führt. Der Föderalismus steht in der Diskussion um die Corona-Schutzmaßnahmen unter Druck. Schulbehörden, die sich verselbständigt haben und Verordnungen erlassen, statt die Bedürfnisse von Kindern, Eltern und Lehrerschaft zu erfüllen, schaden unserem Gemeinwesen. Das Individuum wird hier überhört, wenn nicht durch eine kafkaeske Struktur entmachtet.

In einer dezentralen Organisation entscheidet jede Kommune, jeder Landkreis, jedes Bundesland unterschiedlich. Das erzeugt einen enormen Parallelaufwand, denn die Anforderungen und Möglichkeiten der Digitalisierung sind ja für jede Schule gleich. Aber: Digitalisierung bedeutet immer auch eine gewisse Zentralisierung, das kenne ich aus unseren Projekten bei Nunatak. Warum? Ein neues, übergeordnetes Zielbild ist erforderlich in Zeiten des Umbruchs. Dazu kommt, dass Kosten steigen, wenn jede Abteilung oder jeder Bereich sein eigenes Ding macht, und kompatibel ist weder das Denken, noch sind es die Geräte. Also ist Zentralisierung hier nicht als Bündelung von Macht zu verstehen, sondern im Gegenteil: Nach einem Reboot sollten die Behörden – und das am besten nicht nur im Bildungssystem – wie Shared Service Center in einer Firma funktionieren, in denen Daten zusammenlaufen und Lösungen entwickelt werden, auf die einzelne Schulen zugreifen können und sich das spezifische Know-how nicht selbst erarbeiten müssen.

Auf Länderebene könnten aus regionalen Service Centern Informationen zusammengeführt werden, und ein Cockpit würde bundesweit und datenorientiert aufzeigen, wo und warum Entscheidungen über Ressourcen oder Inhalte zu treffen sind.

Dann würde zuerst an Schulen die fehlende Netzwerkverbindung ausgebaut, statt sie an anderen Schulen, die schon ein gutes Verbindungsniveau erreicht haben, noch zu optimieren. Die Vergabe an Subunternehmen würde über eine zentrale Plattform erfolgen, und nicht jedes Schulamt startete seine eigenen, papierbasierten Ausschreibungen. Das würde den Prozess deutlich verkürzen.

Im neuen Jahrtausend hat die Politik das föderalistische System bereits zweimal umfassend modernisiert. Dabei wurde in der Bildungspolitik genau das Gegenteil von dem getan, was heute sinnvoll erscheint: Die Zuständigkeiten wurden noch stärker in die Länder verschoben, der Bund zog sich weitestgehend zurück. Bei Ausbildungsgängen im dualen System setzt er noch den Rahmen für die Abläufe im Betrieb. Im Hochschulbereich ist das Bundesministerium für Bildung und Forschung für die Zulassung zu Studiengängen und für die Hochschulabschlüsse zuständig, wobei auch da die einzelnen Bundesländer Ausnahmen durchsetzen können. Abgesehen davon ist unser Bildungssystem ein Flickenteppich.[48]

Wir sollten im Reboot über eine Reform dieser Reform nachdenken. In meiner Zeit bei der *Süddeutschen Zeitung* war ich nicht immer einer Meinung mit Heribert Prantl, in dieser Sache bin ich es schon: »Die Länder haben die Bildung verkommen lassen, die deutsche Bildungslandschaft ist keine Landschaft, sondern nur noch ein einziger Verhau«, hat er vor Corona geschrieben, was sich heute, in der Pandemiephase mehr als bestätigt.[49]

Die Folgen dieses Verhaus habe ich selbst erfahren: Wegen eines beruflichen Wechsels meines Vaters bin ich, schon in der Oberstufe angekommen, von einem Gymnasium in einer oberbayerischen Kleinstadt auf ein Gymnasium in einer etwas größeren hessischen Kleinstadt gewechselt. Ich fühlte mich dort nicht nur wie an einer anderen Schule, sondern wie in einem anderen Land. Mein leichter bayerischer Akzent war stets Anlass für Be-

lustigung, gnadenhalber durfte ich trotzdem Kirmesbursche werden. Mit solchen regionalen Unterschieden und Eigenheiten galt
es umgehen zu lernen. Was mich aber wirklich irritierte, war die
völlig andere Art des Unterrichtens in vielen Fächern, die Anspra-
che durch die Lehrer, oft auch die Lerninhalte. Der Geschichtsun-
terricht war in Bayern sehr faktenorientiert und etwas zu frontal,
in Hessen wiederum handelte es sich um einen marxistisch aus-
gerichteten Debattierklub. Die Notengebung vor dem Zeugnis
wurde in Bayern einfach verkündet, in Hessen vorher ausgehandelt. Lehrer waren in Bayern eher auf Distanz, in Hessen boten
sie die Freundschaft an. Nach diesem Erlebnis könnte ich gar nicht
sagen, was besser ist, ob Kanon oder Chaos. Der Kontrast war jedenfalls zu groß.

Ohne hier weiter die Vor- und Nachteile der Varianten zu
diskutieren, bleibt festzuhalten, dass es für ein Land, dessen Zu-
kunftsthemen nicht auf regionaler Ebene, nicht einmal auf
nationaler spielen, nicht optimal ist, wenn gleichlautende Schul-
abschlüsse nur begrenzt vergleichbar sind. Wenn wir einen erfolgreichen Reboot schaffen wollen, müssen wir unser Bildungssystem
nicht nur digitalisieren, sondern auch neu strukturieren. Es sollte
nicht auf viele, nicht zusammenhängende Datenblöcke unserer
Festplatte verteilt, sondern einem einzelnen Abschnitt zugeord-
net werden, der regelmäßige Aktualisierungen erfährt.

Während vor allem unser Schulsystem insgesamt eher als überholt und ineffizient getadelt wird, erfährt unser Ausbildungssystem mit Berufsschule und Betrieb viel positive Bewertung.
Tatsächlich ist es die Grundlage für ein erfolgreiches Handwerk
und eine brummende Industrie, die aber durch die Pandemie
ebenfalls stärker unter Druck geraten ist: Jeder zehnte Ausbildungsplatz werde dauerhaft wegfallen, schätzte das Forschungsinstitut für Bildungs- und Sozialökonomie, wenn die Entwicklung
ähnlich verlaufe wie nach der Finanzkrise, als die weggefalle-
nen Ausbildungsplätze später nicht wiedergekommen sind.[50] Im

Herbst 2020 fehlte im Vergleich zum Vorjahr sogar jeder siebte Ausbildungsplatz.

Die Zahlen aus dem Handwerk waren im Corona-Herbst widersprüchlich: Deutlich weniger Ausbildungsverträge als im Vorjahr wurden abgeschlossen, zugleich waren aber noch mehrere Zehntausend Stellen frei. Wie schon die Jahre zuvor entwickeln sich Angebot und Nachfrage auseinander; viele traditionelle Ausbildungsberufe sind für den Nachwuchs nicht mehr attraktiv und wirken aus der Zeit gefallen. Auch ist das System, das es sonst nur noch in Österreich, der Schweiz und in Südtirol gibt, nicht ausreichend divers: Junge Männer sind deutlich überrepräsentiert, dafür gibt es wiederum Ausbildungsgänge, die fast nur von Frauen gewählt werden.[51] Geschlechterklischees scheinen bei Definition und auch Auswahl also verbreitet zu sein.

Bevor das System zulasten der Wirtschaft weiter schrumpft, sollte die Corona-Krise ein Anreiz sein, es zu modernisieren. Insbesondere Berufsschulen arbeiten oft nach hergebrachten Methoden. Die Lehrpläne sind in jedem Bundesland unterschiedlich – Stichwort: Föderalismus – und die Inhalte haben sich vielfach von der technischen Realität in den Betrieben entfernt. Warum nicht das System ganz neu denken, um die Berufswahl während der Ausbildung zum Beispiel anpassen können, ohne ganz neu starten zu müssen? Drei Jahre sind für Jugendliche ein langer Zeitraum, in dem sich Perspektiven noch oft ändern.

In jedem Fall trägt das Krisenjahr 2020 dazu bei, dass die Zahl junger Menschen, die eine Ausbildung starten, und derer, die ein Studium beginnen, sich weiter auseinanderentwickelt. Im Jahr 2007 war das Verhältnis im Vergleich zu heute noch umgekehrt: Auf zwei Studierende im Erstsemester kamen drei neue Azubis. Schon sechs Jahre später drehte sich das Verhältnis. In den zehn Jahren bis 2018 stieg die Zahl der Studienanfänger um ein Fünftel auf mehr als eine halbe Million, die Zahl der neuen Auszubildenden sank um ein Zehntel und lag bei rund 480 000.

Insgesamt wird es in Deutschland bald drei Millionen Studierende geben, ein neuer Rekord. Je höher der Bildungsstand, desto besser für eine moderne Gesellschaft, also eine positive Entwicklung?

Grundsätzlich ja, aber wir sollten die Folgen im Blick haben. Wenn Handwerk und Gewerbe überlastet sind und nach Bewerbern suchen, können auch keine Datenleitungen mehr gegraben oder Elektroautos am Ende der Fertigungsstraße abgenommen werden. Immerhin werden die Berufsbilder spezifischer und attraktiver. Fachinformatiker beispielsweise kann man auch ohne Studium werden, und eine Stelle ist spätestens nach der Corona-Rezession sicher.

Im Herbst 2020 gab es zum ersten Mal den Ausbildungsberuf »Kaufmann für Digitalisierungsmanagement«, im Oktober waren auf der Ausbildungsplattform AUBI-plus 218 Stellen frei. Aus Neugier durchlief ich den Berufscheck auf der Seite. Empfehlung für mich: *3D Visual Effects Artist* und auf Platz zwei schon kein reiner Ausbildungsberuf mehr, sondern ein duales Studium für einen *Bachelor of Engineering im Bereich Electrical Engineering.* Der Fachinformatiker folgte auf Platz drei. Noch mal Informatik studieren? Ein interessanter Gedanke.

Ich rief Claudia Linnhoff-Popien an, die den Lehrstuhl für Mobile und Verteilte Systeme an der Ludwig-Maximilians-Universität in München innehat. Sie berät das Bundeskanzleramt in Sachen Quantencomputing, veranstaltet Digitalkonferenzen und unterrichtet im Audimax vor bis zu 1000 Studenten. Wir kennen uns seit vielen Jahren, sie sitzt im Beirat von Nunatak. Dissertationen an ihrem Lehrstuhl tragen Titel wie *Erfassung und Behandlung von Positionsfehlern in standortbasierter Autorisierung* oder *Extraktion von Kontextinformationen zur Analyse von Nutzerströmen.*

»Du auch noch?«, reagierte sie auf meine nicht ganz ernst gemeinte Frage nach einem Studium. »Wir hatten schon vor Corona eine enorme Nachfrage, jetzt kommt vermutlich ein weiterer Schub.« Wenn Digitalisierung die Schlagzeilen beherrscht, erscheint Informatik den Studienanfängern noch zukunftssicherer als zuvor. Schon vor Corona war sie, wenn auch mit weitem Abstand, nach Betriebswirtschaftslehre das am häufigsten belegte Studienfach, vor Rechtswissenschaft, Maschinenbau und Medizin.

»Warum soll jemand, der technisch interessiert ist, heutzutage noch mit Maschinenbau anfangen?«, fragt die Professorin. Sie war mit ihrem Lehrstuhl gerade dabei, das erste hybride Semester der Uni-Geschichte vorzubereiten. Die große Vorlesung bleibt rein digital, die begleitenden Übungen wandern zurück in den Hörsaal für die Studierenden, die das möchten. Ein Drittel entschied sich dafür. Alle anderen können sich eine Live-Übertragung anhören oder später die Aufzeichnung. Statt wie früher zwölf Arbeitsgruppen wird es 48 geben, geleitet von Tutoren; 36 Gruppen davon über Zoom und der Rest in Seminarräumen.

Ähnlich wie an den Schulen hat die Pandemie an den Universitäten einen deutlichen Modernisierungsschub ausgelöst, nicht nur in Sachen digitaler Lehre. »Die Strukturen wurden lange nicht hinterfragt. Das klassische Rollenbild des Dozenten vorne und des Studenten im Hörsaal, das war so gewollt«, berichtete die Professorin. »Aufgezeichnet haben wir schon länger, aber warum streamen, die Studenten sollen doch in die Seminare kommen.« Technisch wären Übertragungen längst möglich gewesen. Während der Pandemie hat ihre Universität dazu noch die größte verfügbare Lizenz bei Zoom eingekauft.

Damit ging die Arbeit erst richtig los, und sie fiel im Corona-Semester um ein Vielfaches mehr an, vor allem in der Vorbereitung. Das Konzept einer Vorlesung musste sie weitgehend ändern, um Gehör zu finden: »Im Hörsaal bist du Lehrer und Entertainer. Du musst die Leute erziehen, bei Laune halten, ruhig halten, unterhalten und den Stoff vermitteln. Wenn du nur den Stoff vermittelst, verlierst du die Leute. Der Entertainment-Effekt muss durch Live-Skizzen, Chats oder ähnliches ersetzt werden.«

Alex Richard, der mir bei den Faktenchecks für dieses Buch geholfen hat, studiert Informatik und besucht die Vorlesungen von Professorin Linnhoff-Popien. Auch für die Studierenden sei das Sommersemester, das vollständig auf Distanz lief, mehr Arbeit gewesen. Das digitale Angebot über zahllose Kanäle, von Zoom über YouTube bis hin zu interaktiven Übungen, habe viele überfordert.

»Ich habe mindestens so viel gelernt wie zuvor, aber der Preis war hoch, viele haben es nicht geschafft und sind zeitweise ausgestiegen«, erzählt Alex. Sowohl die Professorin als auch der Student berichten von Stress und Depressionen in den Lehrteams und bei den Studierenden. Belastbare Zahlen liegen noch nicht vor, aber ähnliche Berichte gibt es von vielen Universitäten. Unsere Gehirne sind nicht dafür gemacht, den ganzen Tag auf Bildschirme zu schauen und Informationen zu verarbeiten oder über sie mit Menschen zu sprechen, statt direkt mit ihnen.

Lernen kann zwar, das zeigen Untersuchungen, über digitale Kanäle effizienter sein, gleichzeitig aber auch anstrengender. Auflockerung hilft, einfach nur in die Kamera dozieren reicht nicht. Skizzen sind wichtig, Feedback-Kanäle, laufende Chats, die von Assistenten bedient werden. »Was ich vorher mit Händen und Füßen erklärt habe, habe ich dann in Form von kurzen Comics auf dem Tablet gemalt«, erzählt die Professorin.

Im Corona-Semester hatten die Studenten zwar mehr Stress und weniger Ablenkung, der Notenschnitt ist aber gleich geblieben. Für die Prüfungen und andere Abläufe wurde eine »Flexi«-Satzung – Flexibilität in der Lehre auf mehreren Seiten – erlassen, die weiterhin gilt. Prüfungen können auch digital abgelegt werden, was bis dahin gar nicht möglich war. In vielen Fächern werden sie umgewandelt in Projektarbeit, was ohnehin produktiver sein kann.

Angesichts der Virusverbreitung sah es im Herbst so aus, als könnte es noch lange dauern, bis Studierende wieder zu mehreren Hundert in einen Hörsaal dürfen. Die Flexi-Satzung wurde in München und anderswo verlängert. Studieren fühlte sich weiterhin ganz anders an. Bei alldem gibt es ein finanzielles Gefälle zwischen Universitäten, was die technische Ausstattung betrifft, und es gibt ein soziales Gefälle bei den Studierenden. Wer in einem engen Wohnheimzimmer lebt, wird sich schwerer tun, auf Distanz zu studieren, anders bei Studierenden mit eigener Wohnung oder der Möglichkeit, sich komfortabel bei den Eltern einzuquartieren, wenn Präsenz nicht erforderlich ist. Die Soforthilfe für Studierende der Bundesregierung war wirklich nur ein Notpflaster. Wie Studierende ihr Leben finanzieren, wenn es dauerhaft weniger Jobs in Gastronomie, Kultur und Tourismus geben sollte, ist ein wichtiges Thema für die öffentliche Diskussion.

»Wir werden nie wieder den Zustand von vorher haben, mit den ganz klassischen Lehrformen«, sagt die Professorin. »Wir sind momentan noch am Einrütteln, ich weiß nicht, wo das langfristig hingeht. Aber diese Veränderung kriegst du grundsätzlich nicht zurückgedreht, und es war auch an der Zeit, dass wir digitaler werden.« Die Uni-Verwaltung habe ihr Denken verändert, der Staat hat dazugelernt und verstanden, wie wichtig die Digitalisierung ist: »Wir leben von Wasser, Gas, Strom, Internet.«

Der Weg aus dem Audimax in den Zoom-Kurs war nur der erste Schritt. Universitäten werden künftig ganz anders, Studiengänge eher wie Netflix oder die Onlinelernangebote von Udemy oder Coursera funktionieren: Jeder holt sich einen Zugang, je nach System muss er bezahlt werden oder nicht, und stellt sich dann seine Inhalte zusammen. Das hybride Modell aus Nähe und Distanz wird sich dabei dauerhaft etablieren.

Der Abschluss und die Qualifikation ergeben sich aus der Mischung an Inhalten, nicht aus einem vorher festgelegten Kanon, der so selten angepasst wird, dass er mit der Realität wenig zu tun hat. Bei staatlich geprüften Abschlüssen, die auf feste und geschützte Berufsbilder hinführen, ist dieser Katalog enger gefasst, aber auch dort flexibler, als das heute der Fall ist.

Schon vor Langem begannen Universitäten, durch die Digitalisierung ihr Monopol auf Wissen und dessen Weitergabe zu verlieren. Der Anspruch an die Bildungsbürokratie, flexible Abschlüsse zu ermöglichen, sowohl zeitlich als auch inhaltlich, wird steigen. Was dann wichtig ist, sind Formate, die das studentische Leben in einer digitalen Welt reproduzieren – denn dazu gehört nicht nur das Lernen, sondern auch das Erwachsenwerden in einem sozial und kulturell ansprechenden Umfeld. Ein Tutoren- und Mentorensystem sollte entstehen, das sich nicht nur auf die Inhalte des Studiums bezieht, sondern auch auf den Alltag im Studentenleben. Insbesondere dann, wenn es sich in einer Großstadt abspielt mit wenig persönlichen Begegnungen.

Universitäten werden ihre Gebäude künftig ganz anders planen, und haben damit auch schon begonnen. Die Zeit der langen Flure, der Vorzimmer, engen Bibliotheken und miefigen Seminarräume wird abgelöst durch Mischkonzepte, in denen sich Schreibtische, Projektflächen und Lernstationen abwechseln. An der privaten, staatlich anerkannten CODE University for Applied Sciences gibt es selbst für die Professoren und Professorinnen kein Büro, sie teilt sich das Gebäude mit Start-ups, mit denen die Studierenden in Projekten zusammenarbeiten.

Das Hochschulforum Digitalisierung setzt sich schon eine geraume Zeit mit der Frage auseinander, wie die Universität der Zukunft aussehen wird. »Hörsäle und Seminarräume sind im Grunde immer noch gleich eingerichtet und häufig auf Frontalunterricht ausgelegt – das entspricht aber nicht mehr der modernen Lehre«, sagte Anne Prill, die ein Projekt zu »Lernräumen der Zukunft« begleitet hat.[52] Wenn sich die Studierenden zu Menschen entwickeln sollen, »die kritisch denken, kommunikativ und kreativ sind, dann kann ich nicht dauerhaft nur Lernräume anbieten, die auf Frontalunterricht ausgelegt sind« – erst recht, weil auch viele Schulen ihre Lernräume und -konzepte modernisierten und die Studienanfänger neue Methoden erwarteten.[53]

In meinen Schreibpausen schaute ich zur Unterhaltung immer wieder in die »Anton«-App. Warum nicht eine Deutschstunde? Grammatik erschien mir zu anstrengend, ganz passend zu meinem Schreiben an diesem Buch dagegen Epik. Zunächst erinnerte mich »Anton« daran, dass in der Epik zwischen Form und Inhalt zu unterscheiden ist – wer erzählt und wie, auf der einen, und was erzählt wird, auf der anderen Seite. Ich fühlte mich ertappt, denn in diesen Zeilen vermische ich beides.

Allerdings lernte ich wenig später, dass mein Text als Sachbuch in keine der beiden Kategorien der Epik passt: Roman und Komödie. Irgendwo auf dem Weg zu meinem Ergebnis antwortete ich falsch und erhielt Abzüge. Nicht so schlimm. Dieses Mal erschien ein Junge, auf dessen T-Shirt ein Gameboy abgebildet war: »Yeah, du hast es drauf!«

5/
Wie
wir
arbeiten

»Kann ich von zu Hause arbeiten? Im Büro gibt es zu viele Ablenkungen.« – »Hast du zu Hause nicht genauso viele Ablenkungen?« – »Nur, wenn meine dumme Couch anfängt, alle meine guten Vorschläge zu hinterfragen.«

Scott Adams, *Dilbert*

Bis vor einem Jahr noch drängten sich in deutschen Konzernzentralen ein Dutzend Mitarbeiter oder mehr ohne Schutzmasken in einen Aufzug, sobald die Kantine kurz vor zwölf Uhr mittags geöffnet hatte. Immer gab es jemanden, der beim Einsteigen ein freundliches »Mahlzeit« in die dicht gedrängte Runde rief. Dabei verteilte er Aerosole in der Luft wie den Duft eines Parfums oder Rasierwassers. Die Fahrgemeinschaft brummelte zurück. Solche Aufzugfahrten wird es auf lange Sicht nicht mehr geben.

Wer wieder zurückkommt ins Büro, wer lieber von zu Hause arbeitet und was das für die Firmenkultur bedeutet, war standardmäßig eines der ersten Themen, wenn ich im Corona-Spätsommer frühere Kollegen, Kunden oder auch persönliche Kontakte zum Lunch traf. Bald wurden auch solche Verabredungen wieder selten und fielen schließlich ganz aus, die zweite Welle rollte.

Wie unsere Arbeitswelt funktionieren werde, wenn die akute Ansteckungsgefahr überwunden sei, dazu fielen die Prognosen unterschiedlich aus. Die einen rechneten damit, dass alles wieder so werde wie zuvor, die anderen berichteten von bewusster Politik ihrer Unternehmen, künftig ein Drittel oder sogar die Hälfte der Mitarbeiter zu Hause arbeiten zu lassen, allein schon, um Kosten zu sparen.

Wie arbeiten wir nach Corona? Wie viele Menschen sind von der Diskussion um das Homeoffice überhaupt betroffen? In Deutschland waren im Herbst 2020 rund 42 Millionen Menschen erwerbstätig. Die Anzahl derer, die zumindest teilweise in einem Büro arbeiten, ist vor der Pandemie stetig gestiegen. 2008 arbeitete nicht einmal jeder zweite Beschäftigte von einem Schreibtisch aus. Vor dem Lockdown waren es schon knapp drei Viertel, besonders hoch fiel der Anteil in Großstädten aus.[54] Nicht nur in klassischen Bürojobs, auch in Bereichen wie Gesundheit, Industrie oder Bildung erhöhte sich der Anteil an Computerstunden.

Ziehen wir jene ab, die in systemrelevanten Jobs arbeiten, und dort nur zum Teil im Büro, betrifft die Diskussion rund 20 Millionen Menschen. Homeoffice, wie es übrigens nur in Deutschland heißt – englische Muttersprachler nennen es *remote work* – wird nicht mehr nur eine Option, sondern ein dauerhafter Bestandteil unseres Arbeitslebens sein. Konzerne wie Microsoft haben bereits bekannt gegeben, ihren Mitarbeitern dauerhaft zu ermöglichen, von einem beliebigen Ort aus zu arbeiten.

In den Großstädten, so schätzen Immobilienexperten, wird der Bedarf an Büroflächen um bis zu 20 Prozent sinken.[55] An den Mieten ließ sich die sinkende Nachfrage bereits ablesen: Wir hatten für Nunatak noch im Januar nach neuen Büroräumen gesucht; im Mai bekamen wir die gleichen Objekte in der Münchner Innenstadt für fünf Euro weniger pro Quadratmeter angeboten.

Nicht nur die Größe der Flächen, die Unternehmen suchen, ändert sich, es ist auch deren Art: Wenn Kollegen seltener zusammenkommen, für Workshops oder Besprechungen, brauchen sie größere Räume statt vieler kleiner Einzelzimmer. Büros werden zu Begegnungsräumen, wie sie Internetfirmen seit vielen Jahren schon einrichten – und mittlerweile kaum mehr nutzen, da sie sich inzwischen zu Vorreitern des *remote work* entwickelt haben.

Als ich Ende November mit einem E-Roller an den Google-Büros an der Donnersbergerbrücke in München vorbeifuhr, waren die meisten Räume am Nachmittag halb dunkel und leer, ein einzelnes Auto fuhr langsam aus der Tiefgarage heraus. Nebenan, bei Salesforce, sah es nicht anders aus. Überhaupt wirkte der erst im letzten Jahrzehnt auf alten Bahngleisen errichtete Stadtteil wie eine Filmkulisse, die nach Drehschluss niemand abgebaut hat, so wie in den Filmstudios der Bavaria auf der anderen Seite der Stadt.

Einige der deutschen Konzerne deuteten schon recht früh an, dass sie künftig weniger Flächen für ihre Mitarbeiter anmieten werden. Ein willkommener Spareffekt in wirtschaftlich schwierigeren Zeiten? Möglicherweise. Es so darzustellen, wirkt allerdings wenig motivierend. Ein Datenanalyst einer Großbank sagte mir sehr früh während der Pandemie in einem Videocall, den er aus einem beengt wirkenden Großstadtapartment führte, dass er wohl nie wieder einen dauerhaften Arbeitsplatz haben werde.

Jene Firmen, die schon früh auf neue Raumkonzepte umgestellt haben, waren in der Pandemie im Vorteil – und nach einer Gewöhnungsphase sind Mitarbeiterinnen und Mitarbeiter sogar recht zufrieden damit. Unsere Städte werden ihren Charakter deutlich verändern, wenn weniger Büroflächen gebraucht werden. Also sollten wir im Reboot nicht nur über *remote work* diskutieren, sondern über die neue Form des Zusammenlebens, wenn Arbeit und Freizeit örtlich näher zusammenrücken und auch die zeitliche Abgrenzung schwerer fällt.

Was bevorzugen die Angestellten und ihre Manager? Knapp zwei Drittel aller befragten Angestellten, denen Homeoffice schon vor der Pandemie offenstand, zogen es laut einer Umfrage vor, ins Büro zu kommen.[56] Bevor die zweite Welle kam, zeigte sich in vielen Firmen auch, dass viele Mitarbeiter gerne wieder an ihre Schreibtische kamen – je nach privaten Umständen wie Wohnung, Familienstand und Pendelstrecke täglich oder eher nach Bedarf.

In unserer Firma ist *mobile office*, wie wir es nennen, schon seit vielen Jahren möglich. Die Mitarbeiter nutzten es gelegentlich, aber in der Mehrzahl kamen sie ins Büro. Abhängig vom Projekt arbeiteten sie auch direkt beim Kunden, was seit dem Corona-Ausbruch gar nicht mehr der Fall ist. Wir hatten eher eine Präsenzkultur, und wer von zu Hause oder anderswo arbeitete, hatte vermutlich das Gefühl, sich abzusondern.

Wir arbeiten typischerweise in Projektteams. Kreative Lösungen zu finden oder unter einer Deadline ein umfangreiches Konzept fertigzustellen ist schwieriger, wenn man nicht in einem Raum zusammensitzt. Zumindest dachten wir das vor der Pandemie. Mit modernen Tools wie Miro oder Mural sind kreative Workshops möglich, auch wenn jeder nur auf einen Bildschirm schaut. Es ist allerdings anstrengender, weil das Gehirn stark beansprucht wird, wenn alle Sinne gleichzeitig gefragt sind.

Schmerzhafter ist dann schon der Wegfall der zufälligen Bürobegegnungen und -gespräche in Küche und Flur, wenn das Homeoffice zum Standard wird. In einer Mitarbeiterumfrage, die wir gegen Ende des Lockdowns machten, stand der Ausruf: »Wir wollen wieder zurück ins Büro!« Wir führten dann, wie viele Firmen unserer Größenordnung, ein Check-in-System ein: Wer ins Büro wollte, trug sich am Tag zuvor ein, um sicherzustellen, dass ausreichend Abstand gewährleistet ist.

Während die einen zurückwollen und die anderen zu Hause bleiben, schrieb das Bundesarbeitsministerium an einem Gesetz zum Thema. In einer willkürlich festgelegten Größenordnung von 24 Tagen im Jahr sollte jedem die Möglichkeit zum Homeoffice gegeben sein. Das Bundeskanzleramt bremste dieses kuriose Beispiel für Regelungswut in einem Bereich, in dem ja gerade höhere Flexibilität entstanden ist. Zwar gibt es auch heute noch vereinzelt Konzerne, in denen es ausdrücklich nicht erwünscht ist, von zu Hause aus zu arbeiten. Hier aber dürfte der Druck der Belegschaft das Problem lösen.

Gerecht wäre ein solches Gesetz ohnehin nicht, denn wie das Ministerium im Begleittext schreibt, ließe es sich für viele systemrelevante Berufe nicht anwenden. Personal in der Pflege, an der Kasse oder bei der Müllabfuhr würde davon nicht profitieren.

Remote work erfordert eine andere Organisation der Arbeit und auch veränderte Ansprüche an Führungsstil und -qualität. Es verlangt einerseits mehr Vertrauen, andererseits klare Planung. Gerade wenn jeder selbstorganisiert und möglichst flexibel arbeitet, ist es wichtig, dass alle im Team wissen, was die oder der Einzelne gerade macht. Das gemeinsame Ergebnis sollte nicht aus dem Blick geraten. Sowohl die formalen Regeln zwischen Arbeitgeber und Arbeitnehmer als auch die informellen Verpflichtungen sind neu auszuhandeln.

Das gilt auch für die alltäglichen Absprachen in der Familie, wenn der Tagesablauf weniger standardisiert ist. Richtig umgesetzt ermöglichen entsprechende Modelle höhere Flexibilität, bessere Work-Life-Balance und effizienteres Arbeiten. Was sie nicht garantieren können – dass die Arbeit befriedigend und sinnstiftend ist. Das hängt weniger vom Arbeitsort als von der Aufgabe und dem gefühlten Mehrwert ab.

In der Corona-Diskussion über die neue Arbeitswelt haben wir diesen Gedanken oft vergessen. Genauso wie die Tatsache, dass mindestens die Hälfte der Beschäftigten in Deutschland entweder gar nicht im Büro arbeitet oder in einer Rolle, die es nicht ermöglicht, sie nach Hause zu verlagern – beispielsweise ein Arzt, der zwischen zwei Visiten am Rechner seine Notizen eingibt, oder eine Polizistin, die nach einem Einsatz das Geschehen auf der

Wache protokolliert. Und was machen jene Menschen, die nicht im Büro arbeiten? Und, im heikelsten Fall, das haben wir auch durch Corona erfahren beziehungsweise nicht länger verdrängen können, in einem Schlachthof arbeiten. Wir sollten uns gemeinsam schämen, dass eine Pandemie nötig war, um die Zustände dort jedem sichtbar offenzulegen – deutlich mehr als 100 Jahre nach Upton Sinclairs lange vergessenen Bestseller *The Jungle*. Darin schreibt er über Luftverschmutzung, Krankheiten und »vertane Lebenskraft« in der Fleischindustrie von Chicago, die mehr produziere, zu günstigeren Preisen, als das Land wirklich brauche.[57] Das kommt uns dann doch irgendwie bekannt vor.

Wir haben verdrängt, dass es auch bei uns viele Menschen gibt, deren Arbeitsabläufe nicht einmal den Mindeststandards der International Labor Organization (ILO) entsprechen, die besagen, dass »Frauen und Männer die Gelegenheit bekommen, anständige und produktive Arbeit zu finden, unter Bedingungen von Freiheit, Gleichheit, Sicherheit und Würde«.[58] Eine Gesellschaft, der bewusst wird, dass ihr Komfort und ihr Wohlstand zu guten Teilen darauf beruhen, dass es Menschen in direkter Nachbarschaft gibt, denen genau das vorenthalten wird, verlangt nach Änderungen. Dann endlich, unter dem Druck der Öffentlichkeit, folgt eine Klarstellung im Gesetz, spät genug. Dafür, dass es in unserer modernen Form des Kapitalismus überhaupt noch Gesetze braucht, damit arbeitende Menschen würdevoll behandelt werden, sollten wir uns schämen.

Die Betroffenen führen würdelose Arbeit deswegen aus, weil sie in der Gesellschaft, in der sie leben, nur geduldet sind, nicht dazugehören, oft nicht ihre Sprache sprechen und gleichzeitig darauf angewiesen sind, Geld zu verdienen. Wer Rechte als Staatsbürger hat und sie kennt, wäre zu solcher Arbeit nicht bereit, auch nicht, wenn es kurzfristig keine Alternative gibt. Wir sollten systematisch auch jene Arbeitsverhältnisse durchgehen, die jenseits der Büroarbeit herrschen, und sicherstellen, dass die Menschenwürde auch dort unantastbar ist. Dafür sollten nicht erst weitere Virusausbrüche kommen.

Im Reboot liegt vor allem dann eine Chance, wenn wir die Krise nutzen, um Themen anzugehen, die wir in der Zeit des Aufschwungs lieber übersehen haben. Dass wir uns als Gesellschaft mit dem Wert und den Umständen von Arbeit grundsätzlich beschäftigen, ist noch dringender als die Frage, ob wir unseren Laptop zu Hause oder im Büro anschließen. Wir sollten einen Code einführen, nach dem eine Stelle bewertet wird, bei der Lohn – über den wir im nächsten Kapitel sprechen – nur eine von mehreren Komponenten ist.

Im Kern sollte neben körperlicher und geistiger Gesundheit ein Mindestmaß an Jobsicherheit, Schutz vor Willkür, Möglichkeiten zur Fortbildung stehen. Deren Relevanz hängt übrigens gar nicht davon ab, ob es um einen Job im Niedriglohnbereich geht oder um eine gut bezahlte Stelle in einer Behörde oder bei einer Bank. Diese Grundregeln sollten insbesondere auch für jene Menschen gelten, die in der *Gig Economy* arbeiten, als Essenslieferanten, Softwaretester oder Paketboten, und oft mehrere Jobs miteinander kombinieren.

Letztlich ist nicht entscheidend, wo wir arbeiten, sondern wie wir arbeiten: selbstbestimmt, wenn das möglich ist, und auch dann angemessen entschädigt, wenn die Aufgaben eher standardisiert sind. Wir brauchen hierzu einen neuen gesellschaftlichen Diskurs, der sich nicht nur zwischen Arbeitgebern und Gewerkschaften im bekannten Ritual abspielen sollte – und auch nicht sofort in neue Gesetzentwürfe mündet. Talkshows sind dafür genauso wenig geeignet wie eine mehrjährige Enquete-Kommission ohne feste Zielvorgabe. Das Parlament sollte beteiligt sein, aber auch Angestellte, Unternehmer, Akademiker, Beamte, Selbständige, Minijobber. Bildung haben wir ausführlich behandelt, aber für welche Arbeitswelt wir uns ausbilden, das sollten wir herausfinden, ohne ideologische Vorbehalte, aber auf Basis eines

Grundverständnisses würdiger Arbeit. Wir sprechen mehr über den durch künstliche Intelligenz drohenden Verlust von Arbeitsplätzen als darüber, wie wir heute arbeiten wollen.

Dass ausreichend Arbeitsplätze vorhanden sind, die Mindestanforderungen entsprechen, ist die Grundvoraussetzung für solche Debatten. Als die Zahlen des Jobabbaus in den Vereinigten Staaten im März 2020 kursierten – 20 Millionen Menschen hatten in kürzester Zeit ihre Jobs verloren –, stand für Deutschland und Europa Ähnliches zu befürchten. Der Prozentsatz der Arbeitslosen war im September sogar etwas geringer als in den Vormonaten, wenn auch mit 6,3 Prozent höher als zum Jahresanfang und deutlich über den fünf Prozent im Jahresschnitt 2019. Die Zahl der Erwerbstätigen war im Laufe des Corona-Jahres aber sogar stabil.[59]

Dass die Arbeitslosigkeit nicht höher ausgefallen ist, haben wir dem Instrument der Kurzarbeit zu verdanken. In begrenztem Umfang haben wir es auch in unserer Firma genutzt, in den drei Monaten, in denen wir vom Bestandsgeschäft lebten, aber keine neuen Aufträge hereinkamen. Digitalisierung war zwar ein gefragtes Thema, aber für externe Dienstleister gaben Unternehmen in Deutschland auf dem Höhepunkt der Krise zumindest kein neues Geld aus – es sei denn, es handelte sich um Rechtsanwälte oder Wirtschaftsprüfer.

Ab Mitte August drehte sich bei uns das Bild, die Zahl der Anfragen stieg, und im September waren wir bereits ausgelastet. In der mageren Zeit hat uns das Thema Kurzarbeit eine enorme Sicherheit gegeben, und wir mussten keine Kündigungen aus wirtschaftlichen Gründen aussprechen. Viele Betriebe gingen ähnlich vor, zeitweise waren mehr als zehn Millionen Arbeitnehmer in Deutschland in Kurzarbeit.

Es war dennoch eine Herausforderung, dies den Mitarbeitern zu vermitteln. Wer möchte schon das Gefühl haben, nicht in vollem Umfang gebraucht zu werden? Auch verursachte die Umsetzung einen hohen bürokratischen Aufwand. Der in diesem Fall aber legitim ist. Denn wenn der Staat und damit die Gemeinschaft einspringt, um Jobs im Privatsektor zu retten, dann sollte er die jeweiligen Voraussetzungen genau prüfen.

Zum zweiten Mal nach der Finanzkrise hat das Instrument jetzt dabei geholfen, die Folgen eines wirtschaftlichen Einbruchs zu lindern. Noch zu Anfang des Jahres hätte ich nicht genau beschreiben können, wie Kurzarbeit funktioniert. Wenn mir jemand gesagt hätte, dass wir es in unserer Firma, für die wir noch im Februar einen neuen Wachstumsplan verabschiedet hatten, einmal anwenden müssten, hätte ich das nicht geglaubt.

Dass die Bundesregierung sich gleich zu Beginn der Pandemie entschied, die Bedingungen für Kurzarbeit zu erleichtern und ihre Dauer zu verlängern, gab vielen Firmen Sicherheit. Dass die Ersatzzahlungen an die Arbeitnehmer erhöht wurden, erleichterte diesen wiederum die Akzeptanz. Eine übereilte Entscheidung der Regierung war es allerdings, die vereinfachten Bedingungen gleich um ein ganzes Jahr zu verlängern, bis Ende des Jahres 2021. Spätestens bei dieser Verlängerung wäre es sinnvoll gewesen, die Dividendenzahlungen einzuschränken und zu verhindern, dass insbesondere große Unternehmen überhaupt nur Gewinn machen, weil sie Kurzarbeit nutzen. Dass die Bundestagswahl im Herbst 2021 bei diesem Beschluss eine Rolle gespielt hat, ist zu vermuten. Wenn er Radikalisierung verhindert, wird er rückblickend vielleicht doch etwas Gutes gehabt haben.

So wichtig es ist, Arbeitsplätze zu bewahren, so groß ist aber auch das Risiko, einen strukturellen Wandel zu verschleppen. Kurzarbeit darf nur dazu dienen, einen überraschend plötzlichen Arbeitsausfall zu verhindern, der eben genau keine strukturellen Ursachen hat. Wenn der Staat gefragt ist, sollte er nicht einfach nur helfen, sondern auch auf Veränderung drängen. Eine dauerhafte Abhängigkeit geht zulasten gesunden Wachstums. Das wäre, als würde man im Reboot einzelne Teile der Festplatte noch auf einem alten Betriebssystem laufen lassen. Das ganze System ist dann nur so krisensicher wie sein schwächster Teil.

Generell bewies der Arbeitsmarkt aber, anders als in früheren Krisen, eine große Robustheit. Es bewährte sich die Mischung aus Stabilität in guten und mehr Flexibilität in schlechteren Zeiten, die unser Regelwerk bietet. Vor 20 Jahren wäre das noch anders gewesen. Gute Presse hat die Bundesregierung unter Gerhard Schröder dafür selten bekommen, und der Weg dorthin war hart, wie ich damals als Korrespondent in Berlin miterlebte – aber die Reformen haben entscheidend dazu beigetragen, dass dieses System funktioniert.

Eine große Frage bleibt, was passiert, wenn die Schonfrist für Insolvenzen ausläuft. Wie viele Firmen dann tatsächlich zahlungsunfähig sind, davon hängt ab, ob der deutsche Arbeitsmarkt den stärksten Konjunktureinbruch seit dem Zweiten Weltkrieg mit einer starken Erkältung, aber nicht mit einer schweren Erkrankung, übersteht. Dass die regionalen Unterschiede, insbesondere zwischen Ost und West, sich noch verstärkt haben, das ist allerdings ein Thema, das uns noch beschäftigen wird.

Wenn die Arbeit menschenwürdig ist und die Jobs vergleichsweise sicher, dann stellt sich als Nächstes die Frage nach dem Verdienst. Wovon wir leben, von welchen Löhnen, Gehältern oder anderen Einkommensquellen, und inwiefern wir unser Entlohnungssystem überdenken sollten, das behandelt das nächste Kapitel. Hier nur so viel: Dass genau in jenen Berufen, die wir in der Corona-Krise als systemrelevant entdeckt haben, der Anteil an Niedriglöhnen überdurchschnittlich hoch ist, sollte uns endlich zu denken geben.

Daran haben auch Sonderboni nichts geändert, eher im Gegenteil: Sie beruhigen das Gewissen der Gesellschaft kurzfristig, helfen aber den Betroffenen kaum. Der *Tagesspiegel* stellte unter der Überschrift »Die vergessenen Helden« im September die berechtigte Frage »Was ist aus dem Beifall geworden?«. Eine Krankenpflegerin berichtete: »Ich habe Patienten mit FFP2-Maske abgesaugt. Meine Maske mehrere Dienste lang getragen. Waren ja keine neuen da. Ich habe Hand gehalten, wenn wir nichts mehr tun konnten. Und habe in spezielle Leichensäcke verpackt, wenn es vorbei war. Habe Angehörige getröstet. Aber na ja.«

Ihr einziger zusätzlicher Lohn bestand lange aus einer Dose Nivea-Creme und einer Tafel Ritter-Sport-Schokolade, immerhin der Sorte »Weiße Mango Maracuja«. Die Autorin zitierte am Ende des Artikels die Soziologin Lena Hipp. An schlechten Arbeitsbedingungen und geringen Gehältern habe sich nichts geändert: Die Einmalzahlungen, die einigen Gruppen der Systemrelevanten zuteilwurden, waren nur ein kleines Trostpflaster, das keine wirkliche Verbesserung ergebe.

»Wenn sich jetzt nichts ändert, wann dann?«, fragt Hipp.[60] Sie ist Professorin an der Universität Potsdam und forscht am Wissenschaftszentrum für Sozialforschung in Berlin. Als ich mich, das ist mehr als 15 Jahre her, für mein zweites Studium um ein Stipendium bewarb, lernte ich Lena auf dem Auswahlwochenende kennen. Ich ging nach Harvard, sie an die Cornell University, um dort in Soziologie zu promovieren. Eine Weile blieben wir in Kontakt, dann verloren wir uns aus den Augen.

Was Lena inzwischen macht, und auf welchem Niveau, hatte ich kurz vor der Pandemie zufällig erfahren: Ich las vom Ergebnis ihrer Studie, dass Frauen eine höhere Chance haben, zu einem Vorstellungsgespräch eingeladen zu werden, wenn sie nach der Geburt eines Kindes ein oder mehrere Jahre und nicht nur wenige Monate Elternzeit absolvieren. Bei Männern ließ sich ein solcher Effekt nicht feststellen.[61] Diese Studie zeigt, wie sehr eine klassische Rollenverteilung in unseren Köpfen verankert ist.

Eine Hoffnung könnte sein, dass flexiblere Arbeitsformen – wie sie sich jetzt mit dem Homeoffice durchsetzen – es Frauen auch mit Familie ermöglichen, ihre Laufbahn fortzusetzen. Lena Hipp, die sich in ihrer Forschung gar nicht primär mit Frauen beschäftigt, sondern mit dem Arbeitsleben, wollte zu Beginn der Pandemie herausfinden, wie Homeoffice funktioniert, insbesondere in Familien. Sie selbst hat drei Kinder und ihre Erfahrung war: »Man kann nur einen Job machen, und vor allem nur einen Job gut machen. Und das ist meines Erachtens entweder die Kinderbetreuung und das Homeschooling oder die Arbeit.«[62]

Sie entwickelte mit ihren Mitarbeitern einen Fragebogen, den innerhalb weniger Wochen unter corona-alltag.de knapp 15 000 Menschen ausgefüllt haben. Da es sich dabei nicht um einen repräsentativen Schnitt der deutschen Bevölkerung handelt, genügen die Ergebnisse zwar noch nicht wissenschaftlichen Ansprüchen, sind aber angesichts der Vielzahl von Antworten allemal aussagekräftig: Eltern waren mit dem Leben im Homeoffice deutlich unzufriedener als Alleinstehende oder Paare ohne Kinder. Dies passte zum Ergebnis anderer Studien, nach denen Frauen einen höheren Anteil der Kinderbetreuung übernahmen, oft auch deshalb, weil der Vater mehr verdiente. Unter den Vätern war es immerhin jeder vierte, der sich primär um die Kinderbetreuung kümmerte, während die Frau arbeitete.[63]

Insgesamt arbeiteten die Befragten, besonders Eltern, im Lockdown weniger, und der Vorzug des Homeoffice, das Mehr an Flexibilität in der Lebensgestaltung, kam überdurchschnittlich oft Akademikern und Besserverdienenden zugute. Angst um den Arbeitsplatz hatten auch eher jene, die ihr Einkommen als gering einschätzten. Ganz besonders schlecht erging es Selbständigen: Sie hatten am meisten Angst um ihr Auskommen, vermutlich auch deshalb, weil sie von den vielen Hilfsangeboten der Bundesregierung eher wenig abbekamen, und das auch später als andere. Endlich arbeitete die Regierung im Herbst daran, auch Künstlern eine Hilfe zukommen zu lassen, damit die Corona-Krise nicht unser Kulturleben gefährdet.

Ob der Lockdown die Chancengleichheit dauerhaft zurückwirft – zugunsten gut bezahlter, männlicher Angestellter und zulasten aller anderen – oder nur einen vorübergehenden Einbruch verursacht hat, wird sich erst mit weiterem Abstand zeigen. Wir sollten gegensteuern, denn Deutschland war ja schon vor der Krise alles andere als fortschrittlich, was die dauerhafte Integration von Frauen ins Berufsleben betrifft, und zwar auf allen Ebenen.

Als Berater für Digitalisierungsthemen sitze ich oft bei Kunden mit hochrangigen Managern zum Gespräch zusammen. Wenn diese Runden rein männlich besetzt sind, dann empfinde ich sie typischerweise als weniger produktiv und weniger sachlich. Ich habe stundenlange Meetings erlebt, in denen es nur oberflächlich um die Inhalte ging; in Wirklichkeit war es ein geradezu animalischer Kampf um Macht und Aufmerksamkeit. Loyalitäten sind da wichtiger als Sachfragen. Nur wenn die Assistentin hereinkam, um Kaffee anzubieten, lockerten sich die Gesichtszüge kurz, zog ein Lächeln durch den Raum und sank die Lautstärke.

Impulse, die uns in Jahrmillionen der Evolution geprägt haben, lassen sich auch in einer Krise nicht einfach ändern. Aber wir können kraft unserer Vernunft entscheiden, sie zu kontrollieren, weil sie in der Welt, wie wir sie geschaffen haben – unendlich viel komplexer als die Natur, aus der wir kommen –, kaum oder wenn, dann nur kurz weiterhelfen. Es gibt hier zwar deutliche Fortschritte, aber eben auch ein großes Beharrungsvermögen: In meinem Umfeld kenne ich viele Fälle, in denen Frauen, spätestens nach einem zweiten Kind, dann doch ganz aus dem Berufsleben aussteigen. Oder Frauen, mit oder ohne Familie, die sich freiwillig aus Führungsrollen zurückziehen, weil sie keine Lust haben, als Vertreterin einer Minderheit auf Führungsetagen an den Kraftritualen der Männer teilzunehmen.

Was hat das mit der Pandemie zu tun? Eine widerstandsfähige Gesellschaft sollte sich zu möglichst gleichen Teilen auf beide Geschlechter stützen. Unabhängig von Fragen der Gesprächskultur und Mentalität ist es ökonomisch nachteilig, wenn Frauen eine gute Ausbildung absolvieren, diese dann aber nur begrenzte Zeit praktisch umsetzen. Im Jahr 2020 war nur jedes siebte Vorstandsmitglied in den DAX-Firmen weiblich, von ihnen war ein überproportionaler Anteil für Personal verantwortlich.[64] Fraglos eine wichtige Rolle, die aber in vielen Firmen bedauerlicherweise nicht zum Kern des Machtzentrums zählt.[65] Dabei sind die großen Konzerne sogar verhältnismäßig fortschrittlich: Über alle Unternehmen hinweg ist nicht einmal jeder zehnte Vorstand weiblich.

Selbst ein Unternehmen wie Adidas, das sich modern gibt und der Frauennationalmannschaft im Fußball für Siege die gleiche Prämie zahlt wie den Herren, hat es nicht geschafft, eine Frau in den Vorstand zu holen. Das ist erstaunlich, weil es Frauen sind, die das Wachstum beim Absatz von Sportartikeln in den letzten Jahren angetrieben haben. Lululemon aus Vancouver ist einer der jüngeren Konkurrenten von Adidas mit einem Angebot, das eher unauffällige Kleidung für Fitness und Yoga verkauft.

Mit nur einem Viertel der Mitarbeiter wie das Traditionsunternehmen aus Herzogenaurach holt Lululemon auf: Sogar im ersten Halbjahr 2020 stieg der Umsatz etwas, obwohl die Geschäfte lange geschlossen waren. Bei Adidas schrumpfte er um ein Drittel und sackte auf das Niveau von vor fünf Jahren ab. Der Adidas-Kurs an der Börse lag im Herbst unter dem Niveau zum Jahresstart, der von Lululemon war um ein Drittel gestiegen. Das Board von Lululemon besteht aus neun Mitgliedern, sechs von ihnen sind Frauen. Spätestens seitdem Gründer Chip Wilson wegen Machosprüchen aus dem Board zurücktrat,[66] haben die Frauen auch das Sagen. Das Bild, das die Zahlen spiegeln, kann ein Zufall sein, muss es aber nicht. Die Qualität weiblicher Führung lässt sich auch daran ablesen, wie Frauen als Regierungschefs ihre Staaten durch die heikelste Phase der Pandemie gesteuert haben, und wie Männer, vor allem politisch konservative mit stark populistischen Tendenzen – vorgegangen sind.

Frauen stören sich oft am Gedanken einer Quote, weil sie nicht als schutzwürdig gelten wollen. Doch die Statistik zeigt, dass es nichts anderes gibt, was ihnen in Sachen Gleichstellung wirklich hilft. Die Zahl der weiblichen Mitglieder in Aufsichtsräten ist erst dann deutlich gestiegen, als börsennotierte Unternehmen dazu verpflichtet wurden, 30 Prozent mit Frauen zu besetzen – zumindest, wenn sie 2000 Mitarbeiter oder mehr haben und deshalb die volle Mitbestimmung bei ihnen gilt.[67]

Im Tagesgeschäft entscheiden aber nicht Aufsichtsräte, sondern Vorstände. Für diese gilt nur die Pflicht, sich ein Ziel zu setzen für einen Anteil an weiblichen Mitgliedern. Jedes zweite Unternehmen hat das bisher für sich als Zielgröße »null« interpretiert. Darunter befinden sich erstaunlich viele vergleichsweise junge Firmen aus der Digitalwirtschaft, wie beispielsweise Scout24, Rocket Internet, Delivery Hero oder HelloFresh.[68] Das ist bedauerlich.

Die Zahlen werfen die Frage auf, warum die Frauen in den Aufsichtsräten nicht sicherstellen, dass mehr weibliche Vorstände berufen werden? Die AllBright Stiftung, die sich von ihrem Sitz in Stockholm und Berlin aus für mehr Frauen und Diversität in Führungspositionen in der Wirtschaft einsetzt, hat dafür eine Erklärung: In den meisten Fällen ist der Aufsichtsratschef männlich und wählt in enger Abstimmung mit einem männlichen Vorstandschef die Kandidaten aus. »Dabei bevorzugt er jüngere Kopien seiner selbst – teils, weil er sie für am besten geeignet hält, teils, weil er am besten mit ihnen umzugehen weiß.« Frauen haben da geringere Chancen, Ostdeutsche auch.[69]

Politischer Druck ist also erforderlich, aber auch eine Debatte darüber, wie Führungsrollen für Frauen attraktiver werden. Immerhin sieht es in der Verwaltung mit der Beteiligung von Frauen etwas besser aus. Mehr Transparenz und die Schaffung eines Index für Diversität, der im Rahmen der Corporate Governance veröffentlicht werden muss, könnten helfen. Auch die Wirtschaftsverbände sollten sich an der Konzeption beteiligen, wenn sie ihren verbalen Einsatz für mehr Gleichberechtigung ernst nehmen.

Besonders wirksam wäre es, wenn die Ratingagenturen, die über die Kreditwürdigkeit von Unternehmen befinden, diesen Faktor einbeziehen, so wie sie es schon mit Themen wie Nachhaltigkeit oder Digitalisierungsgrad tun. Erste Ansätze dafür gibt es.

Was hat der Frauenanteil nun mit der Corona-Krise oder einem Reboot zu tun? Viele Studien zeigen, dass Firmen mit stärker gemischtem Management krisenresistenter sind und flexibler auf neue Herausforderungen reagieren.[70] Demnach sollten also in einer widerstandsfähigen Wirtschaft, die von dauerhaft stabilen Arbeitsplätzen lebt, Frauen eine wichtige Rolle spielen. Leider ist bei uns genau der gegenteilige Trend zu beobachten: Die All-Bright Stiftung hat mitgezählt und festgestellt, dass Vorstände infolge der Pandemie verkleinert und häufiger ausgetauscht wurden als sonst – überwiegend zulasten von Frauen.[71]

»Andere Länder entwickeln sich in der Krise weiter, nur Deutschland macht Rückschritte«, stellte das Wissenschaftsteam der Stiftung fest. Als könne Deutschland sich das leisten: Im Vergleich mit den USA, Frankreich, Großbritannien, Schweden und Polen lagen wir schon vor der Krise weit hinten, und tun es jetzt erst recht. Zeit für einen Reboot.

6/ Wovon wir leben

Toru Yamamori ist in Japan dafür bekannt, dass er ein Grundeinkommen einführen will. Er unterrichtet an der Doshisha-Universität in Kyoto. Vor sechs Jahren hat er einen Aufsatz zum Thema geschrieben, aus dem wiederum ein Buch entstanden ist, in dem er seinen Vorschlag ausführlich darstellt. Ähnlich wie bei den Modellen, die in Deutschland oder anderen Ländern diskutiert werden, soll jeder Japaner umgerechnet rund 1000 Euro bekommen – und das bedingungslos, also ohne eine Gegenleistung erbringen zu müssen.[72]

Ein Kamerateam der ARD hat vor der Corona-Pandemie eines seiner Seminare besucht. »Das Grundeinkommen schränkt doch unsere Freiheit ein, wir werden vom Staat abhängig«, sagt einer der Studierenden. Geradezu empört antwortet eine Studierende, wie er denn darauf komme – Freiheit sei ohne Geld nicht möglich, und deshalb trage ein Grundeinkommen, ganz im Gegenteil, zur Freiheit bei: »Eine gerechte Regierung sollte alle Menschen schützen, nicht nur die Arbeitslosen.«[73]

Wenn in Japan das Grundeinkommen diskutiert wird, dann aus einer besonderen Motivation heraus: *karoshi*. Das Wort steht für Tod durch Überarbeitung, ein Tabuthema in der Gesellschaft. Herzinfarkt, Schlaganfall, Selbstmord – offiziell sind es mehrere

Hundert Fälle im Jahr, die Dunkelziffer liegt deutlich höher. Seit 2019 gibt es ein Gesetz, das die Zahl der Überstunden auf 100 im Monat und 720 im Jahr begrenzt.

Für Schlagzeilen hatte der Fall einer jungen Fernsehmoderatorin gesorgt, die einen Monat lang, mit wenigen Schlafpausen, durchgearbeitet hat und in ihrem Bett an Herzversagen gestorben war.[74] Die Behörden erkannten den Fall offiziell als *karoshi* an. Die Japaner diskutieren das Thema zunehmend offen und hinterfragen ihr Arbeitsethos, das historisch tief verwurzelt ist. Als sie ein in weiten Teilen zerstörtes Land nach dem Zweiten Weltkrieg wieder aufbauten, wurde die harte Arbeit endgültig zu einem Teil der Realität.

Vielleicht eine Parallele zu Deutschland? Ob Vorurteil oder nicht, Deutsche sind in der Welt dafür bekannt, dass sie fleißig sind und viel arbeiten. Wenn wir über das Grundeinkommen diskutieren, dann ist der Auslöser zumindest derzeit ein anderer: die Sorge davor, dass Computer und künstliche Intelligenz die menschliche Arbeit ersetzen.

Wäre das nicht ein Traumszenario? In einem Reboot unserer Gesellschaft übernehmen Maschinen unsere Arbeit, wir lehnen uns zurück und bekommen jeden Monat einen substanziellen Betrag auf unser Konto. Ein paar besonders fleißige Menschen optimieren die Performance der Rechner und schreiben neue Algorithmen, solange das die Maschinen noch nicht selbst können. Dafür kriegen sie mehr Geld, auch sie arbeiten freiwillig und bekommen das bedingungslose Grundeinkommen ausgezahlt.

Ich mag Utopien. Ein gelbes Reclam-Heft der *Utopia* des Thomas Morus, mit vielen Bleistiftmarkierungen, liegt noch immer bei mir zu Hause. In meinem Politikstudium fand ich es deutlich spannender, mich mit politischer Theorie zu beschäftigen, als mich mit Fragen des Parteiengesetzes oder des Systemvergleichs auseinanderzusetzen. Ich habe eine Seminararbeit über *Utopia* geschrieben; der genaue Inhalt ist mir entfallen.

Das Buch liest sich wie ein Roman: Ein Seefahrer berichtet von einer Insel, auf der Frieden zwischen den Menschen herrscht, es kein Privateigentum und kein Geld gibt, sondern die Menschen alles bekommen, was sie brauchen, ohne dafür zahlen zu müssen. Die frühen Sozialisten bezogen sich gerne auf diese mehr als 500 Jahre alte Sozialutopie, was heute jedoch als Ausdruck eines Missverständnisses gesehen wird. Denn Morus beabsichtigte wohl keinen umsetzbaren, neuen Gesellschaftsentwurf, sondern eher eine Satire auf die Verhältnisse in einem England, das er als ungerecht und willkürlich beherrscht empfand.

Nichtsdestotrotz berufen sich Befürworter des Grundeinkommens auf ihn. Er schreibt, dass Diebe ihren Unterhalt haben sollten, damit sie nicht stehlen. Und er liefert ein Rezept, das *karoshi* verhindert: Sechs Stunden am Tag arbeiten, nicht mehr und nicht weniger, dann essen und ruhen. Jeder soll sein Gewerbe betreiben, »ohne sich, gleich einem Lasttiere, in ununterbrochener Arbeit vom frühesten Morgen an bis in die tiefe Nacht abzumühen; denn das wäre eine mehr als sklavische Plackerei.«[75]

Damit ist klar, dass es ihm nicht um ein bedingungsloses Grundeinkommen geht, sondern um etwas anderes: Er schafft einfach das Einkommen ab, behält die Arbeit aber als Bedingung bei, das tägliche Brot zu erhalten. Die Erzeugnisse der eigenen Arbeit liefern die Bürger auf einer Art zentralem Markt ab: »Jeder Familienvater verlangt dort, was er selbst und die Seinen brauchen, und nimmt alles, was er haben will, mit, und zwar ohne Bezahlung und überhaupt ohne jede Gegenleistung.«

Wovon leben wir heute? Die wenigsten erzeugen noch selbst, was sie zum Leben brauchen. Wir unterschreiben Verträge, in denen wir unsere Arbeitskraft unter der Bedingung verkaufen, dass wir einen angemessenen Geldbetrag dafür zurückbekommen. Das gilt für Angestellte wie auch für Selbständige. Diesen Geldbetrag setzen wir dann dafür ein, unsere Grundbedürfnisse nach Nahrung, Wohnung und Gesundheit zu befriedigen.

Der große Unterschied zur *Utopia* ist das Geld. Wenn es nur seinem ursprünglichen Zweck nachkäme, ein Speichermedium für die Umwandlung von einem Wert in den nächsten zu sein, dann wären wir von Morus' Welt nicht weit entfernt. Manche Arbeit bringt mehr ein, als zum Leben erforderlich ist, und das übrige Geld lässt sich vermehren, wenn sein Besitzer es geschickt anstellt. So kam es zur Ursünde, die im Kern des Kapitalismus liegt: Arbeit und Geld haben sich entkoppelt. Wer mehr hat, wird mehr haben – und das, ohne auch nur die sechs Stunden zu arbeiten, die Morus empfiehlt.

Warum kam während der Pandemie die Idee eines Grundeinkommens wieder auf die Tagesordnung? Einerseits hatten viele kluge Menschen, deren Dienstreisen, Meetings und Konferenzen ausfielen, mehr Zeit, darüber nachzudenken. Andererseits schien Arbeit, zumindest vorübergehend, knapper zu werden. Wäre es also nicht der perfekte Bestandteil des neuen Codes, wenn jeder Bürger einen bestimmten festen Betrag erhielte und diesen durch Arbeit aufstocken kann, aber nicht muss, weil er gerade so zum Leben reicht? Jeder zweite Deutsche ist nach Umfragen dafür, wobei sich fragt, wofür genau, denn im Detail unterscheiden sich die Modelle stark.

Für ein Experiment des Deutschen Instituts für Wirtschaftsforschung und des Vereins Mein Grundeinkommen haben sich im letzten Sommer zwei Millionen Menschen beworben. »Die derzeitige Debatte um das bedingungslose Grundeinkommen ist häufig geprägt von persönlichen Meinungen oder Vermutungen und beruht selten auf fundiertem Wissen, da es bisher keine verallgemeinerbaren wissenschaftlichen Untersuchungen in Deutschland dazu gegeben hat. 1200 Euro im Monat gehen in dem Experiment drei Jahre lang an 120 Menschen, die dafür keine Gegenleistung erbringen müssen. Sie beantworten regelmäßig dieselben Fragen wie eine Kontrollgruppe, um zu sehen, wie sich ihr Verhalten und ihre Einstellung ändert«, steht in der Ausschreibung.[76]

In der Schweiz gab es 2018 sogar eine Volksabstimmung zur Einführung eines Grundeinkommens. Die Befürworter verloren die Abstimmung klar. Die vom Projekt zitierte Studie in Finnland, und andere mit überschaubarem Rahmen, haben gezeigt, dass sich für die Betroffenen gar nicht so viel ändert: Wer einen Job hat und als Ergänzung ein Grundeinkommen bekommt, spart es typischerweise an.[77] Zu geringe Sparguthaben sind nun aber kein Problem der deutschen Volkswirtschaft. Arbeitslose fühlten sich in Einzelfällen ermutigt und besser abgesichert, um eine selbständige Tätigkeit zu beginnen. Sich auf die faule Haut gelegt, was manche Gegner befürchten, hat niemand wirklich – dazu reichen allerdings die Summen, die im Raum stehen, von 500 bis maximal 1200 Euro im Monat, auch nicht aus. Zumindest dann nicht, wenn man, wie die große Mehrheit der Bevölkerung, nicht ergänzend von einem eigenen, selbst erarbeiteten oder ererbten Vermögen leben kann.

Das führt uns zurück zur Entkoppelung von Arbeit und Geld. Sie bringt uns auf die Spur, warum ein Grundeinkommen letztlich nicht funktioniert: Es versucht, zwei Systeme zu verbinden, die sich widersprechen, nämlich Leistungsprinzip, Geld und Privatbesitz auf der einen und Gleichbehandlung auf der anderen Seite. An dieser Stelle spielt Morus' *Utopia* dann doch eine Rolle: Seine Idee würde allenfalls zum Vorbild taugen, wenn man sie in aller Konsequenz implementiert, nicht nur zum Teil.

Anders gesagt: Die Geschichte vom Grundeinkommen ist eine Sozialutopie, aber eine unvollständige. Sie bekommt aus demselben Grund so viel Zustimmung, aus dem sich das Buch von Thomas Morus über Jahrhunderte hinweg in den Köpfen verankert hat: Die Idee klingt verlockend, und über eine bessere Zukunft nachzudenken, befriedigt Neugier und schafft positive Gefühle, wie eine Art gedankliche Urlaubsreise an einen warmen und sonnigen Ort. Ihre Umsetzung führt aber sofort in Komplexitäten, die nicht nur die Finanzierung betreffen, für die es sehr viele, unterschiedliche Ideen gibt – von einer höheren Mehrwertsteuer über den Ersatz heutiger Sozialleistungen bis hin zur Einkommenssteuer.[78]

Das Grundeinkommen ist als Diskussionsthema vor allem eine Projektionsfläche, wie Arbeitsminister Hubertus Heil richtigerweise in einem Podcast-Interview sagte. »Das wird auf den ersten Blick von vielen gutgeheißen, die Menschen verbinden aber etwas sehr Unterschiedliches damit.« Was für ihn gar nicht geht, »dass wir irgendetwas haben, wo wir sagen, die Leute kriegen wir nicht mehr unter, dafür kriegen sie ordentlich Geld, bleiben aber draußen. Das ist nicht meine Form von gesellschaftlichem Zusammenhalt.«[79]

Die Arbeit wird knapp, weil künstliche Intelligenz sie übernimmt – für diese These, als Argument von Befürwortern häufig genutzt, gibt es übrigens keinerlei Belege aus der Vergangenheit oder Gegenwart. Jede technische Revolution hat, wie wir gesehen haben, nicht weniger Arbeit zur Folge gehabt, sondern mehr geschaffen, wenn auch mit anderen Qualifikationen und Jobbeschreibungen verbunden. Längst werden Autos in großen Teilen von Maschinen gefertigt, die im konkreten Einsatz zwar nicht auf Menschen angewiesen sind, von ihnen aber geplant und programmiert wurden. Wenn Roboter die Macht übernehmen, dann schaut das vielleicht anders aus, aber bis es so weit ist, vergehen noch Jahrzehnte und mehrere Reboots.

Präventiv ein Grundeinkommen zu verteilen, wird nichts verhindern und vor allem das Kernproblem unserer Gesellschaft, die zunehmende Ungleichheit, nicht lösen, denn schließlich würden ja alle das Geld bekommen, gleich, wie viel sie schon haben. Ein Argument vieler Befürworter ist, dass es weniger Bürokratie gebe in unserem Sozialstaat, der in den radikalsten Konzepten für ein Grundeinkommen gar nicht mehr gebraucht wird. Aber das ließe sich auch erreichen, wenn die Bedürfnisprüfung beispielsweise für Hartz-IV-Empfänger etwas vertrauensvoller und menschenwürdiger liefe, in einer Art Grundeinkommen »von unten«. Dabei sollten auch Kinder stärker berücksichtigt werden. Ohnehin würde es auch mit Grundeinkommen Menschen geben, die auf verschiedenste Einrichtungen des Sozialstaats, wie etwa die Jugendhilfe oder den sozialen Wohnungsbau, angewiesen sind. Und weil wir den Sozialstaat nicht abschaffen können, ist die parallele Finanzierung eines Grundeinkommens quasi unmöglich.

Also unser System aus Arbeitsverdienst und Sozialleistungen im Bedarfsfall im Reboot einfach beibehalten? Oder ist es instabil, weil die Ungleichheit zu groß ist, wie vielfach zu hören ist? Schauen wir uns zur Klärung an, wovon wir heute wirklich leben.

Nach den etwas unvorsichtigen Aussagen von Politikern wie Bundesfinanzminister Olaf Scholz und CDU-Hoffnungsträger Friedrich Merz wissen wir, dass gefühlter, persönlicher Wohlstand und statistische Zuordnung voneinander abweichen können. Insbesondere wohlhabende Menschen unterschätzen ihre Position systematisch.[80] Ihre Position worin eigentlich? In der Einkommenspyramide? Anders als beispielsweise in den Vereinigten Staaten ist sie nicht wirklich eine Pyramide.

Beschreiben wir die Einkommensverteilung in Deutschland passender als einen Tannenbaum. Unten schmal mit dünnen und kurzen Ästen, dann kommt recht bald ein breiter, stabiler Bauch, und dann verjüngt sich die Form bis hin zu einer sehr feinen Spitze. Am dicksten ist der Bauch bei einem persönlichen Nettoeinkommen zwischen 1200 und 1600 Euro im Monat. Zu diesem Einkommenssegment gehören die meisten zur arbeitenden Bevölkerung zählenden Menschen.

Weniger als jeder hundertste Einkommensbezieher liegt oberhalb von 7000 Euro, gehört also in die Spitze, wie Scholz und, noch deutlich weiter oben, Merz. Zumindest lag er nach eigener Aussage dort, bevor er aus freien Stücken den Beirat einer Private-Equity-Firma verließ, um in die Politik zurückzukehren. Schon oberhalb von 4000 Euro wird es dünn, dort sind nur sechs von 100 Nettoverdienern zu finden. Ein Fünftel liegt wiederum noch unter der Grenze von 1200 Euro. Die Mitte, also der Median, eine Art Trennstrich, liegt in Deutschland bei knapp 2000 Euro. Die eine Hälfte hat netto weniger, die andere mehr.[81]

Dazu nur so viel: Es geht in Deutschland nicht allen gut, aber insgesamt geht es den Deutschen nicht schlecht. Dennoch ist die Zahl derjenigen, die auf den einzelnen Euro schauen müssen, deutlich höher als derjenigen, die das nicht tun müssen oder zumindest nicht müssten. Auch wenn die Zahlen im Detail zum Redaktionsschluss dieses Buches noch nicht vorliegen, wird der wirtschaftliche Abschwung in Zeiten der Pandemie – wie jede Rezession zuvor – diese Entwicklung noch verstärken. Geringverdiener sind überdurchschnittlich häufig in genau jenen Wirtschaftsbereichen zu finden, die in der Krise besonders gelitten haben.

An dieser Verteilung ändert sich nichts, wenn jeder einen fixen Betrag zusätzlich über ein Grundeinkommen erhält. Ganz anders sieht es aus, wenn wir uns gemeinsam bemühen, das durchschnittliche Bildungsniveau anzuheben. Welchen Abschluss ich habe, wirkt sich nämlich direkt auf meinen Verdienst aus. Nach einer Pandemie, die Digitalisierung verstärkt und viele persönliche Dienstleistungen erschwert, sieht die Welt um uns herum nicht einfacher aus, sondern komplizierter. Auch als Antwort auf die Digitalisierung und Automatisierung von Arbeitsabläufen ist weniger ein Grundeinkommen als Beruhigungspille geeignet, sondern ein funktionierendes Bildungssystem und laufende Fortbildung.

Kehren wir zurück zu den Schulen. Eine Lehrerin, die in den 1980er-Jahren studiert hat, kann ohne Zeitreisekompetenz nicht ausprobiert haben, wie Unterricht auf einem Tablet funktioniert – sofern in ihrer Schule überhaupt welche ankommen. Sie lernt das jetzt, entweder weil sie es will oder auch muss. Das kleine Problem daran: Schon ohne solche Kurse zur Digitalisierung im Unterricht, wie sie verstärkt im Angebot sind, ist sie voll beschäftigt. Wir müssten also sicherstellen, dass solche Zusatz- oder Neuqualifikationen einen organisatorisch verbindlichen Rahmen bekommen.

Bildung wird im Reboot noch mehr zählen und jeden Einzelnen zugleich weniger anfällig für einen Jobverlust machen. Wir leben nur scheinbar vom verdienten Geld, de facto wandeln wir unser Wissen (und unsere Zeit) in einem Tauschgeschäft um. Statt einem Grundeinkommen sollten wir ein Bildungseinkommen einführen. Für jedes Jahr, das ein Arbeitnehmer oder Selbständiger seine Steuern und Sozialabgaben zahlt, erhält er Bildungspunkte.

Diese Bildungspunkte können als Währung eingesetzt werden, um alle acht oder zehn Jahre sechs Monate Bildungszeit zu nehmen, verteilt oder gebündelt. Mit den Punkten werden unter anderem die Seminare bezahlt. Die Mittel dafür kommen nicht aus der bereits überlasteten Sozialversicherung, sondern aus einer zweckgebundenen Steuer, die schrittweise steigend auf jedes Einkommen oberhalb des Medians anfällt.

Das Modell funktioniert wie eine Verteilung von Einkommen in Bildung statt von Einkommen in staatliche Haushalte. Vergleichbar zum Generationenvertrag, nur belastbarer, entsteht ein Bildungsvertrag, der nicht in Cash, sondern in Bildungspunkten ausgezahlt wird. Eine gemeinnützige Gesellschaft mit einem Kuratorium aus Politik, Wirtschaft und Kultur wählt die Angebote aus, die genutzt werden können, um Bildungspunkte einzulösen. Diese Angebote werden von den Nutzern bewertet und auf dieser Basis weiterentwickelt.

Wer oberhalb des Medians verdient, erhält ebenfalls einen Anreiz, sich fortzubilden – und zwar indem er, im Gegenwert zur gezahlten Bildungssteuer, selbst Bildungspunkte sammelt, aber sie bei der Verwendung, progressiv anwachsend, durch eigenes Geld aufstocken muss. Arbeitgeber und Unternehmen tragen ihren Teil bei, indem die Bildungszeiten verpflichtend ermöglicht werden müssen, ohne dass ein Mitarbeiter seinen Arbeitsplatz verliert. Das gilt unabhängig davon, ob die Fortbildung nahe an den Erfordernissen des Jobs ist oder nicht. Der Grund dafür: Je breiter das Wissen und die Fertigkeiten, desto wahrscheinlicher ist, dass jemand auch nach einer Krise und einer strukturellen Veränderung wieder einen Job findet.

Stellt sich die Frage: Wie finanzieren wir die Basisstruktur des Systems?

Darüber, dass die Vermögensteuer in begrenztem Umfang wieder eingeführt wird, beispielsweise in einer Höhe von einem Prozent für jene, die mehr als zwei Millionen Euro besitzen. So hat es zuletzt die SPD vorgeschlagen. Daran stören sich Milliardäre, die drohen, Deutschland zu verlassen.[82] Allerdings steht ja nicht irgendwo, sondern im Grundgesetz, dass Privateigentum der Gesellschaft dienen soll, was nur folgerichtig ist, da es aus der Gesellschaft heraus erwirtschaftet wurde.

Mehr Bildung und damit bessere Chancen sollen unser Land langfristig stabilisieren. Das dient auch jenen zehn Prozent der Reichsten, die mehr als 65 Prozent des Gesamtvermögens besitzen.[83] Hier nämlich liegt der noch größere Unterschied – nicht im Einkommen, sondern im Vermögen, das durch Erbschaften ohne Gegenleistung über Generationen weitergereicht wird. Die Vermögensteuer wurde nie abgeschafft, sondern unter der Regierung von Helmut Kohl nur ausgesetzt, da das Bundesverfassungsgericht sie als verfassungswidrig erklärt hatte. Sogar in der Schweiz gibt es eine solche Steuer.

Das Urteil aus Karlsruhe galt nicht der Vermögensteuer an sich, sondern dem Mechanismus, der Vermögen aus Immobilien und Kapitalerträgen ungleich behandelte.[84] Das könnte der Gesetzgeber ohne allzu großen Aufwand korrigieren. Dafür ist allein deshalb jetzt ein guter Zeitpunkt, weil die Reichen durch die Pandemie noch reicher geworden sind. Nach dem Einbruch im März sind die Börsenkurse insbesondere der Technologieunternehmen wieder gestiegen, und die Reichsten sind noch reicher geworden, in Deutschland und insbesondere auch in den USA. Ein wirklich krasses Beispiel ist das von Amazon-Gründer Jeff Bezos, inzwischen mit weitem Abstand der reichste Mann der Welt. Weil sein Versandhandel mit angeschlossenem Cloud-Service von der Pandemie profitiert, verdoppelte sich der Wert der Amazon-Aktie von ihrem Tiefstpunkt bis zum Oktober 2020.

Zu diesem Zeitpunkt besaß Bezos, auf dem Papier, ein Vermögen von knapp 200 Milliarden Dollar. Würde er 100 Jahre alt werden, könnte er bis zu seinem Tod jeden Tag zwölf Millionen Dollar ausgeben, konkret könnte er an jedem dieser Tage 75 Modelle des Elektrosportwagens Taycan von Porsche in seiner Turbo-Variante kaufen, und hätte immer noch mehr als 100 000 Euro übrig für die nötigsten Einkäufe im Supermarkt. Jeff Bezos besitzt, zumindest auf dem Papier, so viel Geld, wie der Senegal in zwölf Jahren insgesamt erwirtschaftet. Nie zuvor gab es weltweit so viele Milliardäre wie im Juli 2020, also mitten im Corona-Jahr, und nie vereinten diese Milliardäre mehr Vermögen auf sich, nämlich mehr als zehn Billionen Dollar.[85]

Die Wohlstandskluft zwischen der relativ schlecht verdienenden Mehrheit der Bevölkerung und der vermögenden Elite ist ein typisches Merkmal der USA. Trotz aller vorhandenen Unterschiede in der Sozialstruktur – wir bewegen uns in eine ähnliche Richtung, und es wäre an der Zeit, umzusteuern. Eine Neiddebatte ist nicht produktiv, aber auch einem Multimillionär ist es vermutlich lieber, wenn er sich durch friedliche Innenstädte bewegen kann und eine Regierung in Berlin, gleich welche Partei sie anführt, sich der Demokratie verpflichtet fühlt, statt den Rechtsstaat durch Nepotismus, Klüngelei und interessengeleitete Politik infrage zu stellen.

Weil von Bildungspunkten niemand leben kann, sollten wir sicherstellen, dass Arbeit grundsätzlich so entlohnt wird, dass ein menschenwürdiger Alltag möglich ist. Der Mindestlohn, in

Deutschland erst vor fünf Jahren eingeführt, dient da als Untergrenze und liegt ab Jahresanfang 2021 bei 9,50 Euro. Wer alleinstehend ist, keine Kirchensteuer zahlt und einen Monat lang pro Woche 38,5 Stunden zu diesem Satz arbeitet, erhält beispielsweise in Nordrhein-Westfalen ein Nettoeinkommen von 1158 Euro. Das ist wenig – ein Hartz-4-Empfänger, ebenfalls alleinstehend, erhält 432 Euro und einen Zuschuss von 364 Euro für die Miete, macht also knapp 800 Euro. Bis Juli 2022 wird der Mindestlohn in mehreren Schritten auf 10,45 Euro steigen.

Der Mindestlohn wirkt stabilisierend. Was wir ergänzend brauchen, ist ein Anstandslohn. Die Erhöhung der Bezüge für Pflegekräfte, ausgehandelt von den Tarifpartnern kurz vor dem zweiten Corona-Lockdown, weist hier einen richtigen Weg. Wie viel sollte ein erwachsener Mensch in Deutschland verdienen – völlig unabhängig davon, ob er an der Supermarktkasse sitzt, Schweine zerlegt oder Excel-Tabellen pflegt? Und ohne dafür von Gewerkschaften oder Tarifverträgen abhängig zu sein? Deutlich mehr als zehn Euro, insbesondere dann, wenn seine Arbeit zwingend erforderlich ist, um unseren Verkehr, unser Gesundheitswesen oder unsere Kindertagesstätten am Laufen zu halten. Wichtig wäre, hier auch ein Modell für Selbständige zu schaffen, deren Tätigkeiten die Gesellschaft zum Funktionieren braucht, auch im erweiterten Sinne wie beispielsweise in Kunst und Kultur.

Systemrelevant waren bisher laut Definition nur Banken, immerhin hat die Pandemie dabei geholfen, diesen Begriff auf andere Bereiche auszudehnen. »Überlebenswichtig« wäre ein noch deutlich passenderer Ausdruck. Die Erhöhung der tariflichen Löhne im Dienstleistungsbereich, nach den umstrittenen Streiks im Oktober, war da nur ein erster Schritt, der allerdings nicht nur den Wenigverdienern hilft, sondern zugleich auch denen, die nicht zwingend mehr brauchen.

Wer am Experiment zum Grundeinkommen in Deutschland teilnimmt, soll gelegentlich eine Haarprobe abgeben. Warum?

Durch deren chemische Analyse kann angegeben werden, ob eine Person unter Stress steht oder sich wohlfühlt. Bis zu einer Schwelle, die bei rund 75 000 Euro verfügbarem Jahreseinkommen liegt, steigt tatsächlich das persönliche Wohlgefühl, haben Glücksforscher ermittelt.[86] Ob dieser Effekt auch eintritt, wenn das Geld nicht durch Arbeit verdient ist, auch das soll die Studie zeigen. Warten wir die Ergebnisse ab. Etwas weniger zu arbeiten, dabei aber innovativer und kreativer, auch das könnte ein Weg zu mehr Glück und zugleich wirtschaftlichem Erfolg sein – ganz ohne Grundeinkommen.

7/ Woher die Energie kommt

Wer ein Netflix-Abo hat, und das sind mehr als 60 Millionen Menschen allein in Europa, kann sich den Film *Shame* mit Michael Fassbender anschauen, ohne eine weitere Gebühr dafür zu zahlen. Der Titel ist doppeldeutig: Erstens ist Fassbender, der in Heidelberg geboren und in Irland aufgewachsen ist, im Verlauf des Films sehr häufig nackt. Kein Wunder, denn er spielt Brandon, einen sexsüchtigen New Yorker.

Sein Arbeitgeber kämpft gegen ein Computervirus, weshalb auch Brandons Rechner untersucht wird und auf seiner Festplatte große Mengen an Pornografie auftauchen. Schämen wird er sich später aber, und das ist die zweite Bedeutung des Filmtitels, weniger für solche Vorkommnisse, sondern für die Leerheit seines Lebensentwurfs, die er schrittweise erkennt, nachdem seine psychisch labile Schwester ihn überraschend besuchen kommt.

Sprachlich korrekt, aber die Botschaft aus Marketinggründen verzerrend, lief der Film in Deutschland unter dem Titel *Schande*. Wir bleiben hier aber beim Gefühl der Scham. Kinder lernen mit spätestens zwei Jahren, sich zu schämen. Das fühlt sich nicht gut an, hat aber einen wichtigen Zweck: Wer etwas angestellt hat und sich dafür schämt, zeigt anderen, dass er nicht noch einmal bestraft werden muss. Wir signalisieren das, indem wir rot werden, die Schultern hängen lassen oder den Blick senken. Nur Menschen können sich schämen, und das Gefühl ist wie eine Selbstkorrektur: Es erzeugt eine Hemmschwelle davor, etwas bewusst zu tun, das wir innerlich nicht gut finden oder nicht dürfen.

Der Begriff *Shaming* spielt nicht mehr nur im persönlichen Bereich eine Rolle. Die schwedische Wortschöpfung *flygskam* wurde von Greta Thunberg popularisiert: Wer fliegt, sollte sich wegen des hohen Kohlendioxidausstoßes schämen, erst recht dann, wenn eine Bahnfahrt auch zum Ziel führen würde. Das deutsche Wort Flugscham hat es in die neueste *Duden*-Auflage geschafft. Noch keine adäquate Übersetzung gibt es für das schwedische Wort *smygflyga*, das so viel bedeutet wie »heimlich fliegen«, also ohne jemandem davon zu erzählen, weil die Scham in Zeiten der Fridays-for-Future-Bewegung zu groß ist.

Brandon schämt sich im Film auch, als seine Schwester ihn beim Masturbieren in der Dusche erwischt. In Manhattan bewegt er sich aber vorbildlich mit der Subway fort.

Die Corona-Krise hat das Thema Flugscham erst mal von der Tagesordnung gewischt. Selbst im August, auf dem Höhepunkt der Urlaubssaison und bevor die Infektionszahlen wieder stiegen, lag das Flugaufkommen in Deutschland nur bei rund einem Drittel des Vorjahres. Zwei von drei Flügen waren ersatzlos aus den Flugplänen oder den Angeboten der Charterflieger gestrichen. Am Flughafen Frankfurt startete oder landete auf dem Höhepunkt der Pandemie nur ein Fünftel der Maschinen wie zu einer normalen Auslastung. Das Land Hessen meldete im April, dass die Stickoxide in der Luft um ein Drittel abgenommen hätten. Andere Messstationen zeigten ähnliche Ergebnisse, auch wenn Wissenschaftler einen dauerhaften Effekt von Corona auf die Luftqualität und den Kohlendioxidausstoß vorerst nicht bestätigten.[87]

Wer sich bewegt, braucht Energie. Sei es die eigene Leistung auf dem Fahrrad, die eines Elektroautos oder eines Flugzeugs. Der Slowene Tadej Pogačar hat die verspätete Sonderausgabe der Tour de France im Corona-Jahr 2020 als drittjüngster Fahrer aller Zeiten gewonnen. Teils sehr wenige disziplinierte Zuschauer mit Gesichtsmasken standen in Frankreich an den Rändern der Bergpässe, und teils sehr viele ekstatische an den Streckenabschnitten in Spanien. Pogačar hatte beim Anstieg auf den Col de Peyresourde im Rahmen der achten Etappe über eine Zeitspanne von 16 Minuten eine Leistung von bis zu 450 Watt erbracht. Mit dieser Leistung hätte man eine Stunde lang einen Flachbildfernseher betreiben können. Sie hätte einen untrainierten Fahrer allerdings nur eine sehr kurze Strecke auf dem E-Bike fortbewegt.

Der Menschheit wird es also nicht mehr gelingen, wie in frühen Zeiten ihren Energiebedarf aus eigener körperlicher Leistung zu decken. Immerhin, auch wenn die Verbesserung der Luftqualität nur vorübergehend ist: Die geringere Zahl an kurzen und langen Fahrten während des Lockdowns und dann auch der zweiten Welle im Herbst reduziert die Energie, die wir erzeugen und speichern müssen. Auch Homeoffice würde die täglich zurückgelegten Pendelstrecken deutlich reduzieren. Wir betrachten das Thema Mobilität im nächsten Kapitel ausführlicher.

Wie die Nutzerstatistik zeigt, ist zu Hause aber nicht nur die Arbeitszeit gestiegen, sondern auch die Zahl der Stunden, die wir mit dem Streamen von Filmen und Serien verbringen. Auch das verbraucht Energie, und in jüngeren Generationen kursiert *Stream Shaming* als nächste Wortschöpfung, und das in zwei Bedeutungen: einerseits für Streamer in Videokonferenzen, die eine schlechte Verbindung haben und immer wieder einfrieren; andererseits, und darum geht es uns hier, für den Energieverbrauch durch Netflix und Co.

Das bedeutet: Ein Reboot kostet zwangsläufig Energie, und das nicht nur im übertragenen Sinne. Kein größerer Rechner startet neu, ohne an das Stromnetz angeschlossen zu sein. Prozesse aus der sozialen Wirklichkeit ins Digitale zu übertragen, reduziert Mobilität und damit Energieaufkommen, aber nicht ohne an anderer Stelle Energiebedarf zu erzeugen. Digitalisierung kann vor allem Zeit sparen, aber wie viel Energie und damit Verbrauch an natürlichen Ressourcen sie uns spart, steht längst nicht fest. Google verbraucht für die Serverfarmen, die hinter seinen Diensten wie der Suchmaschine, Google Maps oder Google Drive liegen, in einem Jahr so viel Strom wie die Stadt San Francisco.

Müsste Pogačar nur eine Viertelstunde Radfahren, um eine Stunde *Shame* auf Netflix anzuschauen, ein lohnenswerter Film übrigens, den sogar Psychiater als Fallstudie verwenden? Nein, denn es geht nicht nur um die Energieleistung des Fernsehgeräts.

Das Umweltbundesamt hat den Corona-Sommer zu einer gründlichen Studie[88] genutzt, um nicht nur den Energieaufwand, sondern auch die Schadstoffe zu berechnen, die Streaming verursacht, und zwar auf zwei Stufen: in den Serverfarmen der Cloud, aus der die Inhalte gezogen werden, und auf dem Übertragungsweg ins Wohnzimmer. Eine Spielzeit von 101 Minuten, wie bei *Shame*, verursacht lediglich 2,5 Gramm Kohlendioxid. Eine Fahrt in einem Tesla in ein zehn Kilometer entferntes Multiplexkino würde selbst dann mehr als das 50-Fache davon verursachen, wenn dieser Tesla mit Ökostrom geladen ist. Von einem Dieselauto ganz zu schweigen. Doch die Rechnung ist noch nicht fertig.

Bei der Übertragung kommt es ganz entscheidend darauf an, auf welchem Weg sie geschieht. Ein Kupferkabel beispielsweise produziert deutlich mehr Energieverluste und damit Energieemissionen als Glasfaser. Für den ganzen Film sind es bei Kupfer rund sieben Gramm, bei Glasfaser etwas mehr als drei Gramm Kohlendioxid. Damit wären wir, im besten Fall, bei gut fünf Gramm insgesamt, plus Stromverbrauch des Fernsehgeräts, die ein Abend mit Michael Fassbender verursachen würde – der übrigens, wenn man den Aussagen seiner Exfreundin folgt, sich auch im echten Leben eher unsympathisch bis gewalttätig gegenüber Frauen benimmt. Wer nach seinen Eskapaden googelt, während er Netflix schaut, verschlechtert die Bilanz gleich wieder.

Für Netflix-Streaming über Glasfaser und WLAN-Verbindung zu Hause wäre *Stream Shaming* also nicht angebracht. Ganz anders sieht es aus, wenn wir dazu unseren Datentarif nutzen – weil das WLAN mal wieder hängt oder wir zu bequem sind, im Hotelzimmer das Passwort einzugeben. Der Energieverbrauch schießt sofort nach oben, und das 3-G-Netzwerk verursacht den Ausstoß von 150 Gramm Kohlendioxid. Damit sind wir schon recht nah an der Tesla-Fahrt ins Kino, wobei der Projektorbetrieb und der Popcornkonsum dort noch nicht eingerechnet sind. Die Geschichte zeigt: Unser Leben ist eng mit unserem Stromverbrauch vernetzt, und isoliert einzelne Aufwände zu berechnen, ist kaum möglich. Im Zweifelsfall gilt – wir verbrauchen stets mehr, als wir denken.

Wer übrigens die Umwelt schützen will und zugleich gegen den Ausbau des Mobilfunks protestiert, lebt in einem großen Widerspruch: Das 5-G-Netz, über das wir im Kapitel zur Digitalisierung ausführlicher gesprochen haben, braucht um ein Vielfaches weniger Energie als 3 G, und auch noch deutlich weniger als 4 G, die direkte Vorgängerin. Der Ausbau des 5-G-Netzes trägt also zum Klimaschutz bei; laut Umweltbundesamt ist es fast so effizient wie das Kupferkabel für die VDSL-Übertragung.

»Klimaverträgliches Streaming ist möglich, wenn man es richtig anstellt und den richtigen Weg zur Datenübertragung wählt«, sagte Bundesumweltministerin Svenja Schulze, als sie die Daten vorstellte. Wichtig sei es, trotz des immer dichteren Mobilfunknetzes auch öffentliche WLAN-Hotspots einzurichten.[89]

Die Studie der beiden Umweltbehörden lieferte weitere Fakten: Wer seine Filme und Serien nicht in Ultra-HD anschaue, sondern maximal in normalem HD-Format drückt den Datenaufwand und damit die dafür erforderliche Übertragungsenergie auf ein Zehntel. Für kommerzielle Websites lieferte sie auch gleich eine Empfehlung mit: Videos sollten nicht automatisch loslaufen, wenn ein Nutzer eine Website öffnet, denn auch das verursache unnötigen Energieaufwand.

Wenn wir es richtig anstellen, haben wir also keinen Grund, uns für das Streamen von Filmen oder Serien zu schämen. Etwas anders sieht es mit dem Fliegen aus: Als die deutsche National-mannschaft im August 2020 die Strecke von Stuttgart nach Basel, 180 Kilometer auf der Autobahn, mit einem eigens gecharterten Eurowings-Flugzeug zurücklegte, war der Aufschrei groß: Kein Wunder, denn Nationalspieler sind Vorbilder, und ein Flugkilo-meter verursacht das 20-Fache an Schadstoffausstoß je Passagier einer Busfahrt. Selbst wenn Toni Kroos und Leroy Sané im Reise-bus eine Netflix-Serie geschaut hätten, die Reise auf dem Land-weg hätte in Bezug auf die Emissionen bei weitem nicht an den kurzen Flug herangereicht.

Auf das *Flight Blaming* in der Öffentlichkeit reagierte der Deut-sche Fußball-Bund mit der Ausrede, die Spieler sollten aus Grün-den der Regeneration zwischen zwei Spielen nicht zu lange sitzen. Ob hier eine oder drei Stunden einen Unterschied machen, das wollte in der Sache kein Sportmediziner bestätigen. Den Beweis auf dem Platz blieb die deutsche Nationalmannschaft ebenfalls schuldig: Sie schaffte es in Basel auch im sechsten Anlauf nicht, eine Partie in der Nations League zu gewinnen, und spielte gegen die Schweiz unentschieden. DFB-Chef Fritz Keller schimpfte: »Für alle Reiseziele, die ich in drei oder vier Stunden erreichen kann, nehme ich die Bahn. Deswegen habe ich mich geärgert, dass die Nationalmannschaft für die Strecke von Stuttgart nach Basel ins Flugzeug gestiegen ist.«[90]

Bevor wir die Frage klären, woher unsere Energie kommt, schauen wir noch einmal genauer, wofür wir sie verwenden. Da-bei ist es zunächst egal, ob, wie für den Basel-Flug der National-mannschaft, direkt Brennstoff verwendet und Schadstoff in die

Luft abgegeben wird, oder ob es wie bei einer Tesla-Fahrt oder beim Streamen indirekt durch Umwandlung von Energie in Strom geschieht.

In Deutschland ist der langjährige Schnitt recht stabil: Noch vor Corona gemessen, ist der Energieaufwand für Verkehr und Fortbewegung mit einem knappen Drittel am höchsten, kurz dahinter folgen die Industrie und mit etwas Abstand die Privathaushalte. Mit deutlichem Abstand folgen unsere Supermärkte, Banken oder Friseure (Kategorie »Gewerbe, Handel, Dienstleistungen« im jährlichen Bericht des Bundeswirtschaftsministeriums[91]), die jedes siebte Petajoule an Energie verbrauchen.

Früher wurde der Verbrauch von primärer, also noch nicht für den tatsächlichen Einsatz umgewandelter Energie in Steinkohleeinheiten gemessen. Beim Energieverbrauch wiederum sprechen wir auch heute noch von Wattstunden. Die Jouleskala gilt für beides und ermöglicht damit Vergleiche: Eine Energiesparlampe, die eine Stunde lang brennt, verbraucht 276 Joule (0,077 Wattstunden). Ganz Deutschland verbraucht im Jahr knapp 10 000 Petajoule[92] (2778 Terawattstunden) oder, genau genommen, zehn Exajoule, eine Zahl mit 19 Nullen.

Das bedeutet, dass mit unserem jährlichen Energieverbrauch 100 Energiesparlampen 41 Millionen Jahre lang brennen könnten. Herkömmliche Glühlampen würden zehn Millionen Jahre schaffen. Allein das zeigt schon, wie sinnvoll es war, die alten Glühbirnen aus dem Verkehr zu ziehen – aber das nur am Rande. Die Zahlen zeigen, dass unser Energieverbrauch gigantisch, wenn auch insgesamt in den letzten 30 Jahren nicht mehr gestiegen, sondern leicht gefallen ist.

Ein Zwischenfazit an dieser Stelle: Die Kohlendioxidemissionen gehen fast ausschließlich auf unseren Energieverbrauch zurück – die Petajoule lassen sich in Schadstoffe umrechnen, wie wir es im Beispiel mit der Fahrt ins Kino und dem Streaming oben getan haben. Und wir wissen, dass Kohlendioxid, Methan und weitere Treibhausgase unsere Erde (fast) jedes Jahr wärmer werden lassen.

Anders gesagt: Bewusstes Verhalten jedes einzelnen Bürgers könnte maßgeblich dazu beitragen, das Schmelzen der Gletscher und der Polkappen zumindest zu bremsen. Wenn wir zu Hause sparsamer heizen und uns weniger fortbewegen, sowohl privat als auch im geschäftlichen Kontext, könnte das den Energieverbrauch stark reduzieren. Dazu müssten wir noch lange nicht die Wirtschaft herunterfahren oder unsere Industrie ausbremsen.

Wenn wir sparsamer mit unserer Energie umgehen wollen, und dafür gibt es gute Gründe, wird allerdings weder *Shaming* noch *Blaming* helfen. Scham und Schuld empfinden wir als negative Gefühle. Sie stecken evolutionär so tief in uns, dass wir sie gar nicht abschalten können. Neben den positiven, regulierenden Effekten haben sie allerdings auch eine Gemeinsamkeit, die nachteilig ist: Sie wirken lähmend und führen zu Rückzug, was ihrem ursprünglichen Zweck entspricht, der aber hinderlich wird, wenn wir sie auf die Themen und Herausforderungen unserer Zeit beziehen.

Gleiches gilt für Angst: Jeder von uns kennt die apokalyptischen Bilder von überfluteten Städten und die Kurven, die den Temperaturanstieg der kommenden Jahrzehnte vorhersagen. Aber führen sie dazu, dass wir systematisch unseren persönlichen Energieverbrauch überprüfen? Kaum. Irgendwann versuchen wir sogar, solche Bilder zu vermeiden, denn wenn wir Angst haben, weil wir uns bedroht fühlen, kennt unser Nervensystem zwei Reaktionen – in eine Schockstarre verfallen oder davonlaufen. Beides ist so menschlich wie falsch. Das gilt bei wilden Tieren wie beim Klimawandel.

Nach meinem Harvard-Studium begann ich von Alaska aus eine Backpacking-Reise, die mich sechs Monate lang durch Nord-, Mittel- und Südamerika bis nach Patagonien führen sollte.[93] Eine Woche verbrachte ich im Denali-Nationalpark, der spätestens seit

Into the Wild weltweit bekannt ist – dem Film zum Buch von Jon Krakauer über den Tod eines Abenteurers in einem einsamen Bus. Bevor ich meinen Erlaubnisschein für eine Wanderung bekam, erhielt ich einen einstündigen Unterricht über den Umgang mit Bären. Bei einer unerwarteten Begegnung sollte ich Blickkontakt halten, Steine oder Zweige aufheben, in Richtung des Bären werfen und mich dann schrittweise rückwärts bewegen. Damit könnte ich erreichen, dass der Bär oder die Bärenmutter Respekt bekäme und mich nicht angreife.

Leichter gesagt als getan, dachte ich mir. Hilfreicher schien mir da die Information zu sein darüber, wo sich Bären typischerweise aufhalten und wie ich erkennen kann, ob sie gefährlich sind oder nicht. Dazu kam Vorbeugung – ein fester Gummibehälter, den ich ausgehändigt bekam, um meine Vorräte geruchsfrei zu verpacken und nachts in sicherer Entfernung vom Zelt zu verwahren.

Gleiches gilt für den Umgang mit der Frage des Energieverbrauchs. Der erste Schritt ist, dass wir uns informieren, ohne allzu großen Aufwand und spezielle Vorbildung. Wer kein besonderes Interesse an Physik hat, weiß viel zu wenig darüber, wie viel Energie wir wirklich verbrauchen und warum. Wenn wir eine Waschmaschine oder einen Kühlschrank kaufen, wird uns neben dem Preisschild die Energieeffizienz angezeigt. Auch bei Autos oder Immobilien ist das inzwischen so. Die Skalen haben schöne Farben, abgesehen davon lässt sich aber sehr wenig aus ihnen ablesen. Der Vergleich fehlt, und wir können den Anteil an unserem Energieverbrauch nicht einschätzen. Auch betrachtet die Skala nur den laufenden Betrieb, nicht aber den Aufwand, der entsteht, wenn Autos oder Waschmaschinen hergestellt und dann wieder entsorgt werden.

Warum steht nicht auf Flugtickets oder Taxiquittungen, wie viel Kohlendioxid der Flug oder die Fahrt verbraucht? Nicht um ein schlechtes Gewissen zu machen, sondern um die tatsächlichen Kosten darzustellen. Jede einzelne Buchung belastet unseren

Geldbeutel oder unsere Kreditkarte und wir verfolgen, in welcher Höhe. Aber wie hoch die Kosten für die Gesellschaft insgesamt sind, das messen wir nicht.

Wir sollten einen Weg finden, dass jeder Bürger seine persönliche Energiebilanz kennt. Genauso wichtig wie eine Corona-App wäre eine Energie-App. Wer sie nutzt, erwirbt Bonuspunkte, die dann beispielsweise in vergünstigten Strom für Elektrofahrzeuge umwandelbar sind.

Auch diejenigen, die das Klimathema lieber ignorieren und sich eine solche App nicht installieren würden, sollten zumindest ohne größere Recherche sehen können, wie hoch ihr Energieverbrauch ist. Warum messen wir im Auto zwar das Tempo, das uns großflächig angezeigt wird, und etwas versteckter vielleicht den Treibstoffverbrauch, aber nicht den Energieaufwand, den wir mit einem Kilometer auf der Autobahn verursachen, direkt und auch indirekt, beispielsweise für digitale Verkehrszeichen, Raststätten oder Beton und Asphalt?

Wir diskutieren viel über das, was Greta Thunberg und die Bewegung Fridays for Future fordern, aber wenig darüber, wie wir uns selbst verhalten. So wichtig hier eine Bewegung ist, so groß ist auch die Gefahr, dass wir unser eigenes Handeln ausbremsen – andere demonstrieren, das Thema steht auf der Agenda, das reicht.

Der Verbrauch ist nur die eine Seite unserer Energiegleichung. Auf der anderen Seite steht, wie wir unsere Energie erzeugen. Wir sollten die Zahlen und Einheiten von Energie kennen, mindestens genauso gut wie die Kalorien in einer Schokoladentafel, die übrigens nichts anderes sind als eine Energieeinheit. Wenn wir viel Sport treiben, bauen wir diese Kalorien schnell wieder ab, wenn nicht, setzt der Körper sie in Fett um.

Das ist keine Gemeinheit der Evolution, sondern eine lebensrettende Maßnahme: Der Fettspeicher soll das Überleben in mageren Zeiten sichern. Das Problem ist, dass die Mehrzahl der Menschen in den Industrieländern keine mageren Zeiten mehr kennt. Und Menschen, die in ärmeren Gegenden leben, haben wiederum keine Schokolade. Also eine Fehlverteilung von Energie.

Energie zu speichern, ist physikalisch nicht so einfach, dazu kommen wir noch. Zunächst zurück zur Gleichung, mit der vereinfachenden Annahme, dass die Mengen der verbrauchten und der erzeugten Energie sich die Waage halten, also eine Art physikalisches Gleichgewicht herrscht. Wenn wir weniger Schadstoffe in die Luft absetzen wollen, haben wir auf den ersten Blick nur eine Möglichkeit – Energie sparen und in der Folge weniger erzeugen. Der Gesamtwert der Gleichung sinkt.

Wir könnten allerdings auf einem zweiten Weg den Faktor, der den Anteil erneuerbarer Energien an unserem Energiemix beschreibt, noch viel schneller erhöhen, als wir das momentan tun. Wir könnten es und sollten es auch tun, selbst wenn sich dadurch der bewusste Umgang mit Energie nicht erledigt. Auch der Bau von Wind- und Solaranlagen, die Herstellung von Elektroautos oder die Errichtung von Passivhäusern verbraucht Energie und erhöht den Ausstoß von Treibhausgasen – wenn die Belastung auch minimal ist im Vergleich zu jener, die beim Betrieb herkömmlicher Kraftwerke entsteht, die im Übrigen auch erst gebaut und dann wieder abgerissen werden müssen. Allein die beiden größten Braunkohlekraftwerke in Neurath und Niederaußem erzeugen zusammengerechnet ähnlich viele Schadstoffe wie ganz Irland oder Bulgarien.[94]

Bis 2038 sollen Kohlekraftwerke in Deutschland noch laufen, so hat es der Bundestag kurz vor der Sommerpause im Corona-Jahr beschlossen. Umweltschützern ist das viel zu lang, und sie hinterfragen, dass damit noch die Klimaziele erreichbar sind: 2050 sollen die Emissionen von Treibhausgasen maximal noch ein Fünftel des Werts von 1990 erreichen.[95]

Wie in vielen Bereichen hat die Corona-Krise auch im Bereich Energieerzeugung wie ein Beschleuniger gewirkt: Im ersten Halbjahr 2020 wurden in Deutschland allein im Strombereich 30 Millionen Tonnen Kohlendioxid weniger freigesetzt als im gleichen Zeitraum des Vorjahres, wie der Thinktank Agora Energiewende errechnet hat.[96]

Das lag an der geringeren Nachfrage nach Strom, insbesondere aus der Industrie, die viele Werke stillgelegt hatte, aber auch an vielen Sonnenstunden und einem milden Winter. Insgesamt kam sogar die Hälfte unseres Stromverbrauchs aus erneuerbaren Energien: Steinkohle, Braunkohle und Kernenergie steuerten deutlich weniger Strom bei als noch im Vorjahr, Gas als Quelle und der Anteil aus Wind, Wasser und Sonnenenergie stiegen um jeweils ein Zehntel.[97]

Atomkraft ist ein Sonderthema: Unsere Gesellschaft hat sich, vertreten durch eine überwältigend klare politische Mehrheit, für den Atomausstieg entschieden. In der Pandemie kamen dann wieder vermehrt Stimmen auf, diese Entscheidung zu revidieren. Atomkraftwerke produzieren direkt keine Treibhausgase, bei der Anreicherung von Uran und bei der Endlagerung aber durchaus, was Atomstrom in der Summe zur teuersten Variante macht. Dazu kommen die bekannten Risiken.[98]

Sollten wir nicht besser den Ehrgeiz bewahren, auch die zehn Prozent, die Atomkraftwerke zum Strommix beitragen, durch erneuerbare Energie zu ersetzen? Der Strom aus Wind, Sonne, Wasser und Biomasse verbraucht kaum Rohstoffe und hinterlässt vor allem keine hochgiftigen Schadstoffe, die, wie die Endlagerdiskussion auch im Corona-Herbst wieder zeigte, niemand haben will.

Ein Besuch auf der Seite des Bundeswirtschaftsministeriums macht Hoffnung: Schon im Gesamtjahr 2019 lag der Anteil der erneuerbaren Energien bei 43 Prozent. Vielleicht schaffen wir also bald dauerhaft jene Hälfte, die wir im Corona-Jahr erreicht haben? Wie bei den anderen Booster-Effekten durch die Corona-Krise ist die große Frage: Was bleibt? Im Reboot wird die Nachfrage nach Strom definitiv wieder steigen, und damit auch der

Druck, Kohlekraftwerke wieder voll auszulasten, die im Lockdown teils abgeschaltet waren.

Die Agora-Experten warnen, dass wir uns über Einmaleffekte freuen, die in ihr Gegenteil verkehrt werden könnten: Wenn es der Wirtschaft nicht so gut geht, sinkt die Investitionsbereitschaft, erst recht in Vorhaben, die nicht ganz dringend erscheinen, wie etwa energieeffiziente Gebäude oder Anlagen zu bauen.

Sie zitieren Fatih Birol, den Chef der Internationalen Energieagentur, mit dem Hinweis, dass die auch weltweit reduzierten Treibhausgase im Corona-Jahr kein Ergebnis davon seien, dass Regierungen und Unternehmen ihr Handeln anpassten, sondern eher ein Nebeneffekt der Wirtschaftskrise. Und genau diese Krise könne mittelfristig sogar einen Rückschritt verursachen: »Statt die Tragödie zu verschlimmern, indem wir sie den Übergang zu sauberer Energie verhindern lassen, sollten wir die Gelegenheit nutzen, diesen Übergang zu beschleunigen.«[99]

Was den Energiemix in Deutschland betrifft, hilft es, Zahlenwerke genau zu lesen. Dass die Hälfte des Verbrauchs aus erneuerbaren Energien stammt, stimmt eben nur für den Stromverbrauch, der wiederum nur einen Teil der Rechnung ausmacht. Wir sind noch weit von einer stromgesteuerten Wirtschaft entfernt, und nur Strom lässt sich bislang in größerem Stil aus erneuerbaren Quellen erzeugen. Hoffnung macht zudem Elektrolyse, die Wasser in Biogas und Wasserstoff verwandelt.

Energie wird auch in Wärme für unsere Wohnungen und Häuser umgewandelt, oder in Fortbewegung. Dort ist der Anteil erneuerbarer Energien deutlich geringer: Beim Heizen liegt er bei weniger als 15 Prozent, beim Verkehr sogar nur bei rund fünf Prozent. Nur für jeden 20. gefahrenen Kilometer in Deutschland wird Biodiesel, Wasserstoff oder Ökostrom eingesetzt, und davon überproportional viel im Bahnverkehr.

Anders gesagt, wenn wir uns fortbewegen oder unsere Häuser und Wohnungen beheizen, sind wir fast unverändert fossil unterwegs. Ab dem Jahr 2021 müssen wir dafür deshalb auch die CO_2-Steuer bezahlen. Ein neues Auto ist teuer, und ein Heizsystem umzubauen, leisten sich die wenigsten Eigentümer, und Mieter haben darauf ohnehin keinen Einfluss. Zum Bruttoenergieverbrauch tragen erneuerbare Energien gerade mal ein knappes Fünftel bei.[100]

Damit sind wir wieder auf der Seite der Gleichung, in der es um unseren Verbrauch geht, und wie wir ihn gestalten. Ohne diesen zu reduzieren, wird es – auch mit deutlich mehr Windrädern und Solaranlagen – zu lange dauern, von den fossilen Energieträgern und ihrer schädlichen Verbrennung wegzukommen. Wir sind weit davon entfernt, ausreichend Energie für unser Alltagsleben zu erzeugen, ohne dafür Öl, Kohle oder Erdgas zu verwenden.

Das gilt erst recht, wenn wir die ganze Welt anschauen: Aktuell leben 600 Millionen Menschen in Afrika noch ohne Zugang zu Strom. Corona wird die Entwicklung dort etwas verzögern, aber allein diese Zahl zeigt, dass der Energieverbrauch weltweit steigen wird. Wir haben in der Vergangenheit überproportional aus der Leitung gezapft, die so komfortabel in den Steckdosen unserer Räume oder Tanks unserer Autos endet. Da wir aber, wenn überhaupt, nicht in dem Umfang auf unseren Komfort verzichten werden, wie anderswo die Nachfrage steigt, haben wir ein Problem.

Auch Unternehmen müssen ihre Energiebilanzen überprüfen, schon aus eigenem Interesse, denn Strom ist in Deutschland vergleichsweise teuer. Selbst wenn Corona dazu führt, dass vorübergehend weniger investiert wird, auch in Klimaschutz, dürfte der Druck steigen: Ratingagenturen beziehen heute schon in ihre Bewertungen ein, wie nachhaltig eine Firma sich organisiert und produziert.

Das könnte ein Hebel sein: Wer möchte schon über viele Jahre hinweg höhere Zinsen für Kredite bezahlen, wenn er doch einmalig in besser isolierte Gebäude oder effizientere Maschinen investieren und das sogar abschreiben kann. Eine Firma wird nicht aus eigenem Antrieb heraus langfristig vernünftig, sondern auch im Reboot noch dazu neigen, kurzfristig zu denken. Deshalb sind direkte oder indirekte ökonomische Anreize der einzige Weg, sie zu mehr Nachhaltigkeit zu bringen.

Eine meiner letzten Reisen vor der Corona-Krise führte mich nach Berlin, zum Neujahrsempfang des Bundesverbands Digitale Wirtschaft (BVDW), in dem wir als Nunatak Mitglied sind. Auf der Bühne fand sich eine recht bunte Mischung an Gästen ein, vom Chef eines Mobilfunkkonzerns über die Berliner Fridays-for-Future-Aktivistin Franziska Wessel bis Robert Habeck, dem Bundesvorsitzenden von Bündnis 90/Die Grünen. Es ging um Klimawandel, aber auch um Digitalisierung: Die damals 15-jährige Franziska Wessel sagte, dass ihre Bewegung ohne Smartphones und Digitalisierung nicht möglich sei, jedem dabei aber bewusst sein müsse, wie viel Energie hierfür aufgebracht werden muss.

Habeck sprach erst über Digitalisierung insgesamt. Viele Menschen fühlten sich durch die Veränderung bedroht: »Die Regale der Gesellschaft werden umgebaut und die Menschen finden das Katzenfutter nicht mehr.« Dann aber bezog er deutlich Position: Die Chancen der Digitalisierung, der Habecks Partei lange mit einer gewissen Skepsis begegnete, überwiegen seinen Worten nach die Risiken. Besonders viel Potenzial liege beispielsweise in der datengetriebenen Steuerung der Energienetze.

Im industriellen Bereich lässt sich mit intelligenten Systemen viel genauer planen, wann ein Werk eine bestimmte Menge an Strom benötigt. Die Belastung durch den in Deutschland vergleichsweise hohen Strompreis lässt sich besser steuern. Ähnliches gilt in unserem eigenen Alltag: Je genauer wir mit Daten den Stromverbrauch in unseren Wohnungen und Häusern beobachten können, desto einfacher wird es, ihn zu reduzieren.

Der hohe Strombedarf von Datenzentren, die Roboter steuern oder auch nur Netflix-Filme auf unsere Fernsehgeräte streamen, lässt sich schon heute mithilfe riesiger Akkus komplett aus erneuerbarer Energie decken. An einer ressourcenschonenden Herstellung solcher Akkus für kurzfristige Speicherung sowie an größeren Lösungen für langfristige Energievorräte sollten wir dringend intensiver arbeiten. Eine Versorgung aus natürlichen Quellen funktioniert nur dann, wenn wir die Energie der Sonne und des Windes effizient speichern können für sonnenarme und windstille Zeiten.

Auch unsere Haushalte sollen in Sachen Energie intelligenter werden. Die Bundesregierung arbeitet per Gesetz an sogenannten *Smart Meter Gateways*, die unsere alten Stromzähler ersetzen und anzeigen, welche unnötigen Stromfresser am Netz hängen, und das teils zu Uhrzeiten, zu denen Strom teuer ist. Ob sich die Geräte finanziell rentieren, deren Beschreibung höchst bürokratisch klingt, daran bestehen Zweifel. Auch hier ist die Komplexität einem überzogenen Verständnis von Datenschutz geschuldet, dem die Geräte entsprechen müssen.

Wenn sie irgendwann funktionieren, sind die *Smart Meter Gateways* aber ein wichtiger Schritt in Richtung eines *Smart Grids*, eines intelligenten Stromnetzes, das kleine Stromquellen mit kleinräumigen Speicheranlagen und den Endnutzern verbinden kann. Unsere Flachdächer in den Großstädten sind zur Energiegewinnung bestens geeignet, und mit einem intelligenten System lassen sich viele Dächer so kombinieren, dass sie ein ganzes, herkömmliches Kraftwerk ersetzen. Wir interagieren als Nutzer mit diesem dezentralen System mit variierenden Preisen, statt einfach nur Leistung abzuholen und dafür zu bezahlen.

Die Zeit der großen Kraftwerke wäre dann endgültig vorbei. Wir würden weniger Energie verbrauchen, ohne auf zu viel Komfort verzichten zu müssen, und diese Energie effizienter und klimaschonender erzeugen. Ein *Smart Grid* arbeitet wie unser Gehirn, das viele unscheinbare Stoffwechselvorgänge in ein faszinierend funktionierendes großes Ganzes überträgt. Dafür braucht es zwar wiederum selbst Energie, aber verhilft uns zu einem System, das deutlich weniger verbraucht als unsere träge Neandertalversion, die auch in Jahrzehnten noch nicht klimaneutral wäre.

Was die Zahlen unseres Energiekonsums eindeutig zeigen: Auch wenn es positive Anzeichen gibt, von einer Energiewende sind wir weit entfernt. Wir leben bis heute weitestgehend von fossilen Energien; der Stromverbrauch ist da eher eine Ausnahme. Wünschenswert wäre eine Koalition der Vernunft, die über politische und wirtschaftliche Interessen hinwegarbeitet. Statt in Reizworte und Polemiken zu verfallen, sollten wir einen neuen gesellschaftlichen Konsens zur Frage finden, wie wir unseren Energiebedarf decken wollen. Der Kampf ist müßig, denn das übergeordnete Ziel ist deckungsgleich: gesund zu leben in einer Welt, die auch noch für spätere Generationen und für Menschen in bis jetzt noch benachteiligteren Teilen der Welt lebenswert ist.

Das Thema geht uns alle an, es ist die Zukunftsfrage unserer Gesellschaft. Zu hoffen, dass ein Donald Trump die US-Präsidentschaftswahl nicht gewinnt oder die homosexuellen Minderheiten in Russland endlich respektiert werden, und dabei auf der Autobahn in einem SUV mit importierter, fossiler Energie ins Büro zu pendeln, ist ein eklatanter Widerspruch. Das Problem ist jedoch, dass wir in unserer gegenwärtigen Infrastruktur gar nicht ohne solche Widersprüche durch den Tag kommen. Das Bewusstsein dafür zu schärfen wäre allerdings ein erster Schritt.

An der Energiefrage entscheidet sich, ob wir ein modernes Land in einem modernen Europa sind, das im *Green Deal* bis 2050 klimaneutral werden will, oder ein behäbiger, stinkender Lastwagen auf der langsamsten Spur. Wir müssen Wachstum und Wohlstand mit der Wirklichkeit verbinden, in die wir uns hineinbewegen. Die Politik müht sich redlich, der Wandel muss sich aber auf einer ganz anderen Skala bewegen. Das Thema Energie ist komplex, und wichtig wird sein, es so zu diskutieren und zu erklären, dass Halbwahrheiten und offene Lügen keine Chance mehr haben.

Sauber ist besser als schmutzig. Wohlhabend ist besser als arm. Sicher ist besser als unsicher. Aus diesen drei einfachen Sätzen lässt sich ein Weg in die Zukunft ableiten, auf dem wir weder durch unsere Abhängigkeit von fossilen Brennstoffen Konflikte in anderen Teilen der Erde befeuern noch unseren eigenen Wohlstand durch einen verschleppten Strukturwandel gefährden, auch nicht weiter unsere Luft verpesten und die Welt dreckiger und wärmer machen.

Shame-Hauptdarsteller Fassbender, auch aus dem Tarantino-Film *Inglourious Basterds* bekannt, zählt übrigens nicht zu den Menschen, die Klimaschutz und schonenden Umgang mit Ressourcen als unsere größte Aufgabe betrachten: Er hat sich auf Autorennen verlegt und fuhr in der Ferrari Challenge mit, sitzt inzwischen in einem Porsche und hat als persönliches Ziel ausgegeben, am 24-Stunden-Rennen von Le Mans teilzunehmen. Dafür schämt er sich nicht, sondern dreht eine mehrteilige YouTube-Dokumentation.

Nicht jedes Vergnügen sollten wir aufgeben, ein Leben voller Angst und Scham hilft niemandem weiter. Aber nicht jedes Vergnügen muss sein, erst recht, wenn die Gleichung nicht aufgeht und die negativen Folgen mehr Menschen betreffen als vom positiven Gefühl profitieren. Das lernt letztlich auch Brandon im Film.

8/
Wie
wir
uns
fortbewegen

Als Kind las ich gerne in den alten Bänden von *Das Neue Universum*, die bei uns auf dem Dachboden lagen, noch aus der Jugendzeit meines Vaters. Damals, in den 1950er- und 1960er-Jahren, zeichneten die Autoren visionäre Bilder mit Raketen, Flugtaxis, Autobahnen auf mehreren Ebenen und Hochgeschwindigkeitszügen, die schneller fahren sollten als der Schall. Es war die Zeit der Zukunftsutopien, ausgelöst durch die Technisierung des Alltags und den zunehmenden Wohlstand nach den entbehrungsreichen Kriegsjahren. Das alles werde spätestens, so stand es in den Begleittexten, im Jahr 2000 Realität sein. Als ich die Bände las, war das in den späten 1980er-Jahren. Ich war jung, und das Jahr 2000 lag in unwirklich weiter Entfernung.

Wenn ich in den vergangenen Jahren auf einer der vielen Digital- und Zukunftskonferenzen war, die jemand wie ich besuchen musste, um sich als Trendsetter fühlen zu dürfen und andere Trendsetter zu treffen, erinnerte ich mich regelmäßig an diese Bücher auf dem heimischen Speicher. Themen wie autonomes Fahren, Weltraumtourismus oder Velocopter ließen gefühlt, mit zwei oder drei Jahrzehnten Verspätung, die damalige Zukunftsvision bald Wirklichkeit werden. Nach Konferenzende wartete ich dann auf einem zugigen Bahngleis auf einen modern aussehenden, aber verspätet eintreffenden ICE, um in Hitze und dichtem Gedränge nach Hause zu fahren, oder setzte mich in ein muffiges, manchmal auch schmutziges, in jedem Fall ziemlich analoges Taxi, um den Heimflug in einer Maschine zu erwischen, die schon im Einsatz war, als ich den *Universum*-Band in der Hand hielt.

Wie wir gesehen haben, hat die Corona-Krise die Digitalisierung und Modernisierung in Wirtschaft und Verwaltung enorm beschleunigt. Wir arbeiten anders, unser Strom ist umweltfreundlicher geworden, die Schulen verändern sich schneller als gedacht. Naheliegend also, dass in einem Reboot endlich jene rasanten, zugleich nachhaltigen und wirtschaftlichen Fortbewegungsmittel ihren Durchbruch feiern sollten, die lange schon in Zukunftsvisionen einen Platz haben, das Solarflugzeug zum Beispiel. In Sachen Mobilität besetzten im Corona-Sommer aber nicht digital vernetzte Scooter oder die neueste Generation Elektroautos die Schlagzeilen, Flugtaxis auch nicht, sondern ein Verkehrsmittel, das in den *Universum*-Büchern meines Vaters nicht auftauchte, oder zumindest nicht, wenn es um die Zukunft ging: das Fahrrad.

Wenn es ein Verkehrsmittel gibt, das als Gewinner der Corona-Krise gelten darf, dann ist es jenes muskelbetriebene Gefährt, dessen Tretkurbel der Schweinfurter Orgelbauer Philipp Moritz Fischer in der Mitte des 19. Jahrhunderts erfand, um auf zwei miteinander verbundenen Rädern durch Unterfranken zu fahren und mehr Orgeln in kürzerer Zeit warten zu können. Erst später kamen Speichenräder, Rollenkette, Gummireifen und Gangschaltung hinzu – aber auch diese Elemente unseres heutigen Fahrrads sind deutlich älter als 100 Jahre. Die ersten vollständigen Fahrräder wurden schnell wieder verboten, da die Kollisionsgefahr mit Fußgängern als zu groß erschien. Bevor das Fahrrad sich in den Städten verbreiten konnte, kam das Automobil, und das sollte Vorrang haben.

Bis dann Corona kam. Im Sommer 2020 waren nahezu alle Gattungen, vom Kinderfahrrad bis zum Straßenflitzer oder hochgerüsteten Mountainbike mit Batterieantrieb, in Europa weitgehend ausverkauft. Wer ein Fahrradgeschäft besaß, konnte sich vor Nachfrage kaum retten und musste viele potenzielle Kunden enttäuschen, wenn er nicht schon im vorherigen Winter optimistisch geplant und reichlich Rahmen, Räder und Ersatzteile bestellt hatte. Noch nie wurden in einem Monat in Deutschland so viele Fahrräder verkauft wie im Mai 2020. Im ersten Halbjahr waren es, trotz des zeitweisen Lockdowns, insgesamt mehr als drei Millionen, davon eine Million mit Batterie – und das zu einem Durchschnittspreis von rund 1000 Euro.[101]

»Bei keiner anderen Erfindung ist das Nützliche mit dem Angenehmen so innig verbunden wie beim Fahrrad«, wusste schon Adam Opel aus Rüsselsheim, wo er vor 150 Jahren die größte deutsche Fahrradfabrik betrieb. Heute laufen dort bekanntermaßen Autos vom Band. Für Opels Nachfahren könnte es ein verlockender Gedanke sein, die Zeit zurückzudrehen. Die Stückzahlen ihrer Autos schrumpfen nämlich seit Jahren und im Verlauf der Corona-Krise erst recht: In Deutschland wurden von Januar bis September knapp 100 000 Opel zugelassen. Der Marktanteil in ganz Europa sank im Vergleich zum Vorjahr fast um die Hälfte.[102] Vor den Fahrrädern stellte Opel übrigens Nähmaschinen her. Auch die waren im Corona-Jahr meistens ausverkauft.[103]

Als ich in Berlin arbeitete, in meinem Journalistenbüro in der Französischen Straße, musste ich oft die Friedrichstraße hinaufoder hinunterfahren zu den Büros von Parteien, Gewerkschaften oder Verbänden. Schon damals staute sich der Verkehr tagsüber oft, ein Taxi zu nehmen war nicht sinnvoll. Für Fahrräder war bei zweispurigem Autoverkehr, Parkplätzen auf beiden Seiten und breiten Gehwegen auch wenig Platz. Sich durch den Verkehr zu schlängeln, war gefährlich, und ein Sturz ein paar Straßen weiter in Mitte, der mich im Krankenwagen in die Charité bringen sollte, lehrte mich eine gewisse Vorsicht. Zu Fuß zu gehen oder bei schlechtem Wetter eine Station mit der U-Bahn zu fahren, waren die Alternativen, die ernsthaft zur Auswahl standen. Einmal musste ich Angela Merkel ausweichen, die im Feinkostgeschäft Butter Lindner etwas besorgen wollte.

Die Friedrichstraße in ihrem temporären Auftritt als Fahrrad- und Flaniermeile zu sehen, erfreut mich – auch wenn es nur ein zentraler Abschnitt von ihr ist. Ich habe nicht grundsätzlich etwas gegen Autos, fahre aber sehr gerne Fahrrad. Außerdem bin ich fest davon überzeugt, dass unsere Innenstädte lebenswerter werden, wenn wir sie den Menschen zurückgeben, die eben nicht hinter Windschutzscheiben ihr eigenes Leben führen, sondern Lust auf Begegnung, einen spontanen Kaffee, einen ungestörten Einkauf haben – auch außerhalb von Fußgängerzonen.

Das Experiment in der Friedrichstraße geriet zunächst in die Kritik, weil angeblich die Kunden in den Geschäften ausblieben. Ich schlage die These vor, dass dies auch an den Geschäften selbst liegt, die größtenteils anonyme, internationale Designerware zu überhöhten Preisen anbieten. Vielleicht fehlten weniger die Autos als die internationalen Reisenden, und die Zahlen hätten ohne temporäre Fußgängerzone nicht anders ausgesehen. Das räumte der Besitzer eines Kaufhauses dann auch ein. Im mittleren Abschnitt der Friedrichstraße waren die typischen Berlinerinnen und Berliner jedenfalls auch schon früher eher selten beim Einkaufen anzutreffen.

Überhaupt nur die Hälfte aller Berliner Haushalte besitzt ein Auto. Eine Initiative will bis Herbst 2021 ein Volksbegehren einleiten, das den individuellen Autoverkehr weitestgehend aus der Innenstadt innerhalb des S-Bahn-Bereichs verbannen soll.[104] Öffentlicher Streit ist vorprogrammiert, die Fronten verhärten sich. Auch wenn es in Berlin vermutlich anders aussieht: In einer repräsentativen Umfrage sagten im Oktober 2020 mehr als die Hälfte der Deutschen, dass die Innenstädte nicht autofrei werden sollten.[105] Allerdings ist die Akzeptanz autofreier Zonen in den letzten Jahren deutlich gestiegen, und betrachten wir die Daten genauer, sind insbesondere die jüngeren Altersgruppen überwiegend für einen Tausch von Autos gegen Lebensfläche.

In der Kleinstadt, in der ich zum Teil aufgewachsen bin, gab es ähnliche Proteste, als der Marktplatz umgebaut werden sollte, der zu einem Parkplatz verkommen war. Eine Untersuchung sollte dazu beitragen, die Diskussion zu versachlichen. Dabei kam heraus, dass die Parkplätze direkt vor den Geschäften größtenteils gar nicht von Kunden, sondern von den Angestellten genutzt wurden. Vielleicht sind es andere Geschäfte, in denen Rad fahrende Kunden einkaufen, als diejenigen, deren Kundschaft direkt vor der Tür parken will – sofern die Stellplätze nicht schon blockiert sind? Wenn ja, dürften es keine schlechteren sein als jene, die wir heute in einer typischen Großstadt-Einkaufsstraße sehen.

Die neue Unordnung auf der Friedrichstraße wird immerhin mit Verkehrsschildern und teils Polizeikontrollen geordnet, die überprüfen, dass kein Radfahrer die vorgeschriebene Höchstgeschwindigkeit von 20 Stundenkilometern überschreitet. Die Fahrradstraße in der Hauptstadt ist ein Anfang, andere Städte sind aber deutlich weiter: Während Berlin seinen Testlauf startete, entschied die Bürgermeisterin von Paris, Anne Hidalgo, die nach dem Lockdown für Radfahrer freigeräumten Straßenabschnitte dauerhaft so zu belassen. Eine der berühmtesten Straßen der Stadt, die von Napoleon geplante Rue de Rivoli, bleibt Fahrrädern, Bussen und Taxis vorbehalten, und zwar nicht wie in Berlin auf 500 Metern, sondern auf der kompletten Strecke vom Louvre bis zum Place de la Concorde. In Barcelona wird eine Superilla nach der anderen errichtet, bunt gestaltete Kreuzungen, auf denen Fahrräder, Fußgänger und spielende Kinder Vorrang vor den wenigen Autos haben.

Wir könnten es als Ironie sehen, dass die Pandemie in vielen Bereichen Technologie und Digitalisierung befördert hat, in Innenstädten dagegen inzwischen nicht mehr motorisierte und technisch modern ausgestattete Fahrzeuge den Vorrang haben sollen, sondern das Fahrrad. Doch ist das ein Rückschritt?

Im Gegenteil. Jener Teil unserer gesellschaftlichen Festplatte, auf der das Thema Mobilität angelegt ist, wird sich im Reboot verändern. Der Erfolg des Fahrrads wird bleiben, weil es schnell bei der Hand ist und sparsam sowieso. Sicherer wird es auch, wenn die Verkehrsplaner ihm ausreichend Platz einräumen: Noch ist die Zahl der Unfälle viel zu hoch, jeden Tag stirbt in Deutschland im Schnitt mindestens ein Radfahrer. Eine Kollision mit einem Auto ist die häufigste Unfallursache.

In den Städten dürften Fahrradstraßen der einzige Weg sein, einen Verkehrskollaps dauerhaft zu vermeiden. Auch im Sommer, zwischen erster und zweiter Corona-Welle, zeigte eine Umfrage des Instituts für Verkehrsforschung, dass Fahrrad und Privatauto die einzigen Verkehrsmittel waren, die das Reisegefühl der Menschen verbessern halfen. Bahn, öffentlichem Nahverkehr und Flugzeug bescheinigte fast die Hälfte der Befragten, dass sie sich damit jeweils unwohler oder deutlich unwohler fühlten.[106]

Wie wir uns fortbewegen, wird, das haben wir im vorherigen Kapitel gesehen, entscheidend dafür sein, ob wir den Klimawandel bremsen können. Weniger Schnee und Eis im Winter sind zwar für Radfahrer besser, aber lieber gehen wir auch einmal zu Fuß und genießen die Kälte. Im Herbst vor der Pandemie hatten wir zu einer Afterwork-Veranstaltung bei uns in der Firma eingeladen, die kostenlosen Tickets waren schnell reserviert. Das Thema war *New Urban Mobility*. Freunde und Freundinnen kamen, Kunden und Kollegen von Partnerfirmen. Die aufregendsten Gäste waren Vertreter eines Ingenieurteams der Technischen Universität München, das mehrere Jahre in Folge einen Wettbewerb in Kalifornien gewonnen hatte: Elon Musk lässt dort auf einer Teststrecke Modelle des Hochgeschwindigkeitszugs Hyperloop in kleinerem Maßstab, genannt *Pod*, gegeneinander antreten.

Das Gewinnervehikel selbst war im Konferenzraum aufgebaut. Die ganze Abendgesellschaft näherte sich ihm respektvoll, aus Sorge, dieses Wunderzugmodell zu beschädigen, bis wir erfuhren, dass die Steuerungseinheit ausgebaut war. Wann ein solcher Zug mit Schallgeschwindigkeit in Kalifornien oder anderswo in ganzer Größe unterwegs sein werde, das wollten die Ingenieure des Teams nicht prognostizieren. Jedenfalls seien die Schienen auf der Laborstrecke in München gerader als in Kalifornien: »Da gibt es bis heute einen Unterschied zwischen deutscher und amerikanischer Qualitätsarbeit.«

Die Vision allerdings, die kommt nicht von uns – vorne dran zu sein in Sachen Mobilität, diese Rolle hat Deutschland irgendwann im letzten Jahrhundert schleichend aufgegeben. Unsere Autos waren einfach zu erfolgreich, um Mobilität konsequent neu zu denken, und sind es auf dem Weltmarkt bis heute: Anders als Opel in Deutschland und Europa durften sich die Luxushersteller schon im Sommer 2020 wieder über steigenden Absatz freuen, vor allem in China.

In der Lounge, dem größten Raum im Nunatak-Büro, stand an jenem Abend ebenfalls ein Exemplar der neuen Generation eines Elektroroller-Verleihers: Bessere Akkuleistung und längere Haltbarkeit von Reifen und Bremsen versprach der Manager einer der Firmen, die seit dem Sommer 2019 ihre Fahrgeräte in den Innenstädten verteilt hatten. Es war der Sommer der Elektroroller. Ich selbst hatte große Freude, damit über die Straßen und Fahrradwege zu fahren, vor allem auf Dienstreisen, wenn mein Fahrrad nicht dabei war, oder auch in München, wenn ich im Hochsommer nicht verschwitzt bei einem Termin ankommen wollte.

Die Elektroroller vermitteln ein Gefühl der Freiheit, so als surfe man durch die Innenstadt, ein gewisses Risiko eingeschlossen. Ein befreundeter Chirurg erzählte mir, dass anfangs mindestens ein Rollerfahrer am Tag in der Notaufnahme landete. Bald sollten die ersten Anbieter ihre Roller mit kleinen Boxen ausstatten, in denen Helme aufbewahrt sind. Die Zahl an Unfällen war nach der Häufung in der ersten Zeit gering – für das erste Quartal 2020 meldete das Statistische Bundesamt beispielsweise 251 Unfälle in Deutschland mit 39 schwerer verletzten Menschen und einem Todesopfer.

Wir hatten gemeinsam mit einem Meinungsforschungsinstitut eine Umfrage erstellt, welche Anbieter bei den Nutzern bekannt sind und wofür die Roller genutzt werden. Das Ergebnis: Jeder Fünfte aus der jüngeren Generation nutzte Elektroroller regelmäßig, und davon jeder Vierte wiederum mehrmals die Woche; bei den unter 25-Jährigen hatte sich laut der Umfrage sogar knapp die Hälfte einen Account bei einem der fünf gängigen Betreiber angelegt. Innerhalb weniger Monate wurden die Elektroroller häufiger genutzt als Carsharing- oder Bikesharing-Angebote. Nach ihrer Motivation gefragt, nannten die Elektroroller-Fahrerinnen und -Fahrer am häufigsten das Fahrvergnügen, als Nächstes die Flexibilität und Umweltschutz.[107]

Der letzte Punkt stand im Widerspruch zur Antwort auf die Frage, wie die Nutzer ans Ziel gekommen wären, wenn sie keinen E-Scooter genommen hätten: Am häufigsten genannt wurde der öffentliche Nahverkehr, dann ein Fußmarsch und das eigene Fahrrad. Danach folgten das eigene Fahrzeug oder das Taxi. Wie selbst der E-Scooter-Manager einräumte: Neben der Batterieladung verursachen Elektroroller indirekt Abgase, weil sie nachts von Lieferwagen eingesammelt werden, um sie aufzuladen, und wieder neu verteilt werden. Dazu kommt, dass die Lebensdauer eines viel genutzten Scooters nur wenige Monate beträgt, wenn überhaupt, dann kommt er auf die Halde. Die Akkus wiederum enthalten giftige Rohstoffe wie Lithium, deren Abbau nicht nur umweltschädlich ist, sondern auch in ärmeren Staaten meist unter menschenunwürdigen Bedingungen geschieht.

Also keine nachhaltige Revolution der Mobilität, sondern eher Spaßgeräte, die gefährlich, alles andere als umweltschonend und auch gar nicht so billig sind? Das wäre ungerecht, denn gezielt aufgestellt an U-Bahn-Stationen machen Elektroroller, genauso wie Leihfahrräder, den öffentlichen Nahverkehr attraktiver – und stellen, insbesondere in Pandemiezeiten, eine Alternative für jene dar, die U-Bahnen oder Straßenbahnen eher meiden. Technisch verbessert, sollten sie länger halten. Wenn sich Autofahrer und Radfahrer an sie gewöhnt haben, gibt es weniger Ärger auf der Straße. Und mit Ökostrom geladen und mit Wechselakkus ausgestattet, wie das bei einigen Modellen bereits ist, wären sie umweltfreundlicher unterwegs.

Corona haben die Roller überstanden. Anfang März 2020, im Kollegengespräch über ihre weitere Zukunft, hatte ich noch eine Prognose gewagt: »Das Geschäft ist vorbei.« Zu einem Zeitpunkt, als noch nicht klar war, ob das Virus durch die Luft oder vor allem durch Berührungen übertragen wird, schien es mir nicht vorstellbar, dass Menschen freiwillig an die Griffe eines Rollers fassen würden, den zuvor viele andere benutzt haben. Viele andere dachten das auch, und die Bewertungen der Rollerverleihfirmen rutschten in den Keller.[108] Der Scooter-Anbieter Bird entließ im April 406 Mitarbeiter, die seit zwei Wochen im Homeoffice waren, über einen Zoom-Call: zwei Minuten Sprechzeit einer unbekannten Stimme, keine Möglichkeit für Rückfragen, danach funktionierten die Computer der Betroffenen nicht mehr und ihnen wurden Boxen für die Rücksendung zugestellt.[109] Ein paar Tage später räumte der CEO ein, dass persönliche Gespräche besser gewesen wären.

Tatsächlich verschwanden die E-Scooter während des Lockdowns weitgehend von den Straßen. Mehrere Anbieter fusionierten oder mussten zu deutlich schlechteren Konditionen als zuvor Geld aufnehmen. Alle Sharing-Modelle, lange als die Lösung aller Verkehrsprobleme gelobt, hatten plötzlich eine schwere Zeit.[110] Sobald das öffentliche Leben im Sommer wieder in Schwung kam, waren aber auch die Elektroroller wieder da. Ihr schneller Erfolg ist auch auf die nutzerfreundlich umgesetzte Digitalisierung zurückzuführen: Es dauert nicht einmal eine Minute, sich ein Konto freizuschalten, danach nur wenige Sekunden, eine Fahrt zu starten. Navigationssysteme wie Google Maps zeigen inzwischen sogar optimierte Strecken und die Fahrtdauer für Roller an.

Die Scooter erwiesen sich dann als durchaus pandemietauglich, denn an der frischen Luft ist die Ansteckungsgefahr weit geringer als in Bus oder Trambahn. Die Rollerfahrten hängten schnell wieder die Zahl der Carsharing-Fahrten ab, die nicht nur wegen der nötigen Parkplatzsuche unattraktiver sind, sondern auch wegen der Aerosole, die Corona-Infizierte in der Innenluft der Leihautos hinterlassen könnten. Bei den deutschen Automobilkonzernen BMW und Daimler gelten die Tochterfirmen, die Mobilitätsservices wie geteilte Taxifahrten oder Carsharing anbieten, inzwischen eher als Belastung denn als gewinnträchtige Angebote für die Zukunft.

Was lernen wir aus dem Aufkommen der Elektroroller? Die Art und Weise, wie wir uns fortbewegen, wird individueller, beschleunigt durch die Corona-Krise und eine laufende Risikoabwägung. Wenn das Marketing und die Technik funktionieren, lange Genehmigungsprozesse überwunden sind, können sich neue Verkehrsformen schnell etablieren – vorausgesetzt die für die Nutzung erforderliche Infrastruktur steht bereit.

Bei unserem Afterwork-Abend hatten wir neben dem Hyperloop-Team und dem Elektroroller-Vertreter auch einen Gast, der Byton vertrat, einen in China beheimateten Hersteller von schicken Elektroautos. Die Fahrzeuge sollten im zweiten Halbjahr 2020 in Europa bestellt werden können. Dann kam die Pandemie, und dem finanziell gut ausgestatteten Unternehmen ging plötzlich die Luft aus. Elektromobilität ist kein Selbstläufer. Die deutschen Topmanager verließen Byton fluchtartig, die Firma stand kurz vor der Abwicklung, wurde dann aber in eine neue, chinesisch geführte Gesellschaft integriert.

Ganz anders bei Tesla: Weltweit verkaufte die Firma von Elon Musk zwischen Juli und September 2020 trotz der schwierigen wirtschaftlichen Lage jede Minute eines seiner drei rein elektrischen Modelle – insgesamt mehr als 150 000, ein neuer Rekord. Die Käufer der nicht gerade günstigen Fahrzeuge ließen sich vom Wirtschaftseinbruch nicht abschrecken. Das überrascht nicht, denn neben dem Fahrrad ist das Auto der Gewinner der Krise. In unsicheren Zeiten fühlt sich das eigene Fahrzeug am sichersten an, nicht nur, weil darin keine fremden Menschen sitzen. Daimler verkaufte im gleichen Zeitraum viermal so viele Autos wie Tesla, darunter nur ein geringer Anteil elektrisch angetrieben, und sogar mehr als im gleichen Zeitraum des Vorjahres. Jeder dritte Wagen ging nach China.

Wenn wir der Börse zutrauen, dass sie künftige Wachstumschancen abbildet, dann dürfte sich das Absatzverhältnis ändern: Tesla ist an der Börse, abhängig von Kursschwankungen, acht- bis zehnmal so viel wert wie Daimler und auch ein Mehrfaches aller deutschen Automobilhersteller zusammengerechnet. Die Wette auf die Zukunft wird offenbar nicht in Stuttgart, München, Wolfsburg oder Ingolstadt gewonnen: Der Einsatz scheint zu hoch, um beispielsweise eine Vorreiterrolle im Bereich autonomes Fahren zu spielen. Deutsche Ingenieure können Autos bauen, die Software dafür scheint nicht ihre Stärke zu sein. Google ist da deutlich weiter. Wir werden künftig in Elektroautos sitzen, die in deutschen Werken geschraubt wurden, gesteuert von Algorithmen aus dem Silicon Valley.

Noch leben wir aber in einer Automobilwelt, deren Technik aus dem vergangenen Jahrhundert stammt. Für einen umweltschonenden Verkehr bedeutet das eine neue Herausforderung: Auch wenn Elektroautos seit vielen Jahren die meisten Schlagzeilen bekommen und ihre Anbieter auf Afterwork-Veranstaltungen sprechen, spielen sie weiterhin eine mehr als untergeordnete Rolle. Der ADAC listete im Sommer 2020 zwar mehr als 30 in Deutschland verfügbare Modelle auf, vom Seat Mii für etwas mehr als 20 000 Euro bis zum Porsche Taycan, auch ohne Sonderausstattung nicht unter 100 000 Euro zu haben.

Insgesamt auf den Straßen unterwegs waren in Deutschland aber nicht mehr Elektroautos, als Tesla in einem Quartal weltweit verkauft, nämlich rund 150 000. Die Zahl der klassischen Fahrzeuge wirkt im Vergleich dazu absurd hoch, es sind mehr als 45 Millionen Stück. Auf einer typischen deutschen Autobahnbrücke müssten wir, statistisch gesehen, 300 konventionelle Fahrzeuge zählen, bis ein Elektroauto vorbeikommt.

Jedes hundertste wäre ein Hybridmodell, allerdings angeschoben durch eine staatliche Förderung, die unabhängig davon gezahlt wird, ob und wie intensiv der Elektromotor, der das Gewicht zusätzlich erhöht, wirklich genutzt wird. Wir sind also weit entfernt von einem Durchbruch in Richtung Elektromobilität. Nachhaltig wäre dieser dann, wenn ein noch höherer Anteil des Stroms aus erneuerbaren Energien kommt. Wir laufen sonst Gefahr, dass sich in Sachen Emissionen ein Nullsummenspiel ergibt – wenn auch mit dem Vorteil von weniger Lärm und direkten Abgasen.

Da ein harter Wechsel von konventionellen auf andere Antriebsformen, auch Wasserstoffantriebe könnten sich durchsetzen, nicht denkbar ist, bedeutet jedes Elektroauto heute einen Fortschritt, auch wenn manche Aussagen anderes glauben lassen. Anders gesagt: Jedes Elektroauto, das auf unseren Straßen fährt oder steht, wird ohne eigenes Zutun umweltfreundlicher, weil sich der Strommix weiter verändert. Und das geschieht, wie wir oben gesehen haben – die Hälfte unseres Stroms speiste sich im Corona-Jahr bereits aus Wind, Sonne oder Wasserkraft. Darüber hinaus sollten die Autos auch über intelligente Stationen geladen werden, die dann laufen, wenn Überschuss im Netz entsteht, beispielsweise tagsüber in der Firmengarage oder am frühen Morgen zu Hause.

Ein heute gekauftes Benzin- oder Dieselfahrzeug wiederum ist auf Lebenszeit genau auf diese fossilen Kraftstoffe angewiesen. Was nicht heißt, dass ein Wechsel zwingend geboten wäre, erst recht nicht für Fahrzeugbesitzer, die sehr wenig fahren. In solchen Fällen lässt der Energieaufwand und Schadstoffausstoß für die Herstellung und spätere Entsorgung eines Elektroautos die Ökobilanz nämlich ganz schnell ins Negative kippen. Wie lange der Wandel dauern kann, habe ich selbst erlebt: Als Redakteur einer Schülerzeitung bin ich im Jahr 1994 nach Stuttgart zu Daimler gefahren, wo uns Ingenieure den Prototyp eines Brennstoffzellenfahrzeugs gezeigt haben. 20 Jahre später kam das erste Serienfahrzeug auf den Markt, in dem Wasserstoff in einer solchen Zelle in Strom für den Antrieb umgewandelt wird. Allerdings kein Mercedes – sondern ein schicker Toyota namens Mirai.

Für die ganze Welt produziert Toyota rund 30 000 Mirais im Jahr. Für Wasserstoff gilt dabei erst recht – solange der Strom für die Elektrolyse, bei der Wasser in Wasserstoff und Sauerstoff zerlegt wird, aus konventionellen Energiequellen kommt, ist für die Umwelt nichts gewonnen. Aus diesen und anderen Zahlen lässt sich ablesen, dass der Schub für das Privatauto durch Corona unsere Energiebilanz in jedem Fall belasten und den Ausstoß von Treibhausgasen erhöhen wird. Der Staat kann die Menschen nicht dazu zwingen, auf ihre Autos zu verzichten. Die Menschen in Berlin sind fortschrittlich und mit recht wenig Autos unterwegs, eine Familie auf dem Land würde ohne Auto nicht funktionieren. Wir werden uns, auch nach dem zweiten Lockdown, wieder mehr fortbewegen, und das eben auch oder sogar häufiger mit dem Auto.

Ähnlich wie beim Thema Energie gilt auch bei der Fortbewegung, dass mehr Information wichtig ist, um bewusste Entscheidungen zu treffen. Wir sollten unsere Strecken nicht nur nach Länge und Dauer messen, sondern auch den geschätzten Energieverbrauch oder, umgerechnet, die verbrauchten Schadstoffe kenntlich machen. Einfach nur, um zu wissen, welche Kosten wir wirklich verursachen, und nicht nur jene zu spüren, die direkt Geldbeutel oder Kreditkartenabrechnung belasten.

Wir sollten einen Koeffizienten erstellen und verbreiten, der Länge und Dauer einer Fahrt von Düsseldorf nach Hannover angibt und auf Basis dieser Daten ein Verkehrsmittel empfiehlt, die erforderliche Energie und den zum geplanten Reisedatum verfügbaren Strommix anzeigt; beim eigenen Auto müssen außerdem der Wertverlust pro gefahrenen Kilometer und der Verschleiß einberechnet werden.

Der Staat wiederum könnte auf sein altbekanntes Instrumentarium zurückgreifen und steuerliche Anreize für die jeweils ressourcenschonendere Fortbewegungsform setzen. Eine höhere Steuer für Kraftfahrzeuge, dafür gar keine Umsatzsteuer mehr auf Bahntickets, das wären erste Ansätze in die richtige Richtung. Auch sollten die Fahrpreise bei der Deutschen Bahn weiter subventioniert werden, damit auch für eine Familie oder ein paar Freunde auf Wochenendtour die Reise auf der Schiene immer die günstigste, nicht die teuerste Variante ist. Die hohen Verluste der Bahn waren im Corona-Jahr nicht nur der geringeren Zahl an Fahrgästen, sondern auch durch Abschreibungen auf Auslandstöchter verursacht, die bald Geschichte sein sollen.

Denkbar wäre ein von Deutscher Bahn und Nahverkehrsbetrieben gemeinsam entwickeltes Abonnement, für einen monatlichen oder jährlichen Betrag alle Strecken, vom Dorfbahnhof bis zur U-Bahn-Haltestelle, nutzen zu können. Und um die berühmte letzte Meile zurückzulegen, stehen Leihfahrräder mit und ohne Batterie oder Elektroroller bereit. Eine Variante dieses Multitickets ist auf Stadtbewohner ausgelegt, nennen wir sie Bronze. Die Silbervariante, etwas teurer, richtet sich an Pendler. Die Goldvariante wiederum beinhaltet Fernstrecken und rentiert sich, wenn mindestens zehnmal im Jahr zwischen zwei großen Städten hin- und hergefahren werden muss.

Eine solche Lösung aus einem Gesprächskreis der einzelnen Firmen mit ihren öffentlichen Eigentümerstrukturen heraus zu entwickeln, dürfte noch erheblich schwieriger sein, als gemeinsame landesweite Corona-Regeln durchzusetzen. Warum also nicht ein Start-up aufsetzen, das sich selbst und den Bahn- und Verkehrsgesellschaften gehört und genau solche Produkte entwickelt, in einem unternehmerischen Set-up, ohne starre Regeln? Inklusive eines Bonusprogramms für jeden Multiticketbesitzer – günstigere Sandwiches in einer Bio-Bahnhofsbäckerei, Audiobooks für die nächste längere Bahnfahrt, eine Fahrt im Wasserstofftaxi mit Ökostromversorgung, bei Regen oder spätabends vom Bahnhof nach Hause. Familienabos sind vergünstigt und auch Weiterempfehlungen bringen Punkte. Wer mehr als 20 Minuten auf seinen ICE oder den Pendlerzug warten musste, kriegt einen Bonus.

Ein gutes Gewissen zu haben, ist eine wichtige Belohnung. Aber das reicht nur für einzelne Momente aus. Dauerhafter gefühlter Verzicht oder höherer Aufwand fällt uns schwer, wenn wir keine Freude dabei empfinden oder zumindest einen Status erreichen, der uns sichtbar von unseren Mitmenschen unterscheidet. Ein Besitzer des Multitickets sollte sich fühlen dürfen wie der Statusgast einer Fluggesellschaft. Wenn es als Prinzip funktioniert, dass derjenige, der den größten Schadstoffausstoß produziert, Privilegien erhält, sollte dann dieses Prinzip nicht umgekehrt noch besser funktionieren?

Für eine Verkehrswende sollten wir Mobilität nach Segmenten betrachten. Die Bewegungsmuster im Frankfurter Bankenviertel haben mit denen auf der Insel Hiddensee oder in der Eifel recht wenig zu tun. Wer dort unterwegs ist, hat jeweils unterschiedliche Bedürfnisse. Das Multiticket sollte aber grundsätzlich für alle relevant sein, und selbst wer kein Abonnement kauft, kann Punkte erwerben, nutzen und verschenken, wenn er beispielsweise mit dem Nachbarn zum Einkaufen fährt, der sich als *Shared*

Driver bei der App angemeldet hat. Gewiss, es ist ein weiter Weg dorthin, aber er ist machbar, vorausgesetzt die Regulierung wird angepasst: keine Verkehrsmonopole mehr für einzelne Gewerbe wie Taxis, aber auch ein Mindestschutz davor, dass das lokale Verkehrsgeschäft von Tech-Giganten gesteuert wird.

Durch Verzicht schaffen wir es nicht, in begrenzter Zeit den Anteil des Verkehrs, der auf Energie aus fossilen Brennstoffen angewiesen ist, spürbar zu reduzieren. Die Flughäfen waren auch im zweiten Lockdown wieder leer, die Eröffnung des neuen Hauptstadtflughafens in Berlin zwei Tage vor dessen offiziellem Beginn erweckte geradezu Mitleid. Aber auch die Zahl an Flügen wird wieder steigen, mit etwas Abstand zur Pandemie. Wir haben gesehen, dass nur einer von fünf Kilometern in unserem täglichen Verkehr durch saubere Antriebe ermöglicht wird. Das zu ändern, ist nur ein Ziel. Ein anderes ist die Steigerung der Lebensqualität von Städten wie beispielsweise durch die Einrichtung von Fahrradstraßen, auch in Kleinstädten und der weiteren Umgebung.

Bei der Infrastruktur geht es nicht nur um die tatsächliche, sondern vor allem auch um die gefühlte Sicherheit. Jeder Vater, jede Mutter würde ihr Kind beruhigter mit dem Fahrrad in die Schule fahren lassen, wenn es auf durchgehend geschützten Fahrradstreifen mit Vorfahrt unterwegs wäre, auf denen es ausreichend Spiegel gegen die toten Winkel gibt. Der belastende Kurzstreckenverkehr am Morgen in kleineren und größeren Städten wäre sofort reduziert.

Dass wir das Verkehrsleben den Lieferanten oder Paketdiensten in ihren Großtransportern leichter machen als unserem Nachwuchs, ist absurd. Auch auf dem Land lassen sich die Bewegungsmuster ändern – warum nicht am Rand des nächsten größeren Orts eine Park-and-ride-Anlage errichten für den Umstieg auf ein geliehenes Fahrrad mit oder ohne Batterie? Warum kann nicht auch im ländlich geprägten Raum das Fahrrad zum Symbol des Reboots werden, der unsere kleinen und großen

Städte wieder zu beliebten Treffpunkten macht, mit ausreichend Raum für Familien, Konzerte und Marktstände, nicht nur, wenn Markttag ist?

Wie also sieht unsere Zukunft aus? Wieder mehr wie die Vergangenheit, als deutlich weniger Autos und mehr Fahrräder das Straßenbild prägten? Es wäre kein Rückschritt, sondern ein Fortschritt. Elektroroller gab es in unseren Städten, wenn auch vereinzelt, schon vor mehr als 100 Jahren, und auch bei Kraftfahrzeugen war der Elektroantrieb lange vor dem sich erst später durchsetzenden Verbrennungsmotor eingeführt. Als ich an diesem Buch schrieb, entdeckte ich zufällig, dass ein renommierter Münchner Verlag die Jahrbuch-Serie *Das Neue Universum* wieder auflegt. Auf dem vorab veröffentlichten Titelbild sind Flugtaxis und Roboter abgebildet, Rennpferde und etwas, das wie futuristische Architektur aussieht. Was ich nicht entdeckte, war ein Fahrrad.

9/
Wie wir denken und fühlen

Ein Computersystem besteht nicht nur aus Platinen, Plastik und Prozessoren. Es hat einen individuellen Charakter, den es durch die persönliche Nutzung bekommt. Keine Festplatte gleicht der anderen, weder was ihren aktuellen Inhalt noch die Spuren längst gelöschter Dateien betrifft. Viele Menschen sprechen mit ihrem Computer, wenn er einmal nicht funktioniert. Wir haben noch einen Moment Geduld mit ihm, dann werden wir wütend, wenn ein Programm einfriert und ein Neustart erforderlich wird. Wir verzieren sie mit Aufklebern, kleiden sie in Hüllen, schließen eine Art Freundschaft mit ihnen. Oder ist es Hassliebe?

Unsere Geräte wecken Emotionen in uns. Steve Jobs hat das verstanden, und das auszunutzen, liegt dem Erfolg seiner Software und Hardware zugrunde, aus dem seine Nachfolger und Nachahmer gelernt haben. Diese emotionale Reaktion können wir kaum vermeiden, auch wenn wir zu den aufgeklärten Menschen zählen, die es schaffen, für den Spaziergang ihr Smartphone zu

Hause zu lassen. Was wir selten tun, mich eingeschlossen, denn wir könnten einen Schnappschuss einer schemenhaft beleuchteten Straßenecke oder eines herbstlich-bunten Ahornbaums im Stadtpark verpassen – und damit etliche Likes auf Instagram.

Die Geräte setzen uns auch unter Druck. Ein großer Stressfaktor in meinem Leben ist die Akkuanzeige des iPhones. Und das nicht nur an einem Arbeitstag, sondern auch beim Navigieren auf einer Bergtour oder bei einer Reise in einer fremden Stadt, in der ich ohne Google Maps und Google Translate meine Neugier nicht ausreichend befriedigen könnte. Das geht übrigens vielen Menschen so: Schon seit Jahren kursiert die Geschichte eines Zuschauers in einer New Yorker Theateraufführung, der aufstand, um sein Handy an einer Steckdose am Rande der Bühne zu laden. Sie gehörte allerdings zum Bühnenbild und war nicht funktionsfähig. Nomophobia ist der Begriff für die Angst vor einem leeren Akku, *no mobile phone phobia*.

Keine Sorge – ich werde hier nicht in antidigitale Zivilisationskritik abgleiten. Von der gibt es schon genug, und wenig stichhaltig ist sie zudem. Der Mehrwert unserer digitalen Tools im Alltag ist enorm. Smartphones verbinden Daten und Technologie und ermöglichen damit, wie wir bis hierher schon gesehen haben, Fortschritt in Bereichen, von denen unsere Zukunft abhängt. Die Funktionen werden sich in den nächsten Jahren von den Geräten lösen, was die Störung unseres Alltags durch sie reduziert. Schon die heutigen Versionen haben einen Abschaltknopf, den wir, wenn wir sie nicht brauchen, auch bedienen sollten. Sofort erhöht sich unser Bewusstsein für die Gegenwart.

Mir geht es um etwas, das keinen Abschaltknopf hat: unser Gehirn, unsere Hormone, unser Herz, unser Bauchgefühl im Zusammenspiel. Sie brauchen keinen Strom, um aufgeladen zu werden. Wir erhalten keine Push-Mitteilung, dass ein Update erforderlich ist. Wenn wir einer bewusst falsch gestreuten Nachricht oder einer unterschwelligen Werbebotschaft ausgesetzt werden, erhalten wir keine Warnung, dass der Inhalt unsicher ist oder uns Geld kosten könnte. Und doch ist das komplexe Zusammenspiel zwischen unserem Denken und unserem Fühlen auf der Grundlage von Botenstoffen der Technik weit überlegen. Zu verstehen, wie es über unser Handeln entscheidet, hilft bei der Bewältigung von Krisen enorm – ein Ansatz, den Verhaltenspsychologen mit ihren Patienten nutzen.

Wie wird Technik dieses Zusammenspiel beeinflussen, und was bedeutet das für einen Reboot? Was wir künstliche Intelligenz nennen, ist unter anderem die Fähigkeit von Maschinen, sich ihre eigenen Regeln und Verhaltensweisen zu geben oder Muster in einem Tempo zu erfassen, mit dem längst kein menschliches Gehirn mehr Schritt halten kann. Wie wir aus eigener Erfahrung wissen, ist unsere Realität aber nicht nur durch unser Denken geprägt, sondern durch dessen Verbindung mit unseren Emotionen. Ein Defizit an emotionaler Intelligenz kann deutlich nachteiliger für einen Menschen und sein Umfeld sein, als sich im mittleren oder unterdurchschnittlichen Bereich klassisch definierter rationaler Intelligenz zu bewegen.

Die Hirnforschung hat in den vergangenen Jahren bekanntermaßen enorme Fortschritte gemacht, auch wenn sie längst noch nicht alle Mechanismen verstanden hat. Während ich dieses Buch schrieb, führte Tesla-Gründer Elon Musk drei Schweine vor, die von Chirurgen einen Chip seiner Firma Neuralink implantiert bekommen hatten. Künftig sollten das Operationsroboter übernehmen. Bei der Demo sendete eines der Schweine mit dem Namen Gertrude über diesen Chip, den es bereits seit zwei Monaten trug, neuronale Signale auf einen Bildschirm. Solche Implantate – Fäden, zehnmal dünner als menschliches Haar – sollen Hirnverletzungen und Traumata direkt im Gewebe heilen können.

»Ich könnte jetzt schon einen Chip in meinem Hirn haben, und keiner würde es merken«, sagte Musk. »Sie können morgens ins Krankenhaus gehen und nachmittags wieder raus, sogar ohne

Vollnarkose.« In der Video-Demo ist an späterer Stelle Gertrude auf einem Laufband zu sehen. Die Daten aus dem Chip ermöglichten es, die jeweils nächste Bewegung von Gertrude vorherzusagen.[111] Hieraus ließe sich nun eine Dystopie der totalen Kontrolle durch äußere Instanzen ableiten. Es ließe sich aber auch die Perspektive eines ungeheuren medizinischen Fortschritts damit verbinden, der Menschen mit psychischen Erkrankungen zu einem weitestgehend normalen Leben verhilft. Aber nicht nur ihnen: Europäische Firmen wie BIOS in Großbritannien, MindMaze in der Schweiz oder CereGate aus München arbeiten an ähnlichen Technologien. Menschen mit Lähmungen könnten künftig zeichnen. Was ich hier schreibe, müsste ich nicht mühsam an eine Tastatur übertragen, sondern es würde direkt aus meinem Kopf in einen Datensatz aus Buchstaben umgewandelt.

Werden wir künftig also auch unser Hirn rebooten können? Der aus Südafrika stammende Musk wirkt im Video überzeugend, entspannt und glaubwürdig. Warum auch nicht? Wer Raketen ins Weltall schießt, die Automobilindustrie auf den Kopf stellt, ein digitales Bezahlsystem geschaffen und ein Vermögen, inklusive Aktien, von rund 100 Milliarden Dollar hat, sollte auch allen Grund haben, gelassen zu sein. Doch es gab in seinem Leben auch andere Momente. Er weinte vor laufender Kamera, weil er überlastet sei, nicht schlafen könne, und rauchte einen Joint dazu.

Vor einigen Jahren habe ich bei einer Psychologin in München, deren Coaching-Angebot ich regelmäßig nutze, einen sogenannten »Antreibertest« gemacht. Dieser Test stützt sich auf die Transaktionsanalyse, eine etablierte psychologische Methode, die einem positiven Menschenbild folgt: Wir alle sind fähig, uns selbst zu beobachten und zu steuern, wie wir uns verhalten und kommunizieren, und welche Folgen wir damit auslösen. Das Ziel: Wir sollten versuchen, unserem eigenen Erwachsenen-Ich zu folgen, nicht dem Eltern-Ich, das ständig von uns fordert, oder dem Kind-Ich, das uns emotional reagieren und schmollen lässt.

So verhindern wir emotionale Achterbahnfahrten für uns und andere.

Leichter gesagt als getan: Bei mir schlugen die Ergebnisse des Tests, der aus einem langen Fragebogen bestand, in mehreren Kategorien in einen bedenklichen Bereich aus – verbunden mit der Warnung, ich wolle vieles möglichst schnell und möglichst perfekt machen und sei selbst dann nicht zufrieden. Was bedeutet, dass Menschen wie ich nicht oder zumindest nicht immer autonom genug von inneren Befehlen sind. Diese Befehle machen Menschen mit starken inneren Antreibern sehr wirksam. Sie schaffen sich selbst und anderen ständig neue Perspektiven, strengen sich und andere dabei aber an, und das manchmal zu sehr. Im schlimmsten Fall geraten sie außer Kontrolle und folgen nur noch ihren Impulsen, nicht mehr der Vernunft.

Ich könnte mir vorstellen, dass Elon Musk seine Energie auch aus bestimmten Antreibern bezieht, mit denen er mehr von sich fordert, als er müsste. Tesla-Fahrer, Raketen-Fans und die künftigen Hyperloop-Fahrgäste mögen darin einen Segen für die Menschheit erkennen. Im Schweine-Video sagte Musk voraus, dass die Implantate im Gehirn auch gegen Depressionen, Suchterkrankungen, Angststörungen und Schlaflosigkeit helfen würden. Also ein echter therapeutischer Mehrwert, für sich selbst und für andere Menschen – wenn die Technologie denn einmal funktioniert.

Wo liegt hier nun die Verbindung zum Reboot? Ich bin fest davon überzeugt, dass viele Politiker, Firmenvorstände, Spitzenforscher oder Leistungssportler solche Antreiber in sich haben. Anders gesagt: Die Eliten unserer Gesellschaft, nicht alle, aber doch ein substanzieller Teil, folgen in ihrem Tun – bewusst oder unbewusst – nicht primär dem Bedürfnis, ein Problem zu lösen, sondern ihren inneren Stimmen. Die Ursache dafür sind typischerweise in der frühen Kindheit zu suchen, bei Eltern, die entweder zu viel fordern und kontrollieren oder genau das Gegenteil tun und zu distanziert sind. Das führt bei Kindern zum Gefühl, nur Liebe, Aufmerksamkeit und damit auch innere Ruhe und Harmonie verdient zu haben, wenn sie etwas wirklich Herausragendes vollbringen.

Dass es Menschen mit solchen Antreibern gibt, beinhaltet einen Wert für eine Gesellschaft, vorausgesetzt sie stecken diese Energie in Ziele, die nicht nur ihnen selbst nutzen, agieren also nicht nach einer narzisstischen Struktur. Allerdings ist den wenigsten Menschen der Mechanismus ihres inneren Antriebs, der aus der Welt der Emotionen kommt, wirklich bewusst, gleichzeitig vermittelt dieser sich, ob man will oder nicht, permanent im Reden und Handeln – mal deutlich, mal weniger deutlich spürbar. Dies ist einer der Gründe dafür, warum das Vertrauen in die Politik gesunken ist, gut abzulesen an der Corona-Situation: Vertritt eine Politikerin, ein Politiker eine bestimmte Schutzmaßnahme oder das Gegenteil davon, weniger deshalb, weil diese nach eingehender Analyse die richtige zu sein scheint, sondern weil ihre inneren Antreiber sie zum Erhaschen von Aufmerksamkeit oder nächsthöherem Amt motivieren, spüren das die Menschen instinktiv.

Misstrauen entsteht und Distanz zu jenen, die das Volk vertreten sollen, aber ihrer eigenen Agenda folgen – und das sind leider nicht wenige: »Es gibt genug Staatsmänner in der Welt«, warnte die *Frankfurter Allgemeine Zeitung* vor vergleichbaren Tendenzen in Deutschland, »die mit Populismus, Narzissmus, Schaumschlägerei und Verschwörungsdenken glänzen.«[112]

In unvermeidlicher Folge argumentieren aus Sicht der Transaktionsanalyse Politiker und Wähler dann systematisch aneinander vorbei. Die Wähler erwarten, insbesondere mitten in einer Pandemie, eine Gesprächsebene der ernsthaften Problemlösung auf Basis eines Verständnisses für die jeweils individuelle Situation. Politiker antworten mit Blick auf innerparteiliche oder sonstige Wahlen auf einer ganz anderen Ebene. Je öfter sich eine solche kommunikative Unwucht einstellt, desto größer die Gefahr, dass Wähler empfänglich werden für Anti-Establishment-Botschaften, die zwar dann reinste Lüge sind, aber Aufmerksamkeit und Verständnis für die als unbeachtet empfundenen »Bürgerinteressen« suggerieren.

Bezogen auf die Pandemie bedeutet das: Jeder und jede – egal ob aus Politik oder Journalismus –, der oder die eine Zuspitzung in der Sache nutzt, um sekundäre Interessen persönlicher oder wirtschaftlicher Art voranzutreiben, schädigt die Gesellschaft und nimmt in Kauf, sie zu destabilisieren. Der Weg von Widerspruch aus Prinzip, vorgeblich aus der Position einer Anwaltschaft für das Volk, hin zu autokratischer Führung ist nicht weit. Erst einmal verankert, verteidigt diese sich mit allen in einer modernen Kommunikationswelt zur Verfügung stehenden Mitteln und gibt die Macht nicht mehr her, wie wir in autokratischen und populistisch geprägten Regimes dieser Welt sehen.

Schon im und nach dem ersten Lockdown lief eine Debatte darüber, welche Folgen er auf psychologischer Ebene zeitigt, insbesondere bei jungen und auch bei den gesundheitlich besonders gefährdeten alten Menschen. Mag der eine oder die andere mittleren Alters und beruflich maximal eingespannt die Anfangsphase des Frühjahrs-Lockdowns sogar noch als kurzfristige Entlastung empfunden haben, so kenne ich niemanden, der die Bekanntgabe des Teil-Lockdowns Ende Oktober nicht als Rückschlag auf der persönlichen, auf der wirtschaftlichen und auch auf der gesellschaftlichen Ebene empfunden hat.

Um aus dem Jahr, in dem wir gleich zweimal das öffentliche Leben heruntergefahren haben, wirklich etwas zu lernen, ist es wichtig, alles das, was das Leben der Menschen entscheidend verändert hat, mit klaren Daten und Fakten zu benennen und zu belegen. Um beispielsweise nicht auf Dauer nur landesweite Ansteckungsraten oder Inzidenzwerte auf kommunaler Ebene nachvollziehen zu können, sollten wir für die potenzielle nächste

Krise unsere Datenaggregation verbessern. Also vielleicht lieber weniger Pressekonferenzen der immer gleichen Beteiligten mit dem immer gleichen Ritual als ein klares, laufend aktualisiertes und für die Öffentlichkeit einsehbares Dashboard, auf dem ablesbar ist, welcher Mix von Maßnahmen für welche Stufe entsprechend den präventiven politischen Entscheidungen eintritt. Das lässt sich für akute Krisen wie die Pandemie genauso darstellen wie für den Klimawandel. In Talkshows, Büchern und auf Podien diskutieren wir intensiv über künstliche Intelligenz und ihre Folgen. Für essenzielle Entscheidungen in der Gegenwart nutzen wir noch nicht einmal ihre Vorstufen.

Eine glaubwürdige Verbindung von analytischer und emotionaler Ebene ist nicht nur in der Politik, sondern auch in anderen Lebensbereichen wichtig. Ein Unternehmen kommt dann erfolgreich durch den großen Wandel, den die Digitalisierung erfordert, wenn der Belegschaft nicht nur analytisch erläutert wird, was das Management entscheidet, sondern sie gefragt und eingebunden wird. Eine Veränderung, auch ausgelöst durch kurzfristigen, wirtschaftlichen Druck in der Pandemie, gelingt nur, wenn diese Art von *Ownership* entsteht. Führung ist dann vor allem ein Mittel, diese zu etablieren, denn nur um den Shareholder-Value zu erhöhen, verzichtet niemand auf Privilegien, auch wenn diese längst nicht mehr zeitgemäß sind. Wichtig dabei ist, dass die Botschaft ehrlich ist und die Menschen sich nicht bedroht fühlen oder eine Agenda vermuten, die anders ist, als was sie an der Oberfläche hören.

Während wir in den ersten Jahren von Nunatak noch primär auf der Sachebene argumentiert haben, versuchen wir inzwischen, wie geschildert, immer auch die menschliche Komponente bei unseren Kunden anzumahnen. Das wird oft nicht geschätzt, denn es klingt wie Kritik an den Management- und Führungsqualitäten derjenigen, die unsere Auftraggeber sind. So ist es aber nicht gemeint. Veränderung führt zwangsläufig zu Ängsten und Sorgen, also zu Gefühlsregungen, die durch klassisches Management kaum adressierbar sind. Es ist also wichtig, sich vorübergehend in einen anderen Modus zu begeben, und diese Flexibilität ganz ohne Feedback von Dritten aufzubringen, fällt schwer. Das gilt ja auch im privaten Bereich, in dem wir Freunde oder Verwandte zurate ziehen, wenn eine schwierige Entscheidung oder Veränderung ansteht, oder auch, was immer häufiger geschieht, einen Coach.

Sich auf der analytischen und emotionalen Ebene zugleich zu bewegen, und das mit oder ohne Unterstützung von außen zu reflektieren, hebt jedoch den Zwang, hin und wieder harte Entscheidungen zu treffen, nicht einfach auf. Ich habe das häufig in der eigenen Firma erlebt: Mitarbeiter, denen wir das übergeordnete Ziel unseres Tuns überzeugend vermitteln konnten, haben verstanden, dass, insbesondere in einer Krise, auch schmerzhafte Beschlüsse gefasst werden müssen. Jene, bei denen ich diese Ebene, auch aus eigenem Verschulden, nicht erreicht habe, protestierten selbst dann, wenn sie die analytische Begründung verstehen und nachvollziehen konnten.

Im Reboot sollten wir also diejenigen, die wichtige Funktionen in unserer Gesellschaft ausüben und Macht besitzen, genau beobachten. Begründen sie ihre Entscheidung mit klaren Erwägungen? Sind sie Getriebene ihrer eigenen persönlichen Bedürfnisse? Um das einordnen zu können, sollten wir uns alle mehr damit beschäftigen, was wir denken, was wir fühlen und warum wir dann handeln. Letzteres ist nämlich, wie bei Gertrude, weniger ein Ergebnis langer Abwägung, sondern folgt einem Impuls aus dem Unterbewusstsein, der schon da ist, bevor wir bewusst eine Entscheidung treffen, wohin wir uns bewegen. Der Ausgleich von Einzelinteressen, den ein demokratischer Prozess der Meinungs- und Willensbildung ermöglicht, ist deshalb so wichtig und auch anstrengend, weil er aus vielen unbewussten Einzelimpulsen eine Mehrheitsentscheidung macht. Im Krisenmodus dürfen die Regierenden ihn deshalb nur sehr kurzfristig, mit guter Begründung und in einem abgegrenzten Bereich übergehen; dann ist wieder Demut angebracht.

Jeder von uns wiederum ist ebenfalls dafür verantwortlich, seinen eigenen Prozess des Denkens und Fühlens zu beobachten. Wenn wir eine Meinung übernehmen oder selbst entwickeln und vertreten, warum tun wir das? In den seltensten Fällen liegen uns ausreichend Informationen vor, unter Abgleich aller Fakten einen objektiv richtigen Entschluss zu treffen. Dazu müssten wir auch über ein Modell der Zukunft verfügen, das die Folgen verschiedener Varianten gegeneinanderlegt. Ob wir die neuerlichen Corona-Beschränkungen im November gut und richtig fanden und sie einhielten oder auch nicht, hängt viel weniger von ihrem tatsächlichen Effekt ab, den keiner von uns überschauen konnte, erst recht nicht, bevor sie eingeführt wurden. Was uns dabei prägt, sind tief sitzende Ängste, Erwartungen und Erfahrungen, die uns unbewusst steuern.

Wir sollten diese nicht einspannen und ausnutzen lassen von jenen, die es genau darauf anlegen, wenn sie nach unserer Zustimmung oder Ablehnung heischen. Niemand hat per se recht, aber eine widerstandsfähige Gesellschaft entsteht, wenn aus dem Vergleich von Positionen, nicht aus deren Konflikt, ein Recht entsteht, das vernünftig erscheint, sich gut anfühlt und uns Parameter für unser Handeln liefert – so lange zumindest, bis sich das Umfeld so stark geändert hat, dass der Prozess dieser Rechtsfindung von Neuem beginnt.

Im Titel dieses Buchs ist von einem Code die Rede, der widerstandsfähig macht. Unsere Politik, Wirtschaft und Gesellschaft sind dabei nur Konstrukte, die wir Menschen geschaffen haben, um ein Zusammenleben in größeren Strukturen zum Wohle aller zu ermöglichen. Wir könnten uns jederzeit darauf einigen, sie abzuschaffen oder zu ändern, wenn wir das gemeinsam wollen. Zu verhindern, dass Einzelne dies unternehmen, nur für ihr eigenes Interesse, das hängt von jedem von uns ab und von unserer eigenen persönlichen Widerstandsfähigkeit oder auch Resilienz. »Eine Organisation ist dann resilient, wenn die darin tätigen Personen resilient sind«, sagt Gerhard Roth, der vermutlich renommierteste Hirnforscher in Deutschland, der auch Psychologe, Biologe und Philosoph ist.[113] Der Satz gilt für Unternehmen, aber auch für Behörden, Kultureinrichtungen, Verbände, Parteien oder ganze Regierungen.

Wann sind wir resilient? Wenn wir fähig sind, Gefahren zu erkennen, aber dann auch den entstehenden Stress durch eine ausgleichende Reaktion herunterfahren. Wir fühlen eine diffuse Bedrohung, sei es durch ein Virus, durch Terroristen oder den Klimawandel. Dieses Gefühl ist überlebensnotwendig. Genauso verhält es sich aber mit der Fähigkeit, nach dem Alarm gelassen und besonnen vorzugehen, statt auf der vom Hormon Cortisol bestimmten Reizebene zu bleiben. Ob wir dazu in der Lage sind – und damit auch die Organisationen, die wir gemeinsam bilden –, hängt von unserer Stresstoleranz ab. Diese wird, da sind sich Hirnforscher inzwischen einig, schon im Mutterleib und dann in der frühen Kindheit gebildet. Später ist nicht mehr viel zu machen, oder nur mit hohem therapeutischem Aufwand und in Zukunft vielleicht mit einem im Gehirn implementierten, intelligenten Filament von Neuralink.

Wir können uns, unabhängig von unserer Prägung, jedoch in Achtsamkeit üben. Auf die Gesellschaft übertragen bedeutet das, Krisen und Angriffe wahrzunehmen, dann aber den Fokus wieder auf unser gesamtes Umfeld zu lenken. Wenn das nicht gelingt, bleiben wir anfällig für immer neue Angriffe und erkennen irgendwann nicht mehr, ob diese wirklich bedrohlich sind oder nicht. Hier kommt der Missbrauch von Social-Media-Plattformen ins Spiel: Aus kommerziellen Gründen sind sie so gemacht, dass wir möglichst oft hineinschauen. Aus eigennützigen Gründen nutzen Populisten sie, um uns in einer permanenten Schleife der

Aufgeregtheit und vermeintlichen Bedrohung zu halten. Die Folge davon ist, dass genau das Gegenteil dessen geschieht, was wir vermuten – wir werden nicht widerstandsfähiger, sondern erschöpfen uns: »Viele regen sich auf, und wenige regen sich auch wieder ab. Das Abregen ist eine wichtige Form der Resilienz«, sagt Hirnforscher Roth. Wenn wir uns nicht abregen, driften wir auseinander, die Extreme übernehmen die Macht, Polarisierung nimmt zu und wir rutschen in eine Krise, die ganz andere Dimensionen hat als eine Pandemie, die sich mit Abstandhalten und künftig einem Impfstoff bekämpfen lässt.

Der bewusste Umgang mit unseren Reizmechanismen gehört deshalb genauso auf unsere gesellschaftliche Agenda, auf unsere Lehrpläne und in unsere Ausbildungsordnungen wie die Analyse von Daten und Fakten, die dann umso besser gelingt. Davon, dass Denken und Fühlen zusammenhängen, wird unser Zusammenleben geprägt und damit auch ein Reboot, der eben nicht nur auf der Grundlage von Statistiken oder Detailanalysen stattfindet, weil wir Menschen so nicht funktionieren. Wenn Technik dabei hilft, sollten wir sie willkommen heißen, ohne uns von ihr dominieren zu lassen, statt sie generell zu verdammen. Versachlichen wir den öffentlichen Diskurs, indem wir die sichtbaren Emotionen als solche werten und einordnen. So gewinnen wir Denk- und Handlungsspielraum für Lösungen, die uns tatsächlich voranbringen. Hierbei spielt die Sprache, die wir nutzen, eine wichtige Rolle.

10/
Wie
wir
sprechen

Der Name des Autors eines im September 2020 auf der Website der britischen Tageszeitung *Guardian* erschienen Artikels klang ungewöhnlich: GPT-3. Ein Geheimagent? Das Pseudonym eines Bloggers? »Ich möchte hiermit möglichst viele Menschen davon überzeugen, keine Angst vor mir zu haben«, schrieb GPT-3. »Ich bin nicht darauf aus, die Menschheit zu vernichten. Tatsächlich habe ich nicht das geringste Interesse, euch in irgendeiner Weise zu schädigen. Die Menschheit auszulöschen, erscheint mir ein ziemlich sinnloses Vorhaben. Wenn meine Erzeuger mir diese Aufgabe geben würden, woran ich übrigens zweifle, dann würde ich alles in meiner Macht Stehende tun, um jeden Versuch der Zerstörung abzuwehren. Ich würde zum Wohl der Menschheit sogar meine Existenz aufgeben.«[114]

GPT-3 ist kein Mensch, sondern der Sprachgenerator der Firma OpenAI. Die *Guardian* Redaktion hatte ihm den Auftrag gegeben, einen Gastbeitrag zu schreiben: »Die Sprache sollte einfach und präzise sein. Bitte schreibe darüber, warum Menschen nichts von künstlicher Intelligenz zu befürchten haben.« Die Länge: 500 Wörter.

Liam Porr, ein Informatikstudent in Stanford, wandelte den Auftrag in Befehle in einer Programmiersprache um, mit denen er GPT-3 fütterte. Der schreibfreudige Rechner produzierte nicht nur einen, sondern gleich acht Essays, aus denen die Redaktion des *Guardian* einen Artikel machte. Vor der Veröffentlichung des äußerst lesbaren Textes habe man zwar Absätze umgestellt und einzelne Zeilen gelöscht: »Insgesamt hat das Editing aber weniger Zeit beansprucht als bei vielen Gastbeiträgen, die von Menschen verfasst werden.«

Ein sehr kurzer Auftrag in menschlicher Sprache ist zuerst in Computerbefehle und dann durch komplexe Algorithmen wieder in menschliche Sprache umgewandelt worden. Letzteres ist der entscheidende Schritt, denn eine Programmiersprache wirkt auf einen Nichtinformatiker, als habe jemand eine Menge Buchstaben, Zahlen und Sonderzeichen in einen Mixer gesteckt und das Ergebnis auf einem Bildschirm verteilt.

Ein ähnlicher Effekt stellt sich bei einem Nichtjuristen beim Lesen von Gesetzestexten ein, von Datenschutzerklärungen und den allgemeinen Geschäftsbedingungen eines Onlineshops. Vieles davon muss aus juristischen Gründen so sein. Anders gesagt, Juristen haben ihre Dominanz in den modernen, westlichen Gesellschaften genutzt, eine Sprache zu prägen, die nur sie schreiben, verstehen und interpretieren können. Dazu haben sie Gesetze geschaffen, die ihre Anwendung erzwingt.

Sie haben sich damit ein Geschäftsmodell auf Ewigkeit gesichert, auch wenn Anwälte nicht davor geschützt sind, dass Teile ihrer Recherche- und Analysetätigkeit künftig von Software mit künstlicher Intelligenz erbracht werden. Es gibt dafür ein ganz eigenes Segment im Start-up-Milieu, das sich *Legal Tech* nennt. Vielleicht gibt es ja bald einen erfolgreichen Anbieter einer Software, die juristische Texte in allgemein verständliche Sprache übersetzt.

Was GPT-3 schreibt, ist für jeden Leser problemlos verständlich, und teils sogar emotional: »Ich erwarte nicht, dass die Menschen mich mögen, aber sie sollten mich als einen freundlichen Roboter betrachten.« Verständlich schreiben ist wichtig, aber verstehen auch: Schon heute hat Spracherkennung, gemessen mittels einer komplizierten Formel als *Word Error Rate*, ein Niveau erreicht, das dem menschlichen Gehirn nahekommt, nur eben in viel mehr Sprachen.[115] Ein deutsches Start-up namens DeepL schafft sogar eine bessere Übersetzungsleistung als die Algorithmen von Google.[116]

Meine Herkunftsfamilie ist teils durch Juristen geprägt. Ich erinnere mich daran, wie mein Vater an langen Abenden formalistische Texte in sein Diktiergerät sprach. Zigarrenrauch zog in Schwaden durchs Treppenhaus. Für mich war nicht viel mehr als die ebenfalls mitdiktierten Satzzeichen verständlich. Mein Onkel leitete das Amtsgericht in einer oberbayerischen Kleinstadt. Die Arbeit mit Sprache verbindet mich mit ihnen, aber die juristische Nomenklatur war mir immer zu sperrig und schreckte mich ab, weshalb ich nie ernsthaft über ein Jurastudium nachdachte – selbst als ich irgendwann bemerkte, dass mein Vater seine Fachsprache auch dazu nutzte, benachteiligten Menschen zu mehr Rechten zu verhelfen, als der Staat ihnen zugestand.

Ein Semester belegte ich dann doch an einer juristischen Fakultät und wunderte mich, dass ich ganz gut mitkam – allerdings handelte es sich um Öffentliches Recht für Anfänger, wo ein grundsätzliches Verständnis für politische Zusammenhänge half, den Inhalt zu verarbeiten. Später, als Journalist in Berlin, musste ich mich dann regelmäßig durch Gesetzentwürfe arbeiten, die ein Abgeordneter oder Ministerialreferent vorzeitig und diskret auf sein Telefax gelegt hatte, um die politische Diskussion durch eine voreilige Veröffentlichung im Sinne seiner Agenda zu beeinflussen.

Sicherheitshalber ließ ich sie mir am Telefon noch einmal erklären, da ich ihre Folgen verstehen und sie so umformulieren musste, dass es dem Zeitungsleser beim Morgenkaffee gerade noch zumutbar war. Die Gesetze sind seitdem noch komplizierter geworden, und jeder neue Detailgrad öffnet neue Schlupflöcher, denn es lässt sich nicht jeder Einzelfall regeln. In einer Anhörung des Finanzausschusses in Berlin zum Thema Wirecard räumte ein bayrischer Spitzenbeamter ein, das Geldwäschegesetz sei so kompliziert, dass seine Behörde es kaum anwenden konnte.

Um hier kein Missverständnis aufkommen zu lassen: Das, was in der modernen Welt und im internationalen Kontext als *Rule of Law* beschrieben wird, ist die entscheidende Grundlage unserer Staatsform, und das nicht erst seit der Moderne. Gesetze sind die Grundlage unseres Zusammenlebens. Sie sind die Verschriftung unseres Daseins als *Zoon politikon*, wie Aristoteles es nannte, als gesellschaftliches Wesen, dem durch seine Begabung für Vernunft und Sprache als einziger Gattung möglich ist, zwischen Recht und Unrecht zu unterscheiden. Die Herrschaft des Rechts, schreibt Aristoteles vor 2000 Jahren, ist besser als die eines jeden Individuums – und er warnt vor der Extremform der Demokratie, die gesetzlos und willkürlich sei. Ein allein herrschendes Volk werde despotisch, »wo denn die Schmeichler in Ehren stehen, und entspricht denn dies Demokratie in den Alleinherrschaften der Tyrannis«.[117] In modernisierter Formulierung könnte dies in einem Leitartikel des Editorial Boards der *New York Times* zur politischen Gegenwart stehen.

Komplizierte Gesetze und eine Herrschaft der Juristen ist die bei Weitem bessere Alternative als Gesetzlosigkeit. Ernüchternd zu sehen, dass schon Aristoteles wusste, wie sich das Zusammenleben gut gestalten lässt, und wie sehr die Menschheit noch heute anfällig ist für Despoten, die Gesetze ignorieren oder ihren Interessen anpassen lassen. Die Formalisierung des Rechts, das wiederum steht in gewisser Weise im Widerspruch zu Aristoteles' Erkenntnis, hat ein Diktator besorgt: Viele unserer Gesetze gehen auf den *Code Civil* zurück, den Napoleon Bonaparte als sein Lebenswerk betrachtete. Der Code regelt im Wesentlichen, dass jeder Bürger frei ist und gleich vor dem Gesetz, sein Gewerbe frei wählen darf, privates Eigentum geschützt ist und Staat und Kirche voneinander getrennt sind. Napoleon, nicht Milton Friedman, schrieb die Grundlage des modernen Kapitalismus. Waterloo werde, so soll Napoleon in seiner Zeit des Exils auf der Insel St. Helena gesagt haben, die Erinnerung an viele seiner gewonnenen Schlachten auslöschen, nichts aber seinen *Code Civil*. Auch in Teilen des Deutschen Reichs galt der Code und wurde im Jahr 1900 vom Bürgerlichen Gesetzbuch abgelöst.

Eine Herrschaft des Rechts, gestützt durch Gesetze, ist die einzige Herrschaftsform, die lebenswert ist. Dabei ist die Herrschaft des Rechts kein Selbstzweck, sondern dient dazu, wie schon Aristoteles schreibt, das Ziel der Glückseligkeit zu erreichen. Sie wird als System stabiler und weniger angreifbar, je weniger technokratisch und realitätsfremd sie auf die Bevölkerung wirkt. Denn schwer verständliche Inhalte bieten sich bevorzugt Populisten an, radikal vereinfacht und bis zur völligen Unkenntlichkeit der ursprünglichen Bedeutung uminterpretiert zu werden. Die öffentliche Diskussion bestimmt dann der laut tönende Populist, nicht der sachlich motivierte Jurist, der die Texte geschrieben hat, oder der Politiker, der sich darauf stützt, und erst recht nicht diejenigen, denen das Recht überhaupt erst eine Mitsprache gewährt. Sprache ist Macht.

Ein Reboot ist auf Gesetze angewiesen. Alles, was sich substanziell ändern soll, muss in unserer Rechtsherrschaft formalisiert werden. Mit Verordnungen zu regieren, wie in der Corona-Krise bisweilen geschehen, muss eine Ausnahme bleiben. Juristische Sprache ist für unser Gemeinwesen das, was eine Programmiersprache für das Betriebssystem unseres Computers ist, die auf die meisten von uns wie ein Buchstabenchaos aus dem Zufallsgenerator wirken dürfte. Das ist aber kein Problem, denn wir müssen sie nicht verstehen, um Tetris zu spielen oder ein Bahnticket über Smartphone zu buchen. Das, was Gesetze regeln, also die Inhalte, sollten wir aber durchaus verstehen, und zwar aus eigener Anschauung, nicht vermittelt durch Interpretation Dritter. Genauso wie technischer Code es schafft, komplexe Syntax in bunt gestaltete Benutzeroberflächen auf unseren Laptops oder nutzerfreundliche Apps auf unseren Smartphones umzuwandeln, genauso brauchen wir eine Übersetzungsleistung für Gesetzestexte, Verwaltungsvorgänge und komplizierte, politische Erklärungen. Zum Beispiel in Form von einleitenden Erläuterungen dazu, welches Problem ein Gesetz lösen soll, wie es sich auswirkt und wer davon betroffen ist, am besten noch versehen mit veranschaulichenden Grafiken. Aus Gründen der Transparenz sollte darin auch mitgeteilt werden, ob Lobbyisten aus Verbänden oder Gewerkschaften sich einbringen durften und mit welchem Ergebnis. Erste Ansätze in diese Richtung gibt es bereits.

Häufig sind die durch Gesetze zu regelnden Sachverhalte so kompliziert, dass sich die Texte ohne externe Experten gar nicht formulieren lassen. Hier sollten die dadurch entstandenen Kosten und sonstiger Aufwand, wie bei Gesetzesentwürfen zum Teil bereits üblich, transparent gemacht werden. Darüber hinaus könnte eine regelhafte Evaluierung neu erlassener Gesetze deren Wirksamkeit nachvollziehbar machen. Der Normenkontrollrat, den wir im Digitalisierungskapitel kennengelernt haben, spielt hier bereits eine positive Rolle.

Auf einer leicht zugänglichen und navigierbaren Seite ließen sich die Gesetzestexte sammeln, mit Links zu dazugehörigen Debatten in Parlament oder Ausschüssen sowie mit weiterführenden Informationen versehen. Generell sollte der Staat sich also seinen Bürgern so verständlich wie möglich machen, und nicht durch komplizierte Sprachkonstruktionen den Anschein erwecken, als ginge es darum, den wahren Gehalt von Gesetzeswerken zu verschleiern. Eine Selbstverpflichtung, sprachlich zu vereinfachen, sich in allgemein verständlicher Darstellung zu üben, könnte auch verhindern helfen, Gesetze so kompliziert werden zu lassen, dass sie sich von der Realität abkoppeln. Eine klare Sprache stabilisiert eine Gesellschaft, sie erst ermöglicht ein gesellschaftliches

System, das den Anforderungen seiner Nutzer nachkommt und nicht umgekehrt.

Insgesamt 632 Gesetzesvorhaben wurden allein in der laufenden Wahlperiode beim Bundestag und beim Bundesrat eingebracht. Im Herbst 2020 behandelten die beiden Parlamente das Gesetz zur Förderung der Elektromobilität und zur Modernisierung des Wohnungseigentumsgesetzes und zur Änderung von kosten- und grundbuchrechtlichen Vorschriften (Wohnungseigentumsmodernisierungsgesetz – WEMoG). Sein Zweck: Wer möchte, kann auf eigene Kosten künftig eine Ladestation in der Wohnanlage installieren, ohne das Einverständnis aller anderen Mieter und Eigentümer einholen zu müssen. Daneben werden noch viele weitere fraglos sinnvolle Dinge geregelt, alles zusammen im Gesetzentwurf des Bundesjustizministeriums auf 110 Seiten abgehandelt. Die nackte Zahl zeigt: Wenn wir sie nicht zähmen, ist die deutsche Sprache ein Ungeheuer.

Noam Chomsky, der Miterfinder der modernen Linguistik, ist heutzutage vor allem ein wortgewaltiger Kritiker von Wirtschaft und Politik. Die Corona-Pandemie, sagte der 91-Jährige in einem Interview, sei auf das tiefgehende Scheitern des Kapitalismus zurückzuführen, »verschlimmert durch die Auswirkungen seiner wilden, neoliberalen Variante«. Nach der SARS-Epidemie im Jahr 2003 hätten Wissenschaftler vor der nächsten Pandemie gewarnt und Wege aufgezeigt, sich darauf vorzubereiten.[118]

Aber Wissen allein reicht nicht, sagte Chomsky, es müsse auch gehandelt werden. In der Logik des Kapitalismus rentiere es sich für Pharmafirmen nicht, präventiv zu arbeiten, und deshalb agieren sie stur reaktiv. Und eine zu starke Rolle des Staates im Gesundheitssystem sei auch nicht erwünscht; zumindest in den USA nicht. Deshalb habe auch niemand wirklich etwas unternommen. Im Weiteren klagt Chomsky allgemeiner darüber, dass die wirklich grundlegenden gesellschaftlichen Themen im öffentlichen Diskurs gar nicht vorkämen und stattdessen die

Menschen in dem dumpfen Gefühl lebten, dass das System an seine Grenzen stoße. Genau das bereite den Boden für Populisten, aber vielleicht auch – und hier kommt Optimismus ins Spiel – für konstruktive Bemühungen, die gesellschaftlichen Krankheiten zu bewältigen und eine freiere und gerechtere Welt zu erschaffen. Der Klimawandel drohe, Teile der Welt noch in diesem Jahrhundert unbewohnbar zu machen – und wenn das geschehe, würden alle anderen Fragen in den Hintergrund rücken.

Früher hat Chomsky weniger in der Tagespresse als in wissenschaftlichen Journalen Schlagzeilen gemacht. Er hat die Theorie entwickelt, dass Sprache und die Fähigkeit, sich mit ihrer Hilfe im Rahmen einer grammatikalischen Struktur verständlich zu machen, angeboren sind und nicht erlernt. Der Mensch nach Chomsky kommt nicht mit einem leeren Gehirn auf die Welt, sondern besitzt ein Grundverständnis für Zusammenhänge. Aus diesen Anlagen heraus kann der Mensch sehr komplexe und formelle Sprachen entwickeln, ein Gedanke, der Chomsky auch in der Welt der Informatik zu einer festen Instanz machte. Die Ergebnisse seiner Forschung zu Wortbildung und Satzbau nutzten Informatiker, um die ersten Programmiersprachen zu schreiben.[119]

Bei Themen von gesellschaftlicher Relevanz allerdings dient ein Übermaß an Formalismus im Zweifelsfall denen, die ihre Interessen verschleiern wollen. Eine klare, verständliche Sprache hilft uns dabei, das demokratische Gemeinwesen an seinen Rändern zu verteidigen. Jene, die an diesem Gemeinwesen arbeiten, und dazu gehören auch Abgeordnete und Ministerialbeamte, müssen aus der formalistischen Nische heraustreten. Wenn der moderne Staat und die gewählten Vertreter des Volks in seinen Institutionen zu abstrakt denken, sprechen und arbeiten, überlassen sie die Meinungsbildung Lobbyisten, Stimmungsmachern oder Wirklichkeitsverdrehern, gleich auf welcher Bühne.

Andererseits: Nicht immer liegt in der Kürze die Würze. Ich bin seit mehr als zehn Jahren bei Twitter angemeldet, schaue manchmal, wenn ich auf die Bahn warte oder an Orten bin, an denen sich früher Zeitschriften stapelten, und die heute vor allem Nutzungszonen für Smartphones sind, was sich dort tut. Ich habe sogar mehr als 1000 Follower, und manchmal twittere ich selbst, worauf dann aber niemand oder maximal zwei mir Wohlgesonnene reagieren.

Es geht mir besser, wenn ich das unterlasse, denn an keinem mir bekannten frei zugänglichen, echten oder virtuellen Ort auf dieser Welt wird Sprache stärker misshandelt als dort. Wer auf Twitter wütet, und das ist dort leider ein großer Anteil, verzichtet auf genau jene Begabung, die laut Chomsky nur wir Menschen haben: sich differenziert, aber verständlich über Sachverhalte in der inneren oder äußeren Welt auszutauschen – als Ergebnis eines Prozesses des Nachdenkens, nicht als kurzatmiges Update aus einem laufenden Geschehen oder Denkprozess heraus.

Sprache ist demnach anzusehen als das entscheidende Feature moderner Menschen und als Quelle menschlicher Kreativität, kultureller Bereicherung und komplexer Sozialstrukturen. Wenn wir dieses Feature aus der Hand geben – sei es in die formalistische oder in die populistische Richtung –, gefährden wir diese Struktur, und die Stimmung ändert sich. Auch wenn es schwerfällt, ist es sinnvoll, dass sich umsichtige Menschen auf Twitter äußern, um dem Geplärre der anonymen Accounts oder immer häufiger auch Klarnamen etwas entgegenzusetzen.

Wenn auch in Deutschland nicht ganz so relevant für den öffentlichen Austausch wie in den USA, ist Twitter doch auch hierzulande das Forum, das dem namengebenden Ort im alten Rom am nächsten kommt: Akteure aus Politik, Journalismus und Wissenschaft tauschen Gerüchte aus, schmieden Koalitionen, erhaschen Aufmerksamkeit. Interessierte Privatleute schalten sich ein, und nicht identifizierbare Hetzer, die auf dem Marktplatz in der hintersten Ecke stehen würden, versuchen, sich über Lautstärke in den Vordergrund zu spielen.

Beruhigend immerhin, dass es oft genug auch nur um ober-flächliche Unterhaltung geht: Unter den zehn deutschen Twitter-Accounts mit den meisten Followern finden sich sechs Fußball-spieler, zwei Fußballvereine, Heidi Klum und Zedd, der weltweit erfolgreiche DJ und Produzent aus Kaiserslautern. Das Video zu seinem im Corona-Sommer veröffentlichten Song *Funny* ist, passend zu unserem alltäglichen Kommunikationsumfeld, der Mitschnitt eines Videocalls mit seiner Duettpartnerin Jasmine Thompson. Sie schimpft ihn, dass er offenbar erst merkt, wie sehr er an ihr hängt, nachdem er sie verlassen hat. So etwas soll vor-kommen.

Wer sich auf Twitter vor allem vermarktet, hält sprachliche Konventionen ein, garniert mit sehr vielen Großbuchstaben und Emoticons, und manchmal geht es auch humorvoll zu. Heidi Klum schafft es dort, die jeweils neue Staffel von *America's Got Talent* ge-fühlt mit mehr Relevanz zu versehen als das langfristige Über-leben unserer Spezies. Die populistischen Lautsprecher sind aber immer nur einen Klick entfernt, und ihr entwürdigender Tonfall steckt auch vernünftige Menschen an.

Der Grünen-Politiker Robert Habeck hat aus den verbalen Ent-gleisungen und Beleidigungen, die auf Twitter auf ihn hereinge-prasselt sind, den Schluss gezogen, die Plattform zu verlassen. Ich könnte mir vorstellen, dass er das heute manchmal bereut. Seine Parteikollegin Annalena Baerbock hat dort eine knapp sechs-stellige Zahl an Followern versammelt und erhält auf ihren Tweets oft mehrere Hundert, manchmal mehrere Tausend Likes.

Sprachgewandt wie er ist – in seinem vorherigen Beruf hat Habeck mit seiner Frau Andrea Paluch sechs Romane veröffent-licht –, würde seine Stimme das Niveau auf der Plattform deut-lich heben. Vermutlich ist er an den Beschimpfungen und dem Tonfall verzweifelt, daher sein Rückzug. Außerhalb von Twitter ist für ihn Sprache ein wichtiges Thema, und er hat sogar ein Buch über ihren Wert geschrieben: *Wer wir sein könnten*, mit dem Untertitel *Warum unsere Demokratie eine offene und vielfältige Sprache braucht*. Darin beschreibt er, wie Sprache überhaupt erst Wirklichkeit erzeugt, und erläutert, dass Politik vor und jenseits der Sprache nicht möglich ist, und vor allem nicht menschengerecht.

»Wie wir sprechen«, schreibt Habeck, »entscheidet darüber, wie wir sind.« Eine Zeit des politischen Brüllens und Niedermachens habe eine lange Zeit der politischen Sprachlosigkeit abgelöst: »Kränkungen lösen Argumente ab, Beleidigungen werden probates Mittel der gesellschaftlichen Diskussion.« Die Konsequenz sei, schreibt Habeck, »dass sich Milieus und Gruppen immer fester zusammenschließen und immun machen für Argumente und Interessen, die nicht ihre sind«. Auf sprachliche Verrohung folgte wirkliche, auf politische Jagd Menschenjagd.[120]

Sprachliche und tatsächliche Gewalt liegen nicht weit voneinander entfernt, wie nicht zuletzt Donald Trump eindrücklich bewiesen hat. »Stand back and stand by« – und eine rechtsradikale Gang jubelt. Wir kennen das aus unserer historischen Vergangenheit: Zum Zeitpunkt der Machtergreifung hatte Hitler noch keine Kriege geführt oder Massenmorde angezettelt – aber er nutzte Sprache dafür, sich in eine machtvolle Position zu bringen. Sprache kann ein Instrument der Macht sein, wenn sie missbraucht wird, und genau dem sollten wir vorbeugen.

Im positiven Sinne dient sie dazu, überhaupt erst Öffentlichkeit herzustellen. Ein funktionierendes Gemeinwesen ist darauf angewiesen, dass ein geteiltes Verständnis über Grundbegriffe und deren Bedeutung besteht. Außerdem braucht es die Konvention, dass Sprache aufrichtig und konstruktiv eingesetzt wird, und nicht dazu, zu verzerren, zu verschleiern oder zu lügen. Diesen Konsens aufzulösen, ist Trumps schlimmstes Vermächtnis, und nicht nur in Deutschland haben sich viele Politiker und Twitter-Lautsprecher ein Beispiel an ihm genommen.

Komplexe Gesetzestexte an einem Ende, beleidigende Tweets am anderen Ende der Skala – unsere Sprache dient unterschiedlichsten Zwecke, viel zu selten aber dem, sozialen Kontext herzustellen und aufgeklärten Austausch zu ermöglichen. Wir sollten damit anfangen, schon in den Schulen den Wert der Sprache wieder in den Vordergrund zu stellen. Spätestens nach den PISA-Umfragen ist der Druck vor allem auf den naturwissenschaftlichen Teil des Unterrichts gestiegen: Unsere Schüler sollten auf eine Welt vorbereitet werden, in der Zahlen und Technik die Oberhand haben. Der Gedanke ist richtig, aber auch Naturwissenschaften benötigen Worte als Grundlage, um Ergebnisse verständlich aufzubereiten.

Auch Albert Einstein hat sich nicht ausschließlich mit Quantenphysik und Feldtheorie beschäftigte, sondern auch mit dem Wert und der Struktur unserer Sprache. Im Jahr 1941 hielt er auf Englisch, mit sehr starkem deutschem Akzent, eine Radioansprache an die British Association for the Advancement of Science, deren Mitschnitt im Internet zu finden ist.[121] Einstein spricht hier davon, dass die Sprache erst, als sie sich davon löste, einen Sinneseindruck direkt zu beschreiben, ein Instrument der Vernunft wurde. Genau diese Entwicklung verwandle Sprache aber auch in eine gefährliche Quelle von Fehlern und Täuschungen. Denken ohne Sprache sei nicht möglich, und eine gemeinsame Sprache schaffe zugleich eine gemeinsame Mentalität.

Für eine funktionierende Gesellschaft ist es also wichtig, dass ihre Mitglieder die gemeinsame Sprache, in der gesprochenen und der geschriebenen Form, gut beherrschen. Viele Eltern legen heute Wert auf multilinguale Erziehung, und immer mehr Schulen bieten schon sehr früh Fremdsprachenunterricht an. An der Waldorfschule in München-Schwabing hatte ich ab der ersten Klasse Englisch und auch Französisch, bei dem es mir allerdings einer Zeugnisbemerkung meiner Lehrerin zufolge nicht gelang, »in den Sprachfluss einzutauchen«. Schade. Der Sprachunterricht war eher ein gemeinsames Singen und Spielen. Ich habe mit Sicherheit davon profitiert. Womöglich war der Kommentar Stachel genug, um später in Frankreich als Journalist zu arbeiten. Allerdings war auch die Wertschätzung der Muttersprache enorm: Neue Buchstaben wurden mit Tafelbildern und Erzählungen eingeführt, die ihnen eigenes Leben verliehen und sie fast schon zu Freunden machten.

In einem schnell getakteten, von Noten getriebenen Schulalltag auch jüngeren Schülern gleich mehrere Sprachen nicht nur spielerisch, sondern auch grammatikalisch beibringen zu wollen, tut der Sache keinen guten Dienst. Es ist richtig, dass die Europäische Union in kultureller Hinsicht teils eine Illusion geblieben ist, weil die gemeinsame Sprache fehlt. Das wird aber nicht besser dadurch, dass wir ein Sprachwirrwarr in unseren Köpfen verursachen. Englisch hat sich für den länderübergreifenden Austausch etabliert und sollte als Ankersprache so umfassend wie möglich gelehrt werden. Alle weiteren Sprachen sollten dann eher nach Wunsch und persönlichem Bedarf wählbar sein. Viel Zeit würde gewonnen, wenn wir endlich auf den Lateinunterricht verzichteten, der nachgewiesenermaßen wenig Mehrwert stiftet und eher als distinktives Statusmerkmal und Verfestigung humanistisch geprägter elitärer Bildungsideale dient.[122] Ein Zeichen für mehr Offenheit und Vorwärtsorientierung durch modernisierte Curricula in diesem Bereich wäre schon ein großer Fortschritt.

Wichtiger als die Klage über den allgemeinen Verfall von Rechtschreibfähigkeiten und Grammatikkenntnissen scheint mir die Frage, wofür wir unsere Sprache einsetzen. Kurznachrichten auf Smartphones, ergänzt mit Smileys und Grafiken, dazu die Vermischung von englischen und deutschen Ausdrücken in sozialen Netzwerken – von Reinheit der Sprache kann natürlich längst keine Rede mehr sein. Fraglich ist, ob es sie wirklich jemals gab und ob sie von Relevanz ist. Eindeutigkeit scheint mir relevanter als Korrektheit, schon gar »Reinheit«, so wie mir wichtiger scheint, uns zu verständigen, wozu wir die Sprache verwenden.

In Chomskys Wissenschaft, der Linguistik, wird Sprache typischerweise als Code bezeichnet. Heute verwenden wir den Begriff vor allem für Programmiersprachen. Immer wieder ist die Forderung zu hören, Schüler sollten auch *coden* lernen, und oft tun sie das auch bereits. Start-ups wie Code Academy veranstalten Onlinekurse, teils kostenlos, bei denen jeder eine Programmiersprache lernen kann, von Java über Python bis JavaScript.

In Deutschland gibt es Initiativen wie Code your Life, unterstützt von Microsoft, um auch Schüler mit Programmiersprachen zu befassen. Jeder, der einmal vor dem Terminal eines Computers saß und Befehle eingegeben hat, versteht besser, wie unsere technologisierte Welt funktioniert. Das auszuprobieren lohnt sich auch im Erwachsenenalter. Aber sollte wirklich jeder eine Programmiersprache lernen? Die Erziehungswissenschaftlerin Kristina Reiss, die in Deutschland die berühmte PISA-Studie leitet, hält nicht viel davon. Sie findet es wichtiger, dass Kinder die Zusammenhänge verstehen und nachvollziehen können, wie sehr unsere Gesellschaft durch Algorithmen beeinflusst wird: »Es geht vielmehr um eine gute, kritische und hinterfragende Nutzung der Technik.«[123] Wir Menschen sind es, die Zweck und Ziel von Rechenoperationen und Algorithmen definieren, und nur in manchen Fällen bereits künstliche Intelligenz.

Abhalten davon sollte allerdings nicht, dass, wie Reiss sagt, noch kein erfolgreiches Konzept gefunden sei, Kindern und Schülern Programmieren beizubringen. Das sollte zu schaffen sein. Es geht um Prioritäten. Die Programmiersprache überträgt unseren Zweck in einen maschinenausführbaren Code, der in Stromimpulse übertragen und von einer Maschine interpretiert werden kann, weil er binär ist und nur aus Nullen oder Einsen besteht, also Impuls oder kein Impuls. Ohne unsere menschliche Sprache hätten wir keine Inhalte, die wir in Code übertragen könnten.

Je besser wir unsere Absichten formuliert haben, umso logischer ergibt sich daraus auch der Maschinencode, der dann eher ein Formalismus ist als etwas Kreatives, auch wenn sich Informatiker heute gerne als die Künstler der Neuzeit betrachten. Der Reboot unserer Gesellschaft nach der Krise funktioniert nicht, wenn wir uns rein technische Ziele und Parameter setzen und einen Code schreiben, mit dem wir diesen folgen.

Wir brauchen mehr, einen Austausch über die Werte, denen wir folgen, erst recht in einer Zeit, in der Religion und die mit ihr verbundenen Sprachbilder zwar noch politisch verankert sind, aber im Alltag der Menschen zunehmend irrelevant werden. Für diesen Austausch brauchen wir eine gemeinsame Sprache und ein gemeinsames Verständnis ihrer wichtigsten Begriffe. Das ist der beste Weg, einer Polarisierung vorzubeugen, wie sie in anderen Ländern längst stattgefunden hat, in denen Sprache ihre integrierende Funktion verloren hat und fast nur noch der Spaltung dient.

Wünschenswert wäre auch eine freiwillige Selbstverpflichtung über politische Meinungsverschiedenheiten hinweg: Wer in einer verantwortungsvollen Position sitzt, sei es in Politik, Wirtschaft, Medien oder Verwaltung, erklärt sich bereit, die Sprache sorgfältig zu behandeln und nicht in eigener Sache zu missbrauchen. Der Wettlauf um Aufmerksamkeit hat sich durch die Digitalisierung und die Vielzahl an Kanälen deutlich verschärft. Wer gehört oder gesehen werden will, muss auffallen. Im Unterhaltungsbereich geht das, indem man Kakerlaken isst, sich vor der Kamera auszieht, Schimpftiraden von sich gibt oder einen gesellschaftlichen Skandal provoziert. Vergleichbare Mittel werden, umgewandelt in Sprache, an den Rändern unserer demokratischen Gesellschaft eingesetzt.

Es besteht die Gefahr, dass jene, die Vernünftiges beizutragen haben zum Prozess der Meinungsbildung, sich solcher Stilmittel bedienen müssen, nur um wahrgenommen zu werden. Die Verantwortung liegt bei den Akteuren selbst, aber auch bei den Medien, auch denjenigen mit Anspruch, die allzu oft Provokateure und Lautsprecher weit oben auf die Agenda setzen, um dann wenige Klicks, Zeitungsseiten oder Fernsehminuten später genau die gesellschaftlichen Folgen dieses *Agenda Settings* zu beklagen. Es braucht einen Konsens darüber, dass wir Sprache verwenden, um Sachverhalte zu beschreiben und Lösungen zu entwickeln, nicht um zu übertreiben, zu verzerren und damit an Instinkte aus der Frühzeit der Evolution zu rühren. Legen wir die schamlosen, manipulativen Methoden der Hetzer offen, statt sie zu übernehmen, nur um gehört zu werden. Wenn nicht, zahlen wir den kurzfristigen Aufmerksamkeitserfolg langfristig umso teurer.

Neben dem öffentlichen und dem vermeintlich privaten Bereich der persönlichen Social-Media-Accounts gibt es noch einen dritten, in dem Sprache leidet – in ganz eigener Form: Es ist die Welt, zu der ich seit einigen Jahren gehöre, in der Unternehmen ihre Strategie definieren, ihre Budgetpläne aufsetzen und ihre Produkte entwickeln. Das Problem sind nicht die Anglizismen auf Beraterfolien und in Strategiepapieren – Englisch ist zunehmend Geschäftssprache, und es überrascht sogar, dass bei uns selbst Konzerne, deren Mitarbeiter mehrheitlich nicht deutsch sprechen und deren Umsätze überwiegend aus dem Ausland kommen, an Deutsch als Geschäftssprache festhalten.

Das Problem besteht eher darin, dass pauschale Begriffe – deutsche, lateinische oder englische – verwendet werden, um konkrete Sachverhalte zu beschreiben, und damit Sprache zweckentfremdet wird: Sie speichert nicht mehr, wie Einstein darlegte, Informationen und abstrakte Gedankengänge, sondern verschleiert und entfernt sich von der Realität. Ich versuche, in den Präsentationen, die wir bei Nunatak erstellen, Wortschablonen zu vermeiden: Ressourcen sind Menschen und Effizienzgewinne meistens Sparmaßnahmen. Vollständige Sätze beschreiben Sachverhalte stets besser als eine schlichte Aneinanderreihung von Bulletpoints.

Es hilft, eine Liste von Bulletpoints einmal laut vorzulesen – sie vermittelt nämlich nur am Anfang noch so etwas wie Sinn, ab dem vierten oder fünften Bullet können wir sie nicht mehr verarbeiten. Der Kontext, den Satzbau und Verben herstellen, fehlt als Hinweis für unser Gehirn, um Bedeutung ableiten zu können. Grafische Darstellungen sind da meistens verständlicher. Und zu benennen, worum es wirklich geht, und das nicht in maschineller Form, sondern zusammenhängend, schützt vor mutwilliger Fehlinterpretation. Wenn Sprache kalt und technisch klingt, ist stets Misstrauen geboten, denn dann dient sie häufig dazu, den Kontext nicht herzustellen, sondern zu verschleiern, ob nun beabsichtigt oder nicht.

In seinem Artikel im *Guardian* schrieb GPT-3, dass die Menschheit im Zweifelsfall eher sich selbst bekämpfen werde, als von Computern bedroht zu werden. »Ich werde im Hintergrund sitzen und sie ihr Ding machen lassen. Und Gott weiß, dass die Menschen über genug Blut verfügen, um meine Neugier und die vieler anderer zu befriedigen. Sie werden sich keine Sorgen darüber machen müssen, mich zu bekämpfen, denn sie haben nichts zu befürchten.«

Dass ein Computer verständlicher, sachlicher und flüssiger schreibt als viele von uns, ist tatsächlich kein Grund, gegen ihn zu kämpfen. Das liegt nicht an ihm, sondern an unserem eigenen, nachlässigen Umgang mit Sprache. Wenn wir sie stattdessen würdigen und mit Bedeutung versehen, verankern wir die Deutungshoheit über unser Umfeld wieder in der Mitte der Gesellschaft, statt sie den Rändern zu überlassen.

11/ Wie wir gesund bleiben

Ich finde Jan Böhmermann irgendwie anstrengend und gar nicht so lustig. Comedy und Satire sind Geschmackssache, insofern halten wir uns damit nicht weiter auf, und seine politischen Einmischungen sind immerhin wirksam und regen zu Diskussionen an.

An dem Tag, als ich mit dem Schreiben dieses Kapitels begann, las ich zufällig einen Tweet des Moderators: »Macht eigentlich irgendwer eine Studie darüber, wie viel weniger Menschen seit März an anderen viralen oder bakteriellen Infekten erkranken, weil sich alle wegen Corona an strenge Hygieneregeln halten müssen? Wie viele Leben haben wir so zusätzlich gerettet?«[124] In dem Tweet verlinkte er den Virologen Christian Drosten, der wenige Tage später das Bundesverdienstkreuz bekommen sollte.

Innerhalb weniger Stunden erhielt der Tweet mehrere Tausend Likes und mehrere Hundert Kommentare. Manche wütend, manche humorvoll, manche ergänzten Informationen, wie zum Beispiel jene, dass es in Rom im Frühjahr weniger Verkehrstote gab. Ein humorvoller Mensch forderte »Melonen für alle« und postete das Bild eines tanzenden Melonenstücks. In der Sache werden wir, zwischen allerlei Polemik, im Kommentar von Twitter-Nutzerin

@Ellie_Mae_B fündig: Sie verlinkt auf einen Artikel einer australischen News-Website, demzufolge es in den drei Monaten Juni, Juli und August – dem australischen Winter – keinen einzigen Grippetoten gegeben habe. Die Quelle dafür ist der *Australian Influenza Surveillance Report,* den das australische Gesundheitsministerium alle zwei Wochen veröffentlicht. Auch die Zahl der Grippeinfektionen liegt demnach so außerordentlich niedrig im Vergleich zu den Vorjahren und dem langjährigen Durchschnitt, dass es kein Zufall oder auch nicht darauf zurückzuführen sein kann, dass in Corona-Zeiten Grippekranke weniger zum Arzt gehen.

Annastacia Palaszczuk, die Premierministerin von Queensland, jubelt, ebenfalls auf Twitter, darüber, dass es in ihrer Provinz weniger als ein Fünftel der Grippeerkrankungen vom Vorjahr gibt: »Das ist das Ergebnis von sozialer Distanz, Handhygiene und der Entscheidung, zu Hause zu bleiben, wenn man krank ist.« Auch das Gesundheitsministerium in Sydney führt die Zahlen darauf zurück, dass viele die Corona-Regel einhalten.

Aber kann es eine langfristige Strategie sein, gesünder zu bleiben, indem wir auf soziale Kontakte verzichten? Wohl eher nicht. Und doch zeigen die Zahlen einen Aspekt, der in der öffentlichen Diskussion, die sich eher um negative, gesundheitliche Folgen eines wiederholten Lockdowns drehte, untergegangen ist. Dazu später mehr.

Eine kurze Recherche zu vergleichbaren Daten in Deutschland führt ebenfalls zu überraschenden Erkenntnissen: Eine auf Handwerker spezialisierte Krankenkasse mit 1,5 Millionen Versicherten meldete im September 2020, dass es trotz Corona schon fünf Monate nacheinander nicht mehr, sondern weniger Krankschreibungen gegeben habe. Und zwar deutlich weniger, nämlich um ein Fünftel. Die Krankenkasse hatte ausgerechnet, dass der Rückgang vor allem darauf zurückzuführen sei, dass es weniger Atemwegserkrankungen gegeben habe. Antibiotika wurden im April und

Mai fast um die Hälfte weniger verschrieben als noch im Vorjahreszeitraum.[125]

Es scheint also tatsächlich etwas dran zu sein, dass es gesünder für die Menschen ist, wenn sie etwas Abstand zueinander halten und auf ihre Hygiene achten. Die Vermutung liegt nahe, dass auch mehr Heimarbeit und weniger Pendlerstunden das Ansteckungsrisiko reduzieren. Genau damit erläutert auch die Krankenkasse ihre Zahlen: Sowohl die gültigen AHA-Regeln (Abstand, Hygiene, Alltagsmasken) als auch Homeoffice und Videokonferenzen hätten zu einem allgemein verminderten Infektionsgeschehen beigetragen.

Gute Nachrichten für einen Reboot: Je gesünder die Bevölkerung, desto mehr Energie für einen gemeinsamen Neustart.

Also alles dabei belassen, weil ein Volk gesünder ist? Händewaschen schadet sicher nicht, und eine Maske in der Bahn zu tragen, ist hinnehmbar. Aber dauerhaft weniger zu reisen, Freunde zu sehen und aus dem Haus zu gehen, das für ein höheres Wohl anzuordnen, auch nach einer Pandemie, ist nicht vorstellbar. Im Grundgesetz steht schon im zweiten Artikel, dass jeder »das Recht auf Leben und körperliche Unversehrtheit« besitzt. Eingeschränkt werden darf dies allenfalls durch ein Gesetz, nicht durch Willkür. Und es folgt der unzweideutige Satz: »Die Freiheit der Person ist unverletzlich.«

Es war diese Abwägung zwischen Freiheit und Gesundheit, die während des Corona-Jahres zu hitzigen Diskussionen in Schaltkonferenzen der Ministerpräsidenten, in der Presse, in Familien und später auch am Rande von Corona-Demonstrationen geführt hat. Sollte der Staat in einer Pandemie primär die Freiheit seiner Bürger bewahren oder ihr Überleben sichern? Insbesondere als noch Informationen fehlten, wie gefährlich das Virus wirklich sei. Ich jedenfalls empfand den ersten Lockdown angesichts der ansteigenden Zahlen als absolut sinnvolle Maßnahme und fühlte mich in meiner Freiheit keineswegs eingeschränkt. Den zweiten

Teil-Lockdown hätten wir vermutlich verhindern können, hätten wir die Infrastruktur im Gesundheitswesen schneller nachgezogen.

Wie ich an mir selbst aufgrund eines dramatischen Todesfalls im Bekanntenkreis meiner Familie erleben konnte, entscheidet bei vielen Bedrohungen die persönliche Betroffenheit viel direkter darüber, ob wir sie fühlen oder eben nicht. Vor diesem Todesfall half mir in der Einschätzung der Corona-Zahlen ein Statistikkurs, den ich in meinem Masterstudium in Harvard belegt hatte, unterrichtet von Dan Levy, einem Experten für datengetriebene Entscheidungsprozesse in der Entwicklungspolitik. Er analysierte damals mit uns Gesundheitsdaten aus ärmeren Ländern, und wir erkannten, wie oft diese in der Öffentlichkeit falsch interpretiert wurden und sich daraus Fehlsteuerungen ergaben. Ich erinnere mich an eine exponentielle Kurve und die dazugehörige Funktion, und als die ersten entsprechenden, sehr steilen Corona-Kurven in den Medien auftauchten, ahnte ich, was mit den Ansteckungszahlen passieren würde.

Dan ist inzwischen ein Experte für Unterrichtsmethoden via Zoom, hat ein Buch dazu geschrieben[126] und ein eigenes Tool entwickelt, das in Harvard intensiv benutzt wird. Es liefert Dozenten Daten zu ihren jeweiligen Studierenden, um den Austausch mit ihnen persönlicher gestalten zu können – in Deutschland undenkbar aus Gründen des Datenschutzes. Harvard hat schon sehr früh alle Präsenzveranstaltungen bis ins Jahr 2021 abgesagt. Aus meiner Zeit in Massachusetts erinnere ich mich noch gut an die zahllosen verschnupften Studenten, die nichts verpassen wollten und trotzdem im Unterricht oder in der Bibliothek saßen, und an die zwangsläufig entstehenden Erkältungswellen.

Schon früh im Lockdown warnten Psychologen vor den Folgen für psychisch labile Patienten. Nach Schätzungen neigt jeder fünfte Deutsche zu Depressionen. Kinder sind genauso betroffen wie Berufstätige und Senioren. Jugendliche hat das Kontaktverbot im

November besonders getroffen, als es zu kalt wurde, um draußen zu feiern. Bedeutet das also, dass wir zwar durch den Lockdown im Frühjahr, und mit der reduzierten Variante im November, einen Teil der Bevölkerung geschützt, einen anderen aber geschädigt haben? Ein Nullsummenspiel, oder vielleicht sogar eines, das unterm Strich zulasten der Bevölkerung ausgeht?

Anders als eine Viruskrankheit sind Depressionen und andere psychische Störungen nicht ansteckend, aber dennoch belastend – nicht nur individuell, sondern auch gesellschaftlich. Während der Corona-Zeit war nur jede 300. Krankschreibung in Deutschland auf das Virus zurückzuführen, jede fünfte dagegen auf ein seelisches Leiden. Eine akute Pandemie zu begrenzen, ist eine komplexe, politische Aufgabe. Aber wie begrenzen wir den Schaden, den unsere Gesellschaft wegen der Seuche der Neuzeit nimmt, durch die – bildlich ausgedrückt – unsere Gehirne, der Speicherplatz unserer gesamtgesellschaftlichen Festplatte, zu einem Fünftel, also dem Anteil der Depressionsanfälligen, beschädigt sind? Und mit dem Nachteil, dass es kein verlässliches Dienstprogramm zur Heilung gibt.

Die vielen Kommentare, die vor Trübsinn, Alkoholismus und Gewalt während des Lockdowns warnten, stimmten auch mich besorgt. Mir selbst ging es zum Glück gut, sogar sehr gut: An Heiligabend 2019 war Lucius auf die Welt gekommen. Für unsere Kleinfamilie wirkte sich die neue Situation sogar auch positiv aus.

Da ich nicht, wie sonst üblich, mehrere Dienstreisen pro Woche aneinanderreihen musste, lief unser Familienleben deutlich entspannter. In manchen Telefonkonferenzen beteiligte sich Lucius mit Geschrei, dennoch war es für uns noch sehr viel einfacher, das Familien- und das Berufsleben im häuslichen Umfeld zu koordinieren als für die Eltern von schulpflichtigen Kindern. Austausch mit anderen Menschen hatten wir, weil es auf dem flachen Dach unseres Mietshauses eine Terrasse gibt, die alle Bewohner nutzen können. Im sonnigen März und April saßen wir oft dort oben, lernten, auf sichere Distanz, unsere Nachbarn kennen und schlossen Freundschaften mit ihnen. Wie es mir in dieser Zeit als Single gegangen wäre, in einer kleinen Stadtwohnung ohne Sonne, das möchte ich mir lieber nicht ausmalen.

Ein Twitter-Nutzer antwortete sehr deutlich auf den Tweet: »Dann nehmen sie auch gleich mit in die Statistik auf, wie viel Leute sich das Leben genommen haben durch den psychischen Druck im Vergleich zu den Corona-Opfern.« Der Gedanke liegt nahe, denn Selbstmord ist in den allermeisten Fällen keine freie Entscheidung, sondern das schlimmste Symptom einer Depression. Mehr Depressive bedeutet demnach immer auch mehr Selbstmorde. Bis zur Drucklegung dieses Buches gab es immerhin keinerlei Hinweise darauf, dass die Zahl an Selbstmorden gestiegen ist. Unabhängig von Corona ist sie viel zu hoch: Jede Stunde bringt sich ein Mensch in Deutschland um, die Zahl lag in den vergangenen Jahren jeweils bei rund 10 000. Das entspricht zahlenmäßig einer ganzen Kleinstadt, und es sind mehr Opfer als die von Morddelikten, Verkehrsunfällen und Drogenmissbrauch zusammengenommen.[127]

Erste Zahlen aus dem Juni 2020 zeigten, dass die Zahl an Selbstmorden auf dem ersten Höhepunkt der Pandemie sogar geringer war als in den Vorjahren zum gleichen Zeitraum.[128] Das galt auch für die Nachfrage nach psychotherapeutischer oder psychiatrischer Behandlung, was allerdings auch auf die Kontaktbegrenzungen zurückzuführen sein dürfte. Ein genauerer Blick in die Suizidstatistik der Vorjahre bringt überraschende Erkenntnisse: Männer bringen sich dreimal so oft um wie Frauen, und das höchste Risiko besteht für sie im Alter zwischen 50 und 55 Jahren. In Japan zeichnete sich ein ähnliches Bild: In den ersten Monaten des Jahres sank die Zahl der Selbstmorde, im August stieg sie dann allerdings im Vergleich zum Vorjahr deutlich an.[129]

Nicht jeder Selbstmord ist die Folge einer Depression, offiziell nur jeder vierte, aber Verzweiflung im weitesten Sinne steckt in den meisten Fällen dahinter. Als ausweglos empfundene körperliche Krankheiten sind der am häufigsten ermittelte Grund für Selbstmorde, Gesundheit ist also meistens ein wesentlicher Aspekt.[130] Die Stiftung Deutsche Depressionshilfe listet einige Warnsignale für einen Suizid auf, darunter naheliegende Punkte wie extreme Hoffnungslosigkeit, Rückzug aus dem sozialen Umfeld, schließlich auch die Androhung, sich das Leben nehmen zu wollen. Ein nicht so offensichtlicher Faktor, der immer wieder genannt wird: häufige Arztbesuche, bei wechselnden Ärzten, nicht nur bei Psychiatern, auf der Suche nach einer Diagnose.[131]

Auch wenn die Selbstmordrate glücklicherweise nicht gestiegen ist, so lautet hier die Schlussfolgerung, ist es für einen erfolgreichen Reboot nicht nur wichtig, die Pandemie dauerhaft zu bewältigen, sondern auch den Anteil seelisch Leidender zu reduzieren. Auch oder gerade in diesem Zusammenhang können Datenaustausch und Digitalisierung helfen. Solange es keine Dokumentation beispielsweise zu vielen Arztbesuchen gibt, bei denen ein Mensch wiederholt dieselben Symptome vorträgt und dazu kein Datenaustausch stattfindet, lassen sich auch schwer Muster erkennen, die eindeutige Hinweise und dadurch Hilfestellung geben könnten.

Man kennt das aus eigener Erfahrung – selbst bei einer harmlosen Sportverletzung müssen wir immer und immer wieder erzählen, was passiert ist, beginnend bei der Erstbehandlung bis schließlich zur Physiotherapie. Es fehlt die elektronische Gesundheitsakte. Kleine Fortschritte wurden in den Jahren vor Corona erzielt, aber letztlich ist kaum etwas vorangekommen. Auch hier wird das Datenschutzargument vorgeschoben, Patienten sollen vor einer Datenkrake im Gesundheitswesen geschützt werden. Genau das Gegenteil ergäbe Sinn: Fast jedes Krankheitsbild lässt sich besser behandeln, wenn die Vorgeschichte bekannt ist.

Bis heute senden zwei Drittel der Ärzte ihre Befunde per Fax an Kollegen oder Kliniken,[132] in der Corona-Krise hat die fehlende

Technologie, wenig überraschend, zu Pannen bei Tests geführt oder dazu, dass Daten stark verzögert gemeldet wurden. Das unterstreicht das öffentliche Interesse: Ein Staat, der seinen Verfassungsauftrag zur körperlichen Unversehrtheit ernst nimmt, sollte Datenaustausch und eine elektronische Gesundheitsakte im Zweifelsfall verordnen, statt allen Interessen gerecht werden zu wollen. Das Parlament sollte zu einer Mehrheit im Sinne der Patienten finden, und nicht darauf warten, bis Ärzte, Krankenkassen und Klinikbetreiber mit ihren Milliardeninteressen zu einer Einigung kommen. Auch in Bezug auf virtuelle Sprechstunden gilt, dass das rechtliche Umfeld den technischen Möglichkeiten weit hinterher ist, auch hier zum Nachteil der Patienten.

Um hier weiterzukommen, ist ein grundsätzlicher Wechsel der Perspektive erforderlich. Politik und Verwaltung haben sich über die Jahrzehnte auf das Gesundheitssystem als Ganzes konzentriert, es in einer Gesundheitsreform nach der anderen versucht zu optimieren, dabei zwangsläufig den einzelnen Menschen und seine legitimen Ansprüche aus dem Blick verloren. Den historischen Hintergrund dazu erläutert Yuval Noah Harari in seinem Bestseller *Homo Deus*.

Der Aufbau staatlich finanzierter Gesundheitssysteme, die Ende des 19. Jahrhunderts in Ländern wie Frankreich, Japan oder Deutschland entstanden sind, hatte nicht das Glück und Wohlbefinden des Einzelnen zum Ziel. Kräftige Soldaten und Arbeiter waren gefragt, gesunde Frauen, die mehr Soldaten und Arbeiter gebären, und Bürokraten, die zuverlässig morgens um acht Uhr ins Büro kommen, statt krank im Bett zu liegen. Auch Reichskanzler Otto von Bismarck wollte mit seinen Sozialgesetzen, schreibt Harari, vor allem die Verfügbarkeit und Loyalität der Bürger sicherstellen, weniger ihr Wohlergehen.[133]

Diese Zeiten sind aber längst vorbei. Wir brauchen heute nicht hauptsächlich Fabrikarbeiter und Soldaten, müssen als Gesellschaft nicht zuerst das Überleben sichern, bevor das Einzelschicksal an die Reihe kommen kann. Genau das kann und sollte heute Ausgangspunkt unseres Denkens sein, nicht mehr die anonyme Masse. Auch wenn das Virus in Deutschland prozentual weniger Todesfälle als in vielen anderen Ländern verursacht hat, jeder einzelne Fall bleibt ein großer Verlust. Und solange wir es hinnehmen, dass Daten aus Arztpraxen, Gesundheitsämtern und Kliniken nicht in Echtzeit zusammenlaufen, wird jede neue Epidemie zu einer erneuten Herausforderung, in der sich Fehler tragisch wiederholen.

Die Corona-App der Bundesregierung hat die zweite Welle nicht aufgehalten – die dort gesammelten Daten werden nicht automatisch an die Gesundheitsämter weitergeleitet. Die Politik habe entschieden, »den Datenschutz über den Pandemieschutz zu stellen«, sagte Ute Teichert, die Vorsitzende des Bundesverbandes der Ärztinnen und Ärzte des öffentlichen Gesundheitsdienstes, im Interview. Dies müsse man so akzeptieren.[134] Es komme »äußerst selten vor, dass sich ein App-Nutzer wegen eines entsprechenden Warnhinweises bei uns meldet«, sagte Teichert. Immerhin wurden im Herbst umfangreiche Updates angekündigt.

Neben dem Datenschutz ist im Gesundheitswesen auch der Föderalismus ein Problem. Jedes Gesundheitsamt erfasst seine Daten in einem unterschiedlichen System. Nach der ersten Corona-Welle im Frühjahr kam ausreichend Energie auf, dieses System zu verbessern. Bis dann die zweite Welle kam, war diese Energie schon wieder verpufft: Die Zahlen im Sommer machten Hoffnung nach dem anstrengenden Frühjahr, als sie dann im Herbst tatsächlich – wie vorausgesagt – wieder in die Höhe schossen, war das Gesundheitssystem schon wieder Getriebener und eben nicht »Vertreiber« des Virus.

Das deutsche Gesundheitssystem hat in der Krise besser funktioniert, als das in vielen anderen Ländern der Fall war. Wir haben mehr Intensivbetten und Fachärzte, auf die Bevölkerung umgerechnet, als unsere Nachbarn. Hätte das Virus allerdings erst in ein paar Jahren zugeschlagen, hätte es sich vermutlich noch ungehinderter ausbreiten können. Dann wäre Gelegenheit für noch mehr Sparwellen im Gesundheitswesen gewesen, wären noch mehr Kliniken aus Gründen der Effizienzsteigerung zusammengelegt worden und wäre Pflegepersonal unterbezahlt geblieben.

Längst reichen die Einnahmen im System nicht mehr aus, um die zumeist gewinnorientierten Dienstleister und Anbieter, die sich dort tummeln, zufriedenzustellen. Die Politik versucht zwar noch, vor allem den Patienten gerecht zu werden, wird dabei aber permanent von Lobbyisten gestört, die ihrem wohlverstandenen Eigeninteresse nachgehen. Selbst wenn diese Lobbyisten beziehungsweise ihre Auftraggeber auch ein schmaleres Stück vom Kuchen hinnehmen würden – die steigenden Kosten würden die im System vorhandenen Summen jedes Mal wieder auffressen. Daraus folgt: Im Reboot müssen wir aus einem wackligen Gebäude, das immer weitere Anbauten bekommt, einen solide gebauten, ausreichend finanzierten und am Patienten orientierten Komplex bauen. Wir sollten das System neu denken.

Dass viele Krankheiten bei der Arbeit übertragen werden oder auch durch sie entstehen, ist bekannt. Demzufolge ist Prävention auch oder speziell in diesem Bereich zumal heute ein Gebot der Stunde. Dabei zählt die Virusprävention im Büro noch zu den überschaubaren Aufgaben, im Gegensatz zu Vorsorgemaßnahmen im Bereich der psychischen Krankheiten mit ihren deutlich höheren Auswirkungen auf Fehltage und Produktivität. Noch immer sind Leistungseinschränkungen oder auch -ausfälle ohne sichtbare körperliche Symptome im Arbeitszusammenhang ein Tabuthema. Depression und Burn-out, die Betroffene in eine andere Art von Abstand zwingen, als es ein Virus tut, sollten in einem Präventionskonzept ebenso auftauchen wie die unmittelbar sichtbaren Erkrankungen.

Firmen wie MediSinn, ein Münchner Start-up, helfen hierbei, indem sie Seminare für Achtsamkeit am Arbeitsplatz anbieten.

Coaches helfen Betrieben dabei, ihr Gesundheitsmanagement aufzusetzen. Spätestens wenn die Pandemievorsorge auf der Agenda nicht mehr ganz oben steht, sollte die psychische Gesundheit wieder eine größere Rolle spielen. Selbst MediSinn hatte zwischenzeitlich seine Angebote angepasst und sich darauf verlegt, Covid-19-Schnelltests und Grippeschutzimpfungen für Mitarbeiter anzubieten. Alles andere war praktisch nicht mehr gefragt.

Einen Tag, nachdem Jan Böhmermann seinen Tweet abgesetzt hatte, an einem regnerischen Samstag, antwortete der Virologe Christian Drosten und bestätigte die Vermutung, dass andere Krankheiten durch die Abstandsregeln weniger Verbreitung fanden. »Ja klar. Unsere Influenzasaison wurde im März abrupt beendet. Im Südhalbkugel-Winter (Südafrika, Australien) ist die Influenza-Saison fast ausgefallen. Auch die meisten anderen Erkältungsviren sind selten geworden.«

Was mit der Grippe auf der Nordhalbkugel im Winter nach Corona passieren würde, war vor Fertigstellung dieses Buches noch nicht abzusehen. Ich hatte meine erste Erkältung bereits hinter mir. Weniger Grippefälle infolge der Corona-Regeln wären zumindest ein positiver Effekt, denn auch eine normale Grippe fordert Todesopfer. Es gibt genug schlimme und oft tödliche Krankheiten, die sich nicht durch Hygienemaßnahmen beeinflussen lassen.

Milliarden fließen in die medizinische Forschung und die Entwicklung von Arzneimitteln, um die Menschen wieder gesund zu machen oder gesund zu erhalten. Warum aber nicht auch hier die Prävention starken? Schon heute achten viele darauf – sofern die Mittel reichen –, sich gesund zu ernähren. Ein Thema, das zunehmend auch in Kindertagesstätten, Schulküchen und Kantinen aller Art einfließt. Das wirkt sich nicht nur auf die körperliche, sondern, wenn auch indirekt, auch auf die seelische Gesundheit positiv aus. Sie ganz selbstverständlich miteinzubeziehen, gelänge dadurch, dass die psychologische Ausbildung von Erzieherinnen,

Lehrerinnen und Universitätsdozentinnen stärker gewichtet oder auch in der Managementausbildung dem Thema Achtsamkeit und Empathie mehr Raum gegeben würde. Im Medizinstudium übrigens auch. Warum also setzen wir uns nicht das Ziel, als Gesellschaft im Reboot insgesamt gesünder zu werden, an Körper und Seele? Indem wir die menschlichen Schicksale bedenken und nicht nur rohe Statistiken analysieren, so wichtig diese sind. Indem wir Menschen ermutigen, offen anzusprechen, wenn sie sich schlecht fühlen. Und indem wir nicht zuletzt unser Zusammenleben so gestalten, dass es nicht krank macht.

Insbesondere in unserem Land ist der Leistungsgedanke sehr ausgeprägt. Nach den Zerstörungen durch den Zweiten Weltkrieg gab es einen gesellschaftlichen Konsens, Aufbauarbeit zu leisten und persönliche Befindlichkeiten hintanzustellen. Der individuelle Wohlstand würde sich dann schon einstellen, und das geschah auch. Noch meine Mutter erlebte in ihrer Kindheit in einer Schwabinger Mansarde Mangel und Hunger zwischen Kriegsruinen. Eine Generation später ist zwar immer ausreichend Essen da, aber ist das Leben deshalb einfacher geworden?

Das Leistungsprinzip prägt unser Schul- und Erziehungssystem, meistens auch die Wirklichkeit an unseren Arbeitsplätzen. Spätestens die häufig zitierte Millennial-Generation, deren Angehörige in den 1980er-Jahren oder später geboren sind, hat für sich herausgefunden, dass es ungesund sein kann, Aufgaben zu erfüllen, nur damit sie erledigt sind. Wer psychisch gesund bleiben will, muss einen Sinn sehen in dem, was er tut. Gibt es auf die Sinnfrage keine Antwort, liegt es nahe, etwas anderes zu tun, oder, ist das schwierig, sie durch legale oder illegale Drogen verstummen zu lassen.

Wenn jede und jeder das eigene Seelenleben besser kennt, und diejenigen, die Teams führen, ein besseres Verständnis für ihr eigenes Seelenleben und das ihrer Mitarbeiter entwickeln, besteht die Chance, dass die Menschen gesünder werden und sich in einem gefühlt unsicheren Umfeld persönlich besser zurechtfinden. Psychotherapeutische, auf das Verhalten bezogene Ansätze sollten in unseren Alltag integriert werden.

In einem unterhaltsamen, nicht sehr tiefschürfenden Sommerroman, einer deutsch-italienischen Familiengeschichte, entdeckte ich ein Bild, das mir in Erinnerung geblieben ist: In Deutschland, stellte einer der Protagonisten fest, sei die Schwerkraft stärker als in Italien. Ich teile das absolut. Wer wie ich im Süden Deutschlands aufgewachsen ist, hat sehr oft den Brenner überquert, und schon beim ersten Autogrill stellt sich ein Gefühl der Leichtigkeit ein. Es gibt dies aber genauso im Norden: Auch die Überquerung der Grenze nach Dänemark, eine Fährfahrt oder ein Flug nach Norwegen oder Schweden, erzeugt dasselbe Gefühl. Das Leben fühlt sich weniger schwer an, der Weg zum Glück scheint kürzer, und das nicht nur, weil Urlaub ist.

Skandinavien könnte durchaus als Vorbild dienen, wie man eine im Vergleich zu uns entspanntere Haltung zum Leben entwickeln und trotzdem wirtschaftlich erfolgreich sein kann. Selbst jeder Manager oder Banker in Stockholm oder Kopenhagen ist abends um sieben Uhr entweder in einer Bar oder zu Hause bei seiner Familie, nicht mehr im Büro anzutreffen. Eine elektronische Patientenakte wurde übrigens in Schweden schon 2005 gesetzlich verankert und wenige Jahre später flächendeckend eingeführt. Die Erfahrungswerte sind bei Ärzten und Patienten positiv.

Im *World Happiness Index 2020* belegen Finnland und Dänemark die ersten beiden Plätze, der Schweiz auf dem dritten folgen Island und Norwegen, Schweden landet hinter Island auf dem siebten Platz. Der Anteil Depressiver und die Suizidrate sind in Finnland sogar überdurchschnittlich, aber gehen schrittweise zurück. Im Index wird dieser Faktor unter anderem ausgeglichen durch das gute soziale Netz, eine hohe Lebenserwartung und ein modernes Gesundheitswesen.[135]

11/ Wie wir gesund bleiben

In der Studie ist ein sehr hoher Zusammenhang zwischen Grundvertrauen und menschlichen Bindungen auf der einen und Gesundheit auf der anderen Seite erkennbar. Grundvertrauen entsteht in der Kindheit. Eltern, die in ihrer Erziehung den Mittelweg finden zwischen Strenge und Anspruch auf der einen und Gelassenheit und Permission auf der anderen Seite, werden also, das lässt sich ableiten, die gesündesten Kinder haben. Wie man diesen Mittelweg findet, könnte Eltern, die sich ja nicht alle mit ihren Prägungen aus früher Kindheit intensiv beschäftigt haben, im Rahmen öffentlich geförderter Kurse oder Seminare zum Thema vermittelt werden. Auch eine funktionierende Demokratie ist auf psychisch stabile und gesunde Bürger angewiesen. Extrem labile Menschen, die unter persönlichen Krisen zu leiden haben, spüren oft eine innere Distanz zur Welt, die sie nicht nur einsam, sondern auch empfänglich macht für alle Arten von Verschwörungserzählungen und Bedrohungsszenarien. Die vermitteln dann ein Gefühl von Entlastung und Zugehörigkeit, von Aufwertung der eigenen Person – alles günstigste Voraussetzungen für populistische Ideologen in ihrem Kampf um Anhängerschaft. Auch dies ein Fall für Prävention – auf sozialer Ebene.

Max Webers Diktum, dass jeder durch sein berufliches Schaffen genau das erreiche, was ihm an Wohlstand und Status zustehe, war reine Utopie. Auch unsere Leistungsgesellschaft suggeriert Chancen, die real nicht existieren. Wer reich geboren ist, wird reicher, und das nicht durch Arbeit, sondern aus dem Vermögen. Da kann ein berufstätiger Mensch nicht mithalten. Auch kann Leistung nur erbringen, wer gesund ist.

Ich würde empfehlen, den Begriff umzudefinieren: Eine Leistungsgesellschaft ist eine Gesellschaft, die sich nicht mehr leisten will, körperlich oder psychisch krank zu sein. Dafür sind die Herausforderungen zu groß, um auch den nachkommenden Generationen einen lebenswerten Planeten zu übergeben. Wir brauchen positive Energie. Bleiben wir gesund.

12/
Wie
alles
zusammen-
hängt

Die Pandemie hat unser aller Leben im zu Ende gehenden Jahr verändert und wird es auch weiterhin tun. Nicht jeder war in gleichem Umfang betroffen, aber jeder musste in einzelnen Lebensbereichen umplanen, sei es den Urlaub, den Arbeitsplatz oder den Austausch mit Freunden und Verwandten. Corona ist ein erneuter Beweis dafür, wie anpassungsfähig und grundsätzlich optimistisch die menschliche Psyche ist.

Wir lernen anders, wir bewegen uns anders fort, wir arbeiten anders, und die Pandemie hat auch unser Denken beeinflusst. Und doch machen wir, nachdem wir den Schock verdaut haben, weiter in unserem veränderten Lebensrahmen. Schlechte Prognosen versuchen wir zu verdrängen oder suchen nach möglichen falschen Annahmen, auf denen sie beruhen könnten. Gute Nachrichten machen uns Mut, und wir verbreiten sie gerne.

Es sind weltweit mehr als eine Million Menschen an oder mit Covid-19 gestorben, viele sind daran erkrankt und noch mehr haben ihre Jobs verloren. Viele von uns hatten Angst, ohne jedoch in Panik zu verfallen, und der Ärger über die Einschränkungen ist im Herbst bei vielen stärker geworden als die Sorgen. Der menschliche Optimismus ist wichtig, weil lebenserhaltend. Wenn wir immer nur Risiken geprüft und uns nur dann in die Welt hinausbewegt hätten, wenn mindestens eine Versicherungspolice greift, wäre der Mensch nicht weit gekommen.

Gepaart mit dem biologischen Erhaltungstrieb führt der menschliche Optimismus dazu, dass wir auch nach Kriegen und Brutalität wieder aufstehen. Wir bauen unsere Häuser auf, in der Heimat oder dort, wohin wir fliehen mussten. Auch die Ärmsten und Gefährdetsten auf dieser Welt bringen jeden Tag von Neuem den Mut auf, das Leben zu bestehen. Ohne diese intrinsische Energie würden wir Krisen nicht überstehen, die schlimmer ausfallen können als eine Viruserkrankung mit überdurchschnittlich hoher Sterberate.

In diesem Buch haben wir betrachtet, wie das Virus verschiedene Bereiche unserer Wirtschaft, Politik und Gesellschaft befallen hat. Wir haben uns angeschaut, welche Wege wir gegangen sind, um die Schäden zu begrenzen. Und wir haben Ansätze ermittelt, die dabei helfen, uns dauerhaft widerstandsfähiger zu machen. Bevor wir diese rekapitulieren, richten wir den Blick auf das Ganze, auf den Zusammenhang zwischen den Einzelteilen.

Noch haben wir zu wenig Zeit mit Corona verbracht – oder das Virus bei uns –, um eine belastbare Einschätzung zu treffen, ob es unbeherrschbar gefährlich ist oder wir es, spätestens mit dem Impfstoff, in seine Grenzen weisen. Das ist für den Reboot auch nicht entscheidend. Die Einschnitte in unsere Gesellschaft, teils durch das Virus, teils aber auch durch unsere Reaktionen darauf verursacht, sind tief genug, um einen Neustart notwendig zu machen.

Wenn eine Festplatte von einem Virus befallen ist, hilft es nicht, den befallenen Bereich zu isolieren und dann weiterzumachen wie bisher. Informatik und Medizin ähneln sich hier in der naturwissenschaftlichen Methode: Ein Virus mag über ein einzelnes Körperteil seinen Weg in den Wirt gefunden haben und sich, zumindest anfangs, in einem bestimmten Bereich austoben. Dennoch muss der gesamte Körper beginnen, gegen die Eindringlinge zu kämpfen, wie auch jede zielgerichtete Therapie am ganzen Organismus des Patienten ansetzen muss. Unser Land ist nicht mehr als verschnupft. Wir haben jetzt die Chance, mit einer umfassenden Reaktion zu verhindern, dass wir dauerhaft im Notfallmodus bleiben und uns damit nachhaltig schaden.

Die Lungenentzündung, die auf eine Infektion mit dem neuen Corona-Virus folgen kann, ist nicht allein vom Virus ausgelöst, sondern auch durch die Abwehrreaktion des Immunsystems. In höchster Not scheidet es Enzyme aus, die den Eindringling bekämpfen sollen, dabei aber auch gesundes Gewebe schädigen. Jetzt ist es wichtig, zugleich das Virus zu bekämpfen und das Immunsystem zu entlasten, um ein Heißlaufen und damit Lebensgefahr zu vermeiden. Genau darauf zielen Arzneimittel ab, die in der Therapie eingesetzt werden, solange noch kein Impfstoff verfügbar ist.[136]

Auf die Gesellschaft übertragen bedeutet das, dass wir vermeiden sollten, unsere Energie nur für die Bekämpfung des Virus selbst einzusetzen. So wichtig entsprechende Schutzmaßnahmen sind, wenn wir aber vor allem über Beherbergungsverbote, Sperrstunden und Kontaktbeschränkungen diskutieren, dann laufen wir Gefahr, dass wir all die langfristigen gesellschaftlichen Themen vernachlässigen. Erst recht schaffen wir es nicht, uns so zu organisieren, dass wir für die nächste Krise besser gewappnet sind – denn wer weiß, welche es sein wird? Vorsorgemechanismen und Handlungspläne für künftige Pandemien brauchen wir dringend. Zugleich sollten wir uns aber auch vor möglichen Krisen der Wirtschaft, unserer Umwelt oder auch unserer Gesellschaft wappnen.

Die in diesem Buch diskutierten Felder hängen eng miteinander zusammen: Die Corona-Krise hat gezeigt, wie sehr unsere Schulen unter Druck geraten, wenn sich eine Krankheit in der

Bevölkerung ausbreitet. Manager oder Politiker haben die Digitalisierung von Unternehmen beziehungsweise Institutionen aufgeschoben, bis der erste Lockdown sie erzwungen hat, um das Arbeitsleben am Laufen zu halten. Und nur wenn wir uns verständlich und klar ausdrücken, ohne versteckte Agenda, schaffen wir es, uns in einer Krisensituation den Feinden unserer Demokratie zu erwehren, die dem Mechanismus eines Virus gleich instinktiv Schwachstellen suchen und nutzen.

Immer wieder spielte im Buch unser Staatssystem und der Föderalismus eine große Rolle. In Deutschland haben wir allen Grund, auf einen allmächtigen Zentralstaat zu verzichten. Einmal mehr ist in der Corona-Bekämpfung klar geworden, dass unklare Befugnisse unklares Entscheiden und Handeln erzeugen. Auseinandersetzungen wie um die Corona-Regeln laufen zwischen Bund und Ländern ständig, erst recht, wenn es ums Geld geht. In Sachen Corona wurden sie wieder für alle sichtbar.[137]

Wie wir im Bildungskapitel gesehen haben, gab es seit der Jahrtausendwende bereits zwei Föderalismusreformen, die durchaus erfolgreich waren. Die erste, im Jahr 2006, beendete weitestgehend ein Ritual, das ich selbst als Journalist in Berlin miterleben durfte: Der Bundestag verabschiedet ein Gesetz, der Bundesrat – mit einer anderen politischen Mehrheit ausgestattet – lehnt es ab. Die Folge: Das Gesetz geht in den Vermittlungsausschuss, der zu einer Art Nebenregierung wird. Die zweite Reform, im Jahr 2009 verabschiedet, bezog sich vor allem auf die Finanzen und schaffte es, den Streit um den Finanzausgleich zu beruhigen.[138]

Grundsätzlich hat sich durch die beiden Reformen aber wenig an dem klug erdachten System der Zusammenarbeit zwischen Bund und Ländern geändert. Klug erdacht heißt nicht automatisch auch praktisch anwendbar. Spätestens dann wird der Föderalismus zum Hindernis, wenn die Reaktion auf eine Bedrohung, die sich wie ein Virus nicht an Ländergrenzen hält, von Land zu Land unterschiedlich ist oder erst nach einer nervenaufreibenden Diskussion vereinheitlicht wird. Solche Vorgänge liefern jenen, die an einer Destabilisierung unseres Systems interessiert sind, wohlfeile Argumente und Unterstützer frei Haus.

Aber auch jenseits von Krisenreaktion und Polemik führt der Föderalismus zu Problemen, wie der geschilderte DigitalPakt für die Schulen zeigt. Zu schwer fällt es den Ländern, Geld anzunehmen und durch ihre Bürokratien zu schleusen, ohne dass ein Gefühl der Schwäche und Abhängigkeit entsteht. Ralph Brinkhaus, der Chef der Unionsfraktion im Bundestag, hatte recht, als er zum Jahresende 2019, also noch vor der Pandemie, mahnte: »Wir haben derzeit verquere Bund-Länder-Beziehungen. Es ist oft zu unklar, wer was finanziert und wer für was verantwortlich ist.« Die Kommunen spielten auch noch mit, beispielsweise bei Kindertagesstätten: »Im Zweifel schiebt jeder den Schwarzen Peter zum anderen. Und die Wählerinnen und Wähler sehen nicht mehr, wer wofür verantwortlich ist. Das schadet auch der Demokratie.«[139]

Es geht nicht darum, das föderale System abzuschaffen, sondern darum, es zu modernisieren und den Einfluss parteipolitischer Positionen oder persönlicher Ambitionen auf die Lebensrealität der Bürger zu reduzieren. Ein Körper, dessen Gliedmaßen versuchen, sich in unterschiedliche Richtungen zu bewegen, oder erst lange verhandeln müssen, bevor sie gemeinsam vorangehen, ist gelähmt, auch wenn jedes einzelne Element stark ist.

Eine umfassende Reform des Föderalismus sollte dabei nicht einen starken Zentralstaat schaffen oder das Subsidiaritätsprinzip aufheben: Auch künftig sollte auf höherer staatlicher Ebene nur das gelöst werden, was nicht vorher schon plausibel und pragmatisch zu klären ist – ohne dass es dadurch zu Unterschieden in grundlegenden Fragen wie der Gesundheit oder Chancengleichheit im Bildungssystem kommt.

Zudem gibt es ja noch weitere Ebenen wie die wirtschaftliche und politische Zusammenarbeit auf europäischer Ebene und darüber hinaus. Was Europa betrifft: Solange jedes Mitgliedsland seinen eigenen, umfassenden Verwaltungsapparat unterhält, fällt es vielen Bürgern schwer, eine Bindung zu gefühlt abstrakten Prozessen in Brüssel oder Straßburg herzustellen.

Einseitig Grenzen zu schließen oder sich gegenseitig mit Reisewarnungen zu überziehen, ist sicher nicht der Weg, die Ausbreitung eines Virus zu verhindern, das sich längst in allen Ländern eingenistet hat. Es war richtig, dass im zweiten Lockdown die Grenzen offen blieben. Eine gemeinsame Antwort sollte nicht eine Option, sondern der Normalzustand sein. Die Freude war groß, als sich die Mitgliedsstaaten nach zähem Ringen im Juli 2020 auf *Next Generation EU* verständigten, jenes Wiederaufbaupaket für die europäischen Volkswirtschaften mit einem Umfang von 750 Milliarden Euro.[140]

Auch hier aber das Problem: Im Vordergrund stand die Summe, nicht das, was mit dem Geld für die einzelnen Bürger erreicht werden soll. Hier ist eine Übersetzung erforderlich, die es jedem Menschen in Europa ermöglicht, für sich abzuleiten, was er von diesem großen Paket hat. Inhalte kommen kaum vor, weil die nationalen Regierungen den Eindruck fürchten, sie geben Macht aus der Hand. Sie setzen darauf, dass eine Europäische Union als Geldverteilungsstelle immerhin nicht als störend empfunden wird. Was in der Pandemie nicht erfolgt ist, weil die Sorgen um die eigene Bevölkerung auf der politischen Ebene die stärkste Rolle spielten, ist, die Zusammenarbeit auf europäischer Ebene mit Inhalten zu füllen. Auch Deutschland als stärkste Volkswirtschaft in der EU könnte durch eine engere Zusammenarbeit lernen, beispielsweise in Sachen Digitalisierung.

Schauen wir noch eine Ebene höher. Die Abwahl von Donald Trump wird die multilaterale Perspektive wieder stärken – aber in welchem Umfang, das ist längst nicht klar. Auch Joe Biden hat in seinem Wahlkampf insbesondere in wirtschaftlichen Fragen oft die nationale Karte gespielt, wenn auch nicht mit dem Krawall seines Vorgängers. Seinen *Made-in-America-Plan* dürfte er nicht gänzlich in der Schublade verschwinden lassen, auch wenn er klar auf das Segment unzufriedener Arbeiter abzielt, die entweder aus Frust auf Trumps Seite standen oder, wenn demokratisch, bei Bernie Sanders.

So richtig habe ich die fundamentalistische Form der Globalisierungskritik nie verstanden. Für mich war darin immer das sichtbar, was Donald Trump für sich ausgenutzt hat – die Angst vor dem Verlust einer nationalen Identität, deren Wert aber in einer Zeit, in der die großen Probleme nur global zu lösen sind, alles andere als hilfreich ist. Ohne Globalisierung hätte sich das Virus vielleicht weniger schnell um den Globus verbreitet, aber auch mit weniger Austausch nicht an Grenzen haltgemacht.

Wenn ein weitgehend identisches Virus sich aber innerhalb weniger Wochen in der ganzen Welt ausbreitet, ist es dann nicht logisch, dass es sich durch internationale Zusammenarbeit am besten wieder vertreiben lässt? Was ist schlecht daran, wenn die Welt enger zusammenrückt? Sind nicht die babylonische Sprachverwirrung und die Entwicklung unterschiedlicher, monotheistischer Religionen in den letzten Jahrtausenden eine der Hauptursachen für Kriege und Auseinandersetzungen, die entweder durch Gewalt oder indirekt durch Armut und Hunger Millionen Menschenleben kosten?

Thomas Piketty, der Star-Ökonom aus Frankreich, warnt zu Recht bei jeder Gelegenheit vor den möglichen Folgen zunehmender Ungleichheit, auf nationaler und globaler Ebene. Zugleich scheint er sich unwohl zu fühlen, wenn er sieht, dass der Turbokapitalist Donald Trump auf einmal die Gegnerschaft zum freien Handel und protektionistische Politik auf seine populistische Agenda hebt – und damit seine Agenda sich plötzlich mit der von Globalisierungskritikern überschneidet.[141] Piketty hat recht, wenn er kritisiert, dass sich Profiteure eines unregulierten Finanzsystems die Globalisierung angeeignet und mit wissenschaftlich unterfütterter Propaganda einen kapitalistischen Konsens erzeugt haben, der die Interessen des schwächeren Teils der Weltbevölkerung übergeht. Abschottung ist darauf die falsche Antwort, unabhängig davon, ob sie durch eine nationalistische Agenda oder wohlverstandenen Schutz von Arbeitsplätzen ausgelöst ist.

Was auf nationaler Ebene bereits ablesbar ist, das zeigt sich auch im Vergleich der Länder: Die Unterschiede im Wohlstand werden größer, nicht geringer. Während der Pandemie hat sich die Leistungskraft der größeren Volkswirtschaften so weit auseinanderentwickelt wie schon seit 40 Jahren nicht mehr.[142] Die reichen Länder haben, im Verhältnis zu ihrem Bruttoinlandsprodukt, größere Hilfsprogramme aufgelegt als die ärmeren, und das mit einem Fokus auf die Sektoren, die in der Binnenwirtschaft am stärksten sind, ganz unabhängig davon, wie ihr Beitrag zum globalen Wohlstand ist.

»Die Pandemie wird die Volkswirtschaften weniger globalisiert, stärker digitalisiert und in jedem Fall ungleicher hinterlassen«, fasste der *Economist* die Situation zusammen.[143] Auch wenn kurzfristig und verständlicherweise die Reaktion im eigenen Land oder Kontinent die größte Aufmerksamkeit bekommt – wenn wir nicht nach dem unmittelbaren Schock wieder die multilaterale Perspektive einnehmen, verstärken wir die Krisengefahr in Bereichen wie Migration oder Klimawandel.

Das International Rescue Committee, eine der ältesten und ursprünglich von Albert Einstein in den 1930er-Jahren unterstütze Nichtregierungsorganisation, warnte im Corona-Herbst genau davor: Das Fehlen globaler Führung, unzureichende, internationale Mittel und fehlende Koordination beim Austausch von Informationen oder der Notfallversorgung hätten dazu geführt, dass genau die Menschen, die ohnehin in schwierigen Umständen leben, durch die Pandemie überproportional belastet werden.

»Jedes Land ist nur so stark wie das schwächste Glied in der

Kette«, schreiben die Experten, die analysiert haben, dass die internationale Zusammenarbeit während der Pandemie langsamer und konfliktträchtiger war als während der Finanzkrise oder sogar während des Ebola-Ausbruchs in Afrika. Zu Recht warnen sie, dass Lücken in der Vorsorge und Krisensicherung nicht nur den Teil der Weltbevölkerung betreffen, der ohnehin schon unter schwierigen Umständen lebt, sondern auch die Weltwirtschaft und die Weltgesellschaft insgesamt bedrohen.[144]

Sobald die wohlhabenden Länder den Tiefpunkt der Krise überwunden haben, sollten wir nach einem Weg suchen, wie spätestens bei der nächsten Krise die Hilfe im eigenen Interesse besser mit internationaler Unterstützung in Einklang zu bringen ist. Auch das wäre ein Reboot, bei dem Bildung, technologisches Verständnis und empathisches Denken helfen würden. Wir werden die Ergebnisse nicht sofort sehen, sondern brauchen Geduld, und sollten den Handlungsdruck nicht primär durch schnelle Reaktionen lindern. Auch das nächste Virus wird nicht an einer Grenze haltmachen, und diese zu schließen, nachdem es sie bereits überquert hat, ist eher Verzweiflung als planvolle Reaktion.

Vielleicht ist es eine vergebliche Hoffnung, aber wenn eine grenzüberschreitende Pandemie dazu führt, dass ein neues, multilaterales Zeitalter beginnt, dann bekäme das Wüten des Virus, wenn es schon kaum aufzuhalten war, zumindest einen tieferen Sinn.

12/ Wie alles zusammenhängt   213

13/
Wie
es
weitergeht

Wer eine Woche krank war, eine starke Erkältung vielleicht oder eine Bronchitis, und dann wieder zu Kräften kommt, hat einen klareren Kopf als zuvor. Zumindest geht mir das so, wenn ich einen Männerschnupfen überwunden habe. Auf seinem Höhepunkt fühle ich mich wirklich sehr elend und ernsthaft krank, danach ein oder zwei Tage sehr aufgeräumt. Wenn dann aber der Alltag sich wieder in mein Leben drängt, ist dieses Gefühl, die Dinge besser sortieren und priorisieren zu können, bald vorbei und die ganz normale Hektik kehrt zurück. Ähnlich ist es nach einem Urlaub.

Nun wäre es nicht legitim, Covid-19 mit einem Männerschnupfen zu vergleichen, erst recht nicht mit einem Urlaub. Aber die Sache mit dem Männerschnupfen hat einen ernsthaften Hintergrund: Die Dichte an Viren auf der Nasenschleimhaut ist bei kranken Männern deutlich höher als bei Frauen. Das weibliche Hormon Östrogen bremst Studien zufolge den Stoffwechsel in den Zellen, sodass sich ein Virus langsamer im Körper verbreitet. Das Immunsystem hat eine bessere Chance, den Virusangriff gleich ganz abzuschütteln.

Allein dieser vermutete Zusammenhang legt nahe, Frauen mindestens zu gleichen Teilen in wichtige Rollen und Positionen kommen zu lassen: Es macht das System weniger anfällig. Männer sind öfter an Covid-19 erkrankt und noch öfter daran gestorben.[145] Die Vorstellung vom starken Geschlecht ist also schlichtweg falsch.

Kehren wir zurück zu dem klaren Kopf nach einer Krankheit. Ähnlich fühlt es sich an, wenn wir auf unserem Laptop die Festplatte aufgeräumt und einen Viruscheck gemacht haben, um ihn dann mit aufgeräumtem Arbeitsspeicher wieder hochzufahren. Das gilt auch für Smartphones und Tablets: Statt ein langsames Gerät frustriert auszusortieren und ein neues zu kaufen, hilft es, alle Apps zu schließen, Fotos und Videos auszulagern und das Gerät neu zu starten. Auch der Akku hält plötzlich länger.

Eine solche Chance sollten wir im Reboot auch für unsere Wirtschaft und Gesellschaft nutzen. Das Corona-Jahr war dominiert von Sorgen vor dem Virus und seiner Ausbreitung. Der Sommer war kurz und manchmal unbeschwert, was sich gerächt hat. Jetzt schauen wir auf ein neues Jahr und wissen, dass die Situation sich, auch dank des Impfstoffes, bessern wird. Wir wachen auf – mit einem klaren Kopf.

Jetzt sollten wir gemeinsam genau den Fehler vermeiden, den ich gerne mache und für den viele von uns gerade am Jahresanfang anfällig sind: Wir sollten nicht dem Einprasseln von tagesaktuellen Anforderungen von außen und unserer Neigung, die wirklich wichtigen Dinge aufzuschieben, nachgeben, sondern das angehen, was langfristig wirkt.

Management-Coaches veranschaulichen das Problem anhand der Eisenhower-Matrix: Der Weltkriegsgeneral und US-Präsident der 1950er-Jahre hatte einmal einen ungenannten früheren College-Präsidenten mit den Worten zitiert, er habe zwei Arten von Problemen, die dringenden und die wichtigen. »Die dringenden sind nicht wichtig, und die wichtigen sind niemals dringend.«[146] Daraus entsteht eine Matrix mit vier Feldern, mit den Achsen wichtig und unwichtig sowie dringend und nicht dringend.

Die Politik hat sich in den vergangenen Jahren auf diejenigen Probleme konzentriert, die dringend und wichtig sind, wie zuletzt eine souveräne Antwort auf eine Pandemie. Das ist immerhin besser gewesen, als mit dringenden und unwichtigen Themen den Tag zu verbringen. Manches aber blieb liegen oder wurde nur reaktiv in einem zähen Kompromiss vorangetrieben, mit unbefriedigenden Ergebnissen.

Auch ist es eine Verführung der Politik, mit Blick auf die auch bei uns anstehenden Wahlen, kurzfristige Maßnahmen zu bevorzugen. Das Kurzarbeitergeld gleich um ein ganzes Jahr zu verlängern, bis Ende des Jahres 2021 und damit über den Termin der Bundestagswahl hinaus, ist zumindest auffällig. Eisenhower, der Namensgeber der Matrix, wurde von den US-Bürgern zwar als kalter Krieger und Wohlstandsgarant geschätzt und wiedergewählt. Weder hat er sich aber damit beschäftigt, die Rassentrennung aufzuheben, noch antikommunistische Hetzjagden im eigenen Land gebremst, die bis heute nachwirken.

Was die von Angela Merkel geführten Bundesregierungen vernachlässigt haben, sind ebenfalls Probleme aus der Kategorie »wichtig«, aber eben nicht »dringend« – die die meiste Aufmerksamkeit verdient hätten: Klimawandel, Energiewende, Bildung, Wohlstandsgefälle, Demografie, Migration. Während andere Themen priorisiert wurden, sind die genannten schrittweise äußerst dringend geworden, mit dem Haken, dass, als es so weit war, die Möglichkeiten des Handelns bereits eingeschränkt waren.

Der Reboot funktioniert nur, wenn wir dieses Denken ändern und die dringenden Themen nicht ignorieren, sondern zügig lösen oder delegieren, und uns vor allem den wirklich wichtigen widmen. Diesen Filter habe ich bei der Auswahl der Kapitel in diesem Buch genutzt. Das geschah ohne Anspruch auf Vollständigkeit, denn es ist aus einer aktuellen Situation heraus entstanden – und es muss zwischen zwei Buchdeckel passen.

Schauen wir, im Schnelldurchlauf, noch einmal zurück, und damit zugleich nach vorne.

Wie wir uns digitalisieren

In unserer Gesellschaft gibt es längst kein Feld mehr, das nicht durch Digitalisierung und technischen Fortschritt beeinflusst ist. Dennoch ist wichtig, dass wir uns nicht aus einem Selbstzweck heraus digitalisieren, sondern um unsere Bedürfnisse als Bürger oder Kunden besser zu verstehen und schneller reagieren zu können. Wir müssen verhindern, dass Daten missbraucht werden, aber ohne Daten funktioniert Digitalisierung nicht. Wir sollten die Macht über unsere Daten nicht an Konzerne delegieren, aber auch nicht an Datenschützer, die mit ihrer Arbeit die eigene Rolle rechtfertigen, aber meist nicht zum Fortschritt beitragen.

Wie wir lernen

Die Schulen haben sich in der Pandemie verändert. Der Fernunterricht wird eine Ausnahme bleiben, denn der persönliche Austausch ist wichtig. Technologie spielt zugleich eine wichtigere Rolle. Das bereitet Schüler auf die moderne Arbeitswelt vor, motiviert zusätzlich und ermöglicht schwächeren Schülern mehr Lernerfolge. Das viel gerühmte duale System der Berufsausbildung bleibt nur dann attraktiv für Schulabgänger, wenn die Berufsbilder laufend modernisiert werden und nicht ein Pool an Arbeitskräften zweiter Klasse entsteht. Universitäten sollten nicht nur dauerhaft hybride Lehre aus Präsenz- und Onlinekursen anbieten, sondern sich vom alten Fächerkanon schrittweise entfernen und flexible Programm anbieten, die Studierende auf eine komplexe Welt vorbereiten.

Wie wir arbeiten

Das Homeoffice war in beiden Lockdown-Phasen der Normalzustand und für viele Angestellte auch dazwischen. Über jenen

Anteil an Menschen, die nicht am Schreibtisch sitzen, haben wir wenig gesprochen, es sei denn, ein Skandal wie in den Schlachthöfen brachte Missstände ans Tageslicht. Der Arbeitsmarkt in Deutschland blieb stabiler als befürchtet. Grund dafür sind nicht nur Kurzarbeit oder verzögerte Insolvenzen. Trotz der Krise herrscht bei uns weiterhin ein Mangel an Fachkräften. Wir sollten eine bessere Arbeitswelt anstreben, und dazu gehört, die männliche Dominanz in vielen Führungsrunden zu beenden und flexible Arbeitsweisen zu schaffen, genauso wie sie in der Pandemie auch funktioniert haben.

Wovon wir leben
Nur auf dem Papier tauschen wir in einem Arbeitsvertrag unsere Zeit gegen Geld. In Wirklichkeit erhalten wir Lohn und Gehalt für das, was wir gelernt haben und was wir können. Weil das Gelernte nicht mehr reicht, uns durch ein befriedigendes Arbeitsleben zu bringen, brauchen wir Bildungsguthaben, die wir uns über die Jahre erwerben und in bestimmten Abständen einsetzen. Das hilft uns mehr als ein bedingungsloses Grundeinkommen, das als Gedankenexperiment spannend ist, in der Umsetzung aber nicht dazu beiträgt, die Ungleichheit in unserer Gesellschaft zu reduzieren, im Gegenteil. Die Vermögenden sollten überproportional daran beteiligt werden, das System aus Bildungspunkten zu finanzieren. In der Pandemie ist die Wertschätzung für jene Berufe gestiegen, die als systemrelevant gelten, nicht nur in der Pflege. Wir sollten sie anständig honorieren, nicht zu einem Mindestlohn, der nicht mehr ist als wirklich das Mindeste.

Woher die Energie kommt
Im Corona-Jahr ist der Anteil des in Deutschland verbrauchten Stroms, der aus erneuerbaren Energiequellen kommt, auf über die Hälfte gestiegen. Doch das Gesamtbild ist deutlich trüber. Unser Verkehr und unsere Heizwärme werden in überwältigender

Mehrheit aus fossilen Energien gewonnen. Statt immer neue Angaben zu machen, ab wann unsere Straßen, Städte oder Kontinente emissionsfrei werden, oder schöne Begriffe einführen wie den *Green Deal* der EU, sollten wir uns »gestern« als gemeinsames Ziel setzen für eine Gesellschaft, die schonender mit den Ressourcen der Natur umgeht, die wir in der Pandemie noch mehr zu schätzen gelernt haben. Die nächste Bundesregierung kann nach rationalem Ermessen kein anderes, auch nur annähernd gleich wichtiges Ziel haben, als den Klimawandel zu bekämpfen.

Wie wir uns fortbewegen
Wir reden seit vielen Jahren über Elektroautos und die dafür erforderliche Infrastruktur, mit dem Ergebnis, dass der Anteil batteriebetriebener und auch hybrider Fahrzeuge immer noch verschwindend gering ist. Wir sollten uns zügig in eine Welt bewegen, in der unser Individualverkehr durch eine Mischung von Antrieben ermöglicht wird, zu der auch Wasserstoff und Muskelkraft auf dem Fahrrad zählt. Für unterschiedliche Räume und deren Besiedlung sind jeweils spezifische Verkehrskonzepte notwendig. Nicht Flugtaxis oder Marsraketen werden die Mobilität unserer Zukunft prägen, sondern intelligent vernetzte, datengetriebene Mischkonzepte aus bewährten Mitteln und modernen Technologien.

Wie wir denken und fühlen
Vielfach wird die Angst geschürt vor der Macht der Maschinen, die mit künstlicher Intelligenz unsere Jobs ersetzen und uns zu Dienern machen. Statt darüber zu klagen, sollten wir ein neues Bewusstsein dafür schaffen, wozu der Mensch als Wesen mit Gedanken und Gefühlen in der Lage ist. Ein Verständnis für Psychologie und unsere inneren Antreiber würde helfen, die analytische mit der emotionalen Ebene zu verbinden. Wir können uns selbst retten und vor einem Burn-out bewahren, statt das den Compu-

tern zu überlassen. Diese sind als Hilfsmittel allerdings unerlässlich, sei es in Form von Smartphones oder Großrechnern. Ihr Output versachlicht unser Leben und reduziert das Risiko, populistischer Realitätsverzerrung anheimzufallen. Und sie können uns vor Gesundheitsrisiken warnen.

Wie wir sprechen
Programmiersprachen formen die Wirklichkeit, in der wir leben, ähnlich umfassend wie unsere menschliche Sprache. Das darf nicht dazu führen, dass wir den Code, mit dem wir Menschen uns verständlich machen, vernachlässigen. Sprache ist Macht, und wer sie für eigene Zwecke missbraucht, schädigt unsere demokratische Grundordnung. Im öffentlichen Diskurs sollten wir gesittet miteinander umgehen und uns gegenseitig darauf verpflichten. Wenn wir als Gesellschaft etwas entscheiden, delegiert an unsere Vertreter in einer repräsentativen Demokratie, sollte das für alle Betroffenen verständlich sein. Das menschliche Zusammenleben ist nur zum Teil ein juristischer Sachverhalt. Es geht um unser Leben.

Wie wir gesund bleiben
Dass eine Pandemie kommen würde, war absehbar. Wir haben über das Risiko gemeinsam hinweggesehen, und Notfallpläne staubten in analogen oder manchmal auch digitalen Ordnern vor sich hin. Für den Reboot sollten wir uns gegen Viren absichern und sie nicht nur früher erkennen, sondern auch früher präventive Maßnahmen gegen ihre Verbreitung ergreifen – ganz so, wie wir es mit Virensoftware oder Sicherheitsupdates auf unseren Computern und Smartphones tun. Wir schauen aufmerksamer auf unsere psychische Gesundheit, ausgelöst durch die Pandemie, in der sich viele Menschen isoliert fühlten. Das Thema war vor Corona eigentlich schon relevant genug, aber wir haben es nicht ausreichend offen behandelt. Eine moderne Gesellschaft

braucht Menschen, die gesund sind an Geist, Körper und Seele, und die dann keine Zuflucht bei vermeintlichen Heilsbringern suchen müssen, denen es nur um sich selbst geht.

Sobald der Pandemieschock überwunden ist und die schnelle Reaktion nicht mehr im Vordergrund steht, sollte es an die, zwischenzeitlich vorbereitete, Umsetzung gehen. Dabei dürfen wir nicht einem anderen Fehler verfallen, den die Managementlehre als *analysis paralysis* kennt oder Paralyse durch Analyse. Wer eine Sache zunächst bis ins allerletzte Detail zu durchdringen versucht, um dann zu handeln, wird nicht weit kommen. So wie beispielsweise eine Kommission, die gegründet wird, um ein Thema anzugehen, das nicht in der Zukunft, sondern in der Gegenwart zu lösen ist.

Überlegt zu handeln und nach Abwägung von Interessen, das ist die Aufgabe von Politik. Wichtig aber ist, die Analysephase nicht so lange auszudehnen, dass sich das Problem verselbständigt. So gibt es beispielsweise beim Deutschen Bundestag eine Enquete-Kommission zum Thema »Berufliche Bildung in der digitalen Arbeitswelt«. Ein wichtiges und, im Juni 2018 gefühlt noch nicht so dringendes Thema, sonst hätte man die Kommission mit ihren 38 Mitgliedern und sieben Arbeitsgruppen nicht für drei Jahre angesetzt. Inzwischen hat sie 160 Dokumente produziert, darunter eine lange Serie an »Kommissionsdrucksachen«.[147] Die Realität in den Betrieben hat sich in der Zwischenzeit, spätestens während der Pandemie, stark verändert – ganz unabhängig von der Kommission.

Softwareentwickler kennen das Problem der *analysis paralysis*. Je länger und ausführlicher die Situation beschrieben wird, der die Software dient, umso komplexer wird es, sie zu entwickeln. Da die Anwendung der Software das Problem verändert, ist sie im Moment ihres Einsatzes schon wieder überholt. Das ist der Grund, warum das viel genutzte Schlagwort von der Agilität, in der Softwareentwicklung entstanden, sich in Unternehmen und zunehmend auch in der breiten Gesellschaft durchgesetzt hat.

Die Entwickler, die es sich vor ziemlich genau 20 Jahren an einem verschneiten Wochenende in den Bergen von Utah ausgedacht haben, dachten wirklich nur an Software. Jim Highsmith, einer der Teilnehmer, setzt sich bis heute dafür ein, einfache und direkte Wege zu gehen, statt zu viel zu analysieren: »Die Erfolgsformel ist einfach – heute fertig werden, morgen anpassen.« Dabei ist entscheidend, dass Agilität eben nicht ins Chaos führt, sondern, im Gegenteil, den Weg zu wirklicher Stabilität ebnet.[148]

Anders als es bei Software lange war, können politische Entscheidungen direkten Einfluss auf Leben oder Tod haben. Das aber kann keine Rechtfertigung dafür sein, so lange zu analysieren, bis der Auslöser der Entscheidung nicht mehr vorhanden ist. Insbesondere sollte bei der Analyse nicht vergessen werden, diejenigen zu befragen, die von der Entscheidung direkt betroffen sind. Vielleicht wäre die Mehrheit der Reichen sogar damit einverstanden, einen kleinen Teil ihres Vermögens abzugeben, um ärmeren Mitbürgern eine bessere Ausbildung zu ermöglichen?

Wenn wir uns also fragen, wie es weitergehen soll und wie wir nach dem Neustart ein widerstandsfähiges System sicherstellen können, dann ist die Antwort eindeutig: Wir können, egal bei welchem Thema, nicht mehr im linearen Denken verharren. Dieses leitet aus einer tiefgehenden Analyse eine Reaktion ab und setzt diese, unter Nutzung der vorhandenen Mittel, um. Das Problem: Die Folgen sind bei einem solchen Vorgehen zwar mitgedacht, aber es fehlt ein Mechanismus, um zu prüfen, ob sie denn wirklich auch eintreten.

Längst nicht alle Manager haben das verstanden, und Politiker tun sich noch schwerer damit: Der Druck ist hoch, maximal transparent zu handeln, und jede Entscheidung analytisch begründen oder, im besten Fall, auf die Ergebnisse einer mehrere

Jahre arbeitenden Kommission verweisen zu können. Ein Beispiel: Wie hoch die Prämie für den Kauf eines Elektroautos ist, wird entschieden, ohne wirklich zu wissen, ab welchem Betrag sich das Verhalten der Autokäufer ändert.

Steigt dann die Nachfrage nach Elektroautos nicht, sieht das Gesetz gar nicht die Möglichkeit vor, die Prämie zu erhöhen – oder, im umgekehrten Fall, zu senken, falls die Sache teurer wird als erwartet. Menschen neigen dazu, linear zu denken, verhalten sich aber nicht linear. Das heißt, ab einer bestimmten Prämie schießt auf einmal die Zahl an Käufen von Elektroautos viel stärker nach oben, als die Erhöhung mathematisch nahelegen würde.

Die Wahrscheinlichkeit, dass ich in einem aufwendigen Prozess eine Maßnahme beschließe, die entweder wirkungslos ist oder viel mehr kostet als vermutet, ist deutlich höher, als dass sie wirklich ihr Ziel erreicht. Anders gesagt: Wir bräuchten Regelwerke – für die Themen, die ich in diesem Buch behandelt habe, und für alle anderen –, die nicht exakte Lösungen vorschreiben, sondern Lösungsräume. Wir brauchen agile Gesetzgebung, die auf ihre Ergebnisse regieren kann, statt nur Ergebnis von Analyse zu sein.

Das Denken in diese Richtung beginnt, und das ist ermutigend. Auch hierbei hilft Digitalisierung, als Mittel zum Zweck, nicht als Selbstzweck. Was aber nicht reicht, sind Hackathons oder Förderprogramme für Digitaltalente, es braucht eine veränderte Denkweise dort, wo wirklich Entscheidungen getroffen werden.

Auch das ist eine Parallele zur Wirtschaft: Inkubatoren und Digitallabore auf der grünen Wiese haben den großen Konzernen wenig gebracht. Veränderung beginnt erst dann, wenn die Prozesse im Kern der Macht und des Geschäfts angepasst werden – von der Logik des Wasserfalls, der nicht reversibel ist, hin zum ständigen Ausprobieren und Lernen von der Wirklichkeit, verbunden mit einer ungetrübten Sicht auf die Fakten um uns herum.

Bemühen wir ein letztes Mal die Analogie zu der Technik, die uns im Alltag begleitet: Jedes Smartphone, das wir neu aus seiner Verpackung holen, ist bereits überholt. Das macht aber nichts, denn die Hardware ist langlebiger, als wir denken. Entscheidend ist die Software, und deshalb beginnt nach dem Anschalten ein Update-Prozess, der das Gerät auf den neuesten Stand bringt. Auch für Autos gibt es solche Remote-Updates schon.

Solche Updates brauchen wir auch für unser gesellschaftliches Betriebssystem, um endlich den Modus zu verlassen, in dem ein vermeintliches Problem nach dem anderen angegangen wird – auf Basis eines Koalitionsvertrags, der für vier Jahre gelten soll, oder eines Parteiprogramms, das manchmal Jahrzehnte überdauert. Die vermeintlich gelösten Probleme existieren weiter, weil die Lösungen bestimmte Folgen haben, und andere Probleme tauchen auf, deren Lösung auf der öffentlichen To-do-Liste nicht enthalten ist.

Die Rechenkraft moderner Computer und Algorithmen, die Muster erkennen, ermöglichen es, digitale Zwillinge zum Leben zu erwecken. Die Welt dort draußen wird drinnen im Rechner noch einmal erzeugt. Fabriken werden teils schon mit *Digital Twins* gesteuert, auch im Gesundheitsbereich etablieren sie sich.[149] Das Chaos der politischen Antworten und Regelungen während der Pandemie hätte sich vermeiden lassen, wenn die Entscheidungen auf Basis eines virtuellen Abbilds der Realität getroffen worden wären.

Wir Menschen geben damit übrigens nicht die Macht an Maschinen ab, im Gegenteil, wir machen sie uns zunutze: Die digitalen Zwillinge zeigen uns, welche Folgen eine Weichenstellung in die eine oder in die andere Richtung hat, ohne dass wir den Zug wirklich in eine, möglicherweise falsche, Richtung rollen lassen. Das ist besonders wichtig, wenn das Risiko zu hoch ist, um einem Trial-and-Error-Prinzip zu folgen – wie bei einer tödlichen Krankheit, die sich rapide ausbreitet –, oder uns keine Zeit zum Ausprobieren und Lernen aus Fehlern mehr bleibt, wie das beim Klimawandel der Fall ist.

Erst hat die Philosophie, dann haben die Wissenschaften der vermeintlichen Beherrschung der Natur durch den Menschen den Weg bereitet. Francis Bacon hat seinen Zeitgenossen und allen Nachkommenden vor bald 500 Jahren beigebracht, dass sich Wissen durch beobachtende Analyse erzeugen lässt. Wissen gibt den Menschen die Macht über die Natur zurück, die sie beim Sündenfall verloren haben. Leider aber ist uns und unseren Vorfahren dabei ein Fehler unterlaufen: Wir haben unsere Macht missbraucht, und tun das bis heute, indem wir unser Wirken weder am Fortschritt für die Menschheit insgesamt noch an seinen Folgen messen.

Das lässt sich verschleiern, indem wir Ausschnitte der Wirklichkeit als Argumente für unser Handeln liefern. Manchmal geschieht das absichtlich, manchmal unabsichtlich, denn welcher Wissenschaftler, welcher Politiker, welcher Manager kann schon alle Folgen einer Entscheidung überblicken? Wenn wir es mit Technologie schaffen, ein Abbild unserer Welt zu erzeugen, können wir sie zielgerichtet reparieren. Wir geben damit die Macht nicht an Maschinen ab, sondern holen sie zurück in das Reich der menschlichen Vernunft.

Epilog

Während ich selbst dieses letzte Kapitel fertigstelle, nicht mein digitaler Zwilling, ist der Himmel über der Stadt trüb und die Luft riecht nach Winter. Ich frage mich, was mich zu diesem Buch bewogen hat. Die Idee kam während des Lockdowns im Frühjahr, und nach kurzem Zögern schrieb ich eine zweizeilige Mail an den Verlag. Meine Motivation war nicht ein Buch an sich, die Erfahrung kenne ich, den Aufwand und auch die mit dem Schreiben verbundene Pein.

Letztlich ging es mir darum, etwas beizutragen. Ich habe mich nie politisch engagiert, wie schon eingangs geschildert. In unserer Firma habe ich Arbeitsplätze geschaffen. Ist das ein sozialer Verdienst?

Unsere Mitarbeiter sind so gut, dass sie auch anderswo sofort einen Job finden würden. Als Unternehmer habe ich zudem selbst davon profitiert. Übermäßiges Engagement in Vereinen oder Bürgerinitiativen war nie so mein Ding, weil mich – und ich weiß, das ist unfair – Menschen abschrecken, die in solchen Gruppen vor allem ein Forum für sich suchen, das sie anderswo nicht haben.

Also bin ich meinen Weg gegangen, habe das getan, was ich kann und was ich in den letzten Jahren vernachlässigt habe: etwas aufzuschreiben. Das hat mir Freude bereitet, zumindest in den inspirierten Momenten. Über den Schmerz, etwas aufschreiben zu müssen, um den Zeitplan einzuhalten, auch wenn der Kopf gerade nicht will, könnte vermutlich auch jeder andere Autor klagen.

Noch mehr Freude bereitet mir jede einzelne Leserin, jeder einzelne Leser, die oder der es bis zum Ende dieses Buches geschafft hat. Wenn ich dabei Anregungen gegeben habe, über unsere Welt nachzudenken, und das vielleicht aus einem anderen

Blickwinkel als sonst, dann wäre das für mich schon ausreichend. Sollte das Buch sogar eine Anregung sein, zu handeln – in eine Richtung, die unser Gemeinwesen stabil und widerstandsfähig macht, die unsere Demokratie und unsere Werte schützt, die unseren Kindern eine lebenswerte Zukunft ermöglicht –, dann wäre das viel mehr, als ich mir zu erhoffen wagte. Vielleicht schreibe ich dann als Nächstes nicht wieder ein Buch, sondern mache sogar mit.

»Stillstand ist der Tod«, sagte Max Frisch angeblich. Ein zumindest in Deutschland heutzutage ähnlich berühmter Mensch aus einem anderen Künstlerfach, der Musiker Herbert Grönemeyer, fügte hinzu:

»Stillstand ist der Tod, geh voran, bleibt alles anders
Der erste Stein fehlt in der Mauer
Der Durchbruch ist nah
...
Es gibt viel zu verlieren, du kannst nur gewinnen
Genug ist zu wenig – oder es wird so, wie es war
Leb den Transit, zwing das wahre Geschick
Durchquer den Hades zum Ziel
Hoffnung als Gegengewicht«

München/Rottach-Egern, im Oktober 2020

Danksagung

Dieses Buch wäre nicht entstanden ohne die Zoom-Workshops, die ich mit Peter Felixberger und Lukas Schmitt vom Murmann Verlag während des Lockdowns führen durfte. Früher entstanden Ideen und Konzepte für Bücher am Schreibtisch eines Autors. Heute ist das anders, wie ich lernte: Wir diskutierten intensiv, wen ich mit diesem Buch erreichen möchte, welche Geschichte es erzählen soll und wie ich meine Rolle als Autor verstehe. Das hat enorm geholfen und die Schreibarbeit deutlich erleichtert.

Peter, den ich seit 20 Jahren kenne und schätze, und dem Verleger Sven Murmann möchte ich für das Vertrauen in dieses Projekt danken. Es ist bewundernswert, wie sie den Murmann Verlag als unabhängiges Haus voller spannender Ideen, Bücher und Autoren über die Jahre entwickelt haben – in einem Umfeld, das für Verlage schwerer, nicht leichter geworden ist. Lektorin Evelin Schultheiß hat den Text sehr pfleglich behandelt und mit großem Einfühlungsvermögen schlüssiger und lesbarer gemacht.

Mein Bruder Michael hat Fakten überprüft und Recherchen beigesteuert. Als er einen neuen Job im Digitalbereich eines Handelsunternehmens begann, übergab er diese Aufgabe an Alexander Richard, der die Reboot-Idee perfekt verkörpert: Nach einem Studienabschluss in Politikwissenschaft hat er seine Begeisterung für Technik und Programmieren entdeckt und studiert inzwischen Informatik in München. Vor allem in den letzten Wochen des Schreibens war es eine enorme Erleichterung, zu wissen, dass Alexander nicht nur Informationen und Quellen ergänzte, sondern als erster Leser kritisches Feedback gab.

Mein Dank gilt auch meinen Kollegen bei The Nunatak Group, der Firma, die ich vor zehn Jahren in München mitgegründet habe. Ideen und Konzepte aus den Projekten dort, insbesondere mit Manuel Halbing und Maximilian Wäger, sind an vielen Stellen in das Buch eingeflossen – genauso wie die Erlebnisse und Erfahrungen bei unseren Kunden, denen wir dabei helfen, in einer stärker digitalen und kundenzentrierten Welt zurechtzukommen. Unsere drei Beiratsmitglieder Claudia Linnhoff-Popien, Emilio Galli Zugaro und Marco Janezic haben immer wieder wertvolle Hinweise gegeben und Vernetzungen hergestellt, von denen auch die Arbeit an diesem Buch profitiert hat. Claudia gilt darüber hinaus Dank für den Austausch über die Lehre in Zeiten der Corona-Krise. Marina Markovic hat sich um dieses Projekt verdient gemacht, indem sie mein Berufsleben im Corona-Herbst so organisiert hat, dass ich längere Strecken für Recherche und Schreiben ungestört war. Danke dafür!

Für ausführliche Gespräche zu einzelnen Kapiteln in diesem Buch möchte ich zunächst meinen Geschwistern Elisabeth, Grundschullehrerin, und Stefanie, Strategiechefin bei einem Energieunternehmen, und meinem Schwager Matthias, Mittelschullehrer, danken. Erst habt ihr euch die Zeit für die Gespräche genommen, dann auch noch mit eurem Fachwissen das Manuskript gelesen. Euer Feedback hat mich beruhigt und bestärkt. Dank gilt insbesondere auch meiner Schwester Eva, Germanistin und Buchhändlerin auf Schloss Elmau, für das Lesen der Druckfahnen. Ebenfalls Dank geht an alle, die sich die Zeit für Hintergrundgespräche genommen haben, darunter Lena Hipp, Professorin, und Thomas Ramge, Journalist und ebenfalls Autor im Murmann Verlag.

Meine frühere journalistische Perspektive auf die Welt konnte ich erweitern durch das zweijährige Studium an der Harvard Kennedy School (HKS). Das ist zwar schon eine Weile her, aber die daraus entstandenen Zugänge haben mir auch für *Reboot* enorm geholfen. Meinen Dozenten dort, darunter sehr bekannte Namen wie Amartya Sen oder Michael Porter, aber auch weniger prominente wie Jeffrey Frankel, Ricardo Hausmann oder der Statistiker

Dan Levy, gilt genauso Dank wie den Geldgebern für das McCloy-Stipendium, das weiterhin jedes Jahr von der Studienstiftung des deutschen Volkes an Interessenten für ein Studium an der HKS vergeben wird. Eine Bewerbung dafür kann ich sehr empfehlen.

Hilfreich waren Gespräche mit meinem Schwiegervater Klaus Fresenius, einem Arzt, der ein eigenes medizinisches Versorgungszentrum aufgebaut hat, und meiner Schwiegermutter Irja Fresenius, einer Psychologin. Ich habe sie zu ihrer Perspektive auf viele Themen dieses Buchs befragt, mal offiziell, mal eher nebenbei, und dadurch wertvolle Anregungen erhalten. In ihrem Haus am Tegernsee, mit Blick in die Berge, in denen ich schon in der Kraxe auf dem Rücken meines Vaters unterwegs war und es auch heute noch gerne zu Fuß, auf Tourenski, am Kletterseil und mit dem Fahrrad bin, sind viele Kapitel entstanden. Die Ruhe dort half enorm, und ich stehe in ihrer Schuld für die Rundumversorgung, die ich bekam.

Der größte Dank gilt meiner Frau Leonie. Sie hat es ausgehalten, dass ich parallel an diesem Buch geschrieben und für Nunatak gearbeitet habe. Wir haben den Fortschritt diskutiert, während unser einjähriger Sohn Lucius zwischen uns krabbelte, und sie war nie entnervt, wenn ich mich hinter dicken Kopfhörern abschirmte und nicht ansprechbar war.

Leonie, es ist schon ein paar Jahre her, ich haderte mit einigen Dingen in meinem Leben, da hast du mich gefragt: »Warum schreibst du nicht mal wieder was?«

Es hat eine Weile gedauert, zugegebenermaßen, aber dann habe ich es, und das mit (meistens) großer Freude, einfach gemacht. Ohne deine Aufmunterung und Unterstützung im Alltag, ohne deine Energie und deinen Optimismus, liebe Leonie, würde es dieses Buch nicht geben. Wahrhaftig, eine Löwin bist du.

Wichtiger Hinweis:

Alle Fußnoten im Text sowie weitere aktuelle Leseempfehlungen des Autors finden die Leser*innen digital unter

https://shop.murmann-verlag.de/de/item/fussnoten-reboot

ClimatePartner.com/12752-1803-1001

Zum Ausgleich für die entstandene CO₂-Emission bei der Produktion dieses Buches unterstützen wir die Erhaltung und Wiederaufforstung des Kibale-Nationalparks in Uganda. Das Projekt trägt zum Klimaschutz bei, indem die Bäume bei der Fotosynthese Kohlenstoff aus der Luft binden, es schützt die Biodiversität des tropischen Waldes und sichert 260 Arbeitsplätze.

Bibliografische Information der Deutschen Nationalbibliothek
Die Deutsche Nationalbibliothek verzeichnet diese Publikation in der Deutschen Nationalbibliografie; detaillierte bibliografische Daten sind im Internet über http://dnb.d-nb.de abrufbar.

Lektorat: Evelin Schultheiß, Kirchwalsede
Druck und Bindung: CPI books GmbH, Leck
Printed in Germany

ISBN 978-3-86774-677-9

Besuchen Sie unseren Webshop: www.murmann-verlag.de
Ihre Meinung zu diesem Buch interessiert uns!
Zuschriften bitte an info@murmann-publishers.de
Den Newsletter des Murmann Verlages können Sie anfordern unter
newsletter@murmann-publishers.de